国家社科基金优秀社科学术社团奖励性补助项目资助
华东政法大学地方高水平大学建设项目资助

外国法制史研究

（第26卷 第1辑）

开埠通商与西法东渐

何勤华 主 编
于 明 执行主编

法律出版社
LAW PRESS·CHINA
北京

图书在版编目（CIP）数据

外国法制史研究. 第26卷. 第1辑，开埠通商与西法东渐 / 何勤华主编 ; 于明执行主编. -- 北京 : 法律出版社，2025. -- (外国法制史研究). -- ISBN 978 -7 -5244 -0687 -7

Ⅰ. D909.9 -53

中国国家版本馆 CIP 数据核字第 2025G3N393 号

外国法制史研究(第 26 卷第 1 辑)
开埠通商与西法东渐
WAIGUO FAZHISHI YANJIU (DI -26 JUAN DI-1 JI)
KAIBU TONGSHANG YU XIFADONGJIAN

何勤华 主　　编
于　明 执行主编

责任编辑 孙东育
　　　　 曲　杰
装帧设计 李　瞻

出版发行 法律出版社
编辑统筹 学术·对外出版分社
责任校对 王晓萍　李景美
责任印制 胡晓雅　宋万春
经　　销 新华书店

开本 A5
印张 10.5　**字数** 288 千
版本 2024 年 12 月第 1 版
印次 2024 年 12 月第 1 次印刷
印刷 北京建宏印刷有限公司

地址：北京市丰台区莲花池西里 7 号(100073)
网址：www.lawpress.com.cn
投稿邮箱：info@lawpress.com.cn
举报盗版邮箱：jbwq@lawpress.com.cn

销售电话：010 -83938349
客服电话：010 -83938350
咨询电话：010 -63939796

书号：ISBN 978 -7 -5244 -0687 -7　　**定价**：78.00 元

凡购买本社图书，如有印装错误，我社负责退换。电话：010 -83938349

序

今年年会的主题是“开埠通商与西法东渐”，具体包括如下五个议题：(一)五口通商与中外法律交流；(二)城市与法律的历史研究；(三)商业与法律的历史研究；(四)中外近代条约史和国际法史；(五)对外开放与中外法律变革。

这里，“西法东渐”，我们研究得比较深，去年年会也专门讨论过，我这里就不多说了。而“开埠通商”，我们的研究成果也很多，尤其是在中国近代史学界，已经很充分了。但是将这两个内容放在一起，且置于宁波，置于由宁波大学承办的全国外国法制史研究会的年会上，就有一些新意了。

这个新意，就是1840年后，中国对外“五口通商”这个五口中，就有一个宁波。因此，宁波的近代史，就和“开埠通商”紧密相关。

古代中国，是一个农业社会，而农业社会的特点，一是静止，二是保守，三是权力集中，四是熟人社会，五是循环往复。这种社会，对法律的需求，基本上就是刑法，就是追求社会秩序的稳定。而一旦通商，实行商品经济，社会就会发生天翻地覆的变化。一是生产产品的多元化，二是人员开始流动，三是形成陌生人社会，四是当事人商人的权利意识和主体性增强，五是族权家长权开始瓦解，六是契约意识、契约行为增加，七是法律的保护，尤其是民商法的保护提上议事日程。

正是因为上面这些原因，所以我们常务理事会决定，今年年会的主题，就定“开埠通商与西法东渐”，以与宁波这一城市相匹配。因为这一届的外法史年会，前来参加会议的年轻人特别多，所以下面我再就外国法制史的功能与作用说几句。外国法包括外国法制史的研究,在任何国家,都是处在研究最前列的,都是能够引领本国的相关领域的研究的。在逻辑上,一个国家的学者研究国外的法律理念和制度以及国外的法律历史,因为他们认为这些理念、制度和历史对他们的法治国家建设有借鉴意义,所以才去关注、才去研究。我们中国的情况也是如此。

就当下中国的情况而言,我认为研究外国法制史,至少在两个方面能够对中国的法律教育、法学研究乃至整个国家的法治建设起到学术借鉴的作用。一方面,在法学的知识体系构建上,国外的优秀经验可以供我们借鉴。现在以张文显教授、黄文艺教授为首的中国法学主流团队,正在努力构建中国自主法学知识体系。但因为这一自主体系,近代以前中国没有,中国有的如以《汉书·刑法志》为开创者的历代刑法志知识体系以及近代以后创建起来的"六法全书"体系,但这又都不适合我们当下建设社会主义法治国家的需要。而新中国成立以后,我们曾经学习苏联,创建起了模仿苏联的法学知识体系,但那是苏联的,不是我们自己的。为了彰显人性、保障人权,建设经济、文化、教育和科技等,我们需要创建自己的法学知识体系。

而在一张白纸上,要构建一个中国自主法学知识体系,需要从人类法治文明中汲取营养,获得借鉴。因为人类进步到现在,法学知识体系的各项基本元素已经完全具备了。如法学理念中,法治、法律面前人人平等、权力分立、权力制约、罪刑法定、无罪推定、法不溯及既往、公民人权保障、宪法法律至上、私有财产神圣不可侵犯,都是需要的。离开这些法治理念,怎么可能构建中国自主法学知识体系呢?即使构建出来,也是得不到国际社会认可的。在法律制度、法律程序等方面涉及的内容就更多了,其中部分内容是从国外引入的,所以对外国法和外国法制史的研究,将会为中国自主法学知识体系的构建起到先导和引领作用。

另一方面，在法学知识内容的生产与传播方面，外国法和外国法制史研究也起着引领作用。当前社会每天都会发生法律问题，而要解决这些问题，必须要有国家的立法和政策，但国家的立法和政策从哪里来呢？不可能凭空而来，也不可能拍脑袋而来，而是需要长年累月的法学知识的生产、积累和传播。而在这方面，人类法治文明已经达到了异常丰富的境界，需要我们去发掘、去引进、去传播，这个任务不可能由各个部门法的学者来承担，虽然他们也在研究，但只能是分散的、零碎的，而我们外国法制史的老师和同学，就可以承担起这一重任，我们是这一生产、引进和传播的主力军。而且，我们全国外国法制史研究会这个团队，作为共同体，经过最近20多年的发展，与20年前不可同日而语，我们已经具有了担当上述重任的实力与条件。在我们读大学时，从事外法史教学与研究的老师一大半是不懂外语的，稍微懂一点的，就已经是非常了不起了，如冯卓慧老师懂点俄语，林向荣老师懂点日语，徐轶民老师懂点英语。而现在我们的青年教师和研究生，外语就非常好了，他们不仅精通英语，还懂法语、德语、意大利语、俄语、日语、西班牙语、葡萄牙语、阿拉伯语、韩语、越南语、瑞典语等。社会一旦有问题，我们如果行动起来，马上就可以将相关国家处理这一问题的法律对策呈现出来。前两天在我们外法史群里讨论的物业管理问题，实际上国外法治发达国家也都遇到过。我们稍微细心一点，马上可以开出一个个专栏。

每次开外法史年会，我在开幕式上，都要给各位老师和同学打打气，鼓励一番。因为现在进行外国法制史教学和研究比较难。课时不断减少，发文章尤其困难，但我们不能气馁。实际上，外国法、外国法制史、比较法，都是非常好的研究领域。人类历史上的著名法学家，包括思想家，都是从事外国研究、从事比较研究出身的，从柏拉图，到亚里士多德，到孟德斯鸠，到萨维尼，到梅因，到日本的穗积陈重、美浓部达吉，到民国时代的王宠惠、王世杰、吴经熊、史尚宽、丘汉平，甚至马克思、恩格斯和列宁，研究问题都是从外国、从比较起步的。

在新中国改革开放以后,张文显教授成名的三本代表作,都是关于西方法哲学的。他的《20世纪西方法哲学思潮研究》我现在还在经常翻阅。孙宪忠教授的成名作是《德国物权法》,尹田教授的成名作是《法国合同法》,张明楷教授的成名作是《日本刑法通论》。高鸿钧老师的成名作,也是从翻译外国法学名著开始的,如《比较法总论》。所以我们一定不能自我否定、自我贬低,我们研究外国法制史,在学术研究领域,最为自如。进可以攻,世界上200多个国家和地区,无论哪个国家和地区,都是学问;退可以守,最多去研究一门部门法,如徐爱国教授,研究税法。但即使退守,我们的眼界也是比较宽广的,因为熟悉外国法律的理念和制度,我们熟悉比较法。

我期待参加会议的各位代表,无论是老教授还是青年学生,无论资格深浅,学问大小,均一律平等,自由地探讨,无拘无束,以学术为宗、以问题为本,使这一届年会开出新意、开出成效。同时,也希望各位老师和同学,充分利用这两天会议期间,场内场外、会内会外,充分交流,广交朋友,相亲相爱,希望我们慢慢形成一个外国法制史研究的学术共同体。

最后,我代表研究会全体理事,代表今天与会的全体老师和同学,向为这次年会的准备工作付出了巨大劳动的宁波大学、宁波大学法学院,向汪浩瀚副校长,向梁开银院长,向以董茂云教授为首的会务组团队,向以于明、冷霞为核心的秘书处团队,向年会的承办单位华东政法大学的涉外法治研究院、法律文明史研究院,表示诚挚的谢意。

何勤华

2023年6月17日

目　　录

主题研讨

专题论文

研究会纪事

主题研讨

主题研讨

清朝前期“一口通商”外贸格局形成之探讨
——以“乾隆朝外洋通商案”为视角

马　聪*

[**摘要**]乾隆时期的“外洋通商案”(洪志辉案)导致清朝确立了“一口通商”的外贸格局。作出这样的规定是巩固统治的需要,也是统治者夜郎自大、愚昧无知,对当时世界形势不够了解的结果。这一规则远远不能满足西方资本主义国家对华贸易的需求。西方国家在进行扩大贸易规模的要求屡次被拒之后,战争似乎是解决这个矛盾的最佳途径。

[**关键词**]洪志辉案;保商制度;朝贡体系;文字狱;行商贸易

一、“乾隆朝外洋通商案”案情介绍

(一)案情介绍

乾隆十九年(公元1754年),清政府下令,今后凡外船的船税、贡银、行商与通事的手续费、出口货税、朝廷搜罗的奇珍异品之类的业务,统一由十三行的行商来负责。这一规定,正式确立了十三行的保商制度。① 7月29日,两广总督召集了广州各国商人的大班开会,宣布了十三行的保商制度。之后,凡是不属于十三行行商团体之内的生意人,一律不得参与对外贸易。面对十三行的垄断以及广东各级官吏的敲诈勒索,英国商人想扩大市场的愿望受阻,于是他们试图越过广东,直接到茶叶与丝绸的产地浙江、福建进行贸易。

---

* 马聪,华南师范大学法学院副教授。

① 参见谭元亨:《海国商道——来自十三行后裔的历史报告》,人民出版社2014年版,第214页。

当时的史料对此均有记载：

本年四月二十三日，有红毛国商船一只收泊定海县地方。据定海县知县庄纶渭赴船验明粤海关牌照，查点商梢共五十八名，护船炮械十四件，番银二万余两。询据通事禀称："我叫洪任，是红毛国人，商人叫喀利生，上年正月在本国出洋，于六月内到广东，卖了货，闻得宁波交易公平，领了粤海关照，要到宁买蚕丝、茶叶等物。随于四月二十九日派拨兵役，护送到宁波府，住歇李元祚洋行，现在招商买卖"等情，前来。臣等伏查红毛国商船久不到浙贸易，今慕化远来，自应加意体恤，以副我皇上柔远至意。除饬令该道派拨员役小心防护，并严谕商铺人等公平交易，其应征税课照则征收，据实报解外，理合会折奏闻，伏乞皇上睿鉴。谨奏（乾隆二十年五月六日朱批"览"）。

当时的浙江定海总兵陈鸣夏也曾上奏朝廷：

再定海一隅，收泊东西洋艘，昔年创立红毛馆子定海衙头，嗣聚泊广东澳门、福建厦门，迄今数十年，该番船不至，馆亦圮废。今年四月到有红毛番船一只，船主哈利生，六月又到有一只，船主甲等葛。其货物俱装运郡城贸易，番商就宁凭屋居住，番船仍泊定港，臣派拨官兵日夕小心防护，以仰副国家柔远之至意。

而两广总督杨应琚的折子称：

伏查广东香山县属之澳门，向有西洋人附居，其人皆循番族之旧，不留发辫，亦不事耕耘，惟在各洋往来贸易，并制造西洋器皿，以资养赡。是以雍正二年（按即 1724 年）间经前督臣孔毓珣题明，准其将现在番船二十五只编列号数，著为定额。迨后因节年损坏，除未经修复外，现在只剩一十二只，俱有字号暨船户姓名。本年前往浙江宁波贸易之番船一只，即系澳门原编二十三号，夷商华猫殊之船。缘有红毛国夷商洪任，往返粤东贸易年久,携带银两,与同国夷商霞里笋等雇搭华猫殊之船出外贸易,于本年正月内具呈粤海关给有印照,于三月二十四日开行……

又有《新柱奏复内地有无奸徒勾引夷商现在查办折》云:

兹据洪任辉(按即洪任)前在途次向朝铨所供,熟识宁波做买卖之郭姓、李姓、辛姓三人,复又供明郭姓名郭四观,李姓名李受观,辛姓名辛文观,其人已故,其弟现在,俱系福建人,在宁波开洋行生理等语。

定海总兵罗英笏折:

……兹于本年(按即乾隆二十四年)六月初一日,据臣标中营游击李雄禀,据随巡外洋汛把总谢恩报称:五月三十日巡至四礁洋面,望见夷人小船一只扬帆前来,当率兵船飞追至双屿岛抛泊,随诣该船查验,系夷人小船,船身长七丈,梁头一丈四尺,夷商、舵水手共十二名,携带防护枪炮。据夷商洪任称,系英吉利国船,五月间,由广东空船出口,货物银钱俱在后面大船上,欲往宁波贸易,现在谕令回棹等情到臣。臣星飞委员前往宣谕皇恩柔远至意,明切化导,令其仍回广东贸易,不得在此停泊,旋据该委员回禀,据夷商洪任口称,回广东生意不好,意欲仍来浙江交易,故坐小船先来探信,其大船在后,今既不准在浙交易,自当开往广东等语。随该夷船即行起碇,于初一日申刻开行回棹。

“闯关”不成,也就只有告状了。闽浙总督杨廷璋奏道:

闽浙总督臣杨廷璋谨奏,为恭折奏明事:窃照红毛番商洪任驾船到浙,投递呈词,业经臣恭折具奏,并将原呈附呈圣鉴。折内声明先于六月十九日,差弁传调守备陈兆龙到闽查讯,及行镇道等官密访,有无奸牙勾串情事。缘闽浙相距遥远,定海又隔越海洋,风水稽阻,至闰六月二十六日,甫据陈兆龙到闽,

> 臣随亲加细讯,据称:本年(按即乾隆二十四年)五月三十日申刻,在洋巡哨,瞭见大洋有船前来,随驾兵船迎往,认系番舶,即于双岐港(按即双屿岛)喝令抛碇,施放号炮,各汛千总把兵船陆续俱到,因同上番船查看,内只番商洪任,番人十名,并随身炮械,并无货物,及内地民人。据云:五月内由广东开船,欲赴宁波贸易,银货俱在后船等语。随将该船拦阻,不许往宁,一面差小哨驰报总镇,初一日午刻,总兵罗英笏差委守备娄全,定海县亦委沈嶴巡检高云蔚驾船俱至双岐港,谕令开行回广。洪任见势不能留,随称要去不难,但我有呈词一纸,要众位收去,我即开船,否则仍须赴浙投递,即出呈词给看。因询尔系番人,何来汉字呈词。据复系从别处写就带来。众人原不允其挂收,而洪任坚欲将呈递交方去,彼时急图番船迅速回棹,见理谕不遵,因随口允其接收。洪任等随即一面起碇,一面将呈留下,扬帆而去。备弁等亦随即开船押护前进,至初三日押至南韭山外,已出浙境,方将兵船收回,于初四到汛,将呈禀缴。此系文武员弁六七人耳闻目击之事,实无别情等语。

东南沿海不成,洪任辉更一直往北驶去,开到大清帝国首都就近的天津。于是,便又有了《直隶总督方观承奏英吉利商人洪任来津投呈折》:

> 据天津道那亲阿、天津府灵毓禀称:"六月二十七日,据大沽营游击赵之瑛移称:六月二十四日,海口炮台以外,有三桅小洋船一只停泊,随即往查。内西洋人十二人,内有稍知官话者一名洪任口称:人船俱是英吉利国的,因有负屈之事,特来呈诉,将我送到文官处就明白了等语。查其船内并无货物,惟船面设有铜炮二位,铁炮一位,除将炮位收贮海口炮台,令该船暂泊海口,派拨弁兵看守外,合将洪任并该船番字执照一张,专差押送查询等语。随问据西洋人洪任,即呈内之洪任

辉，供称：我一行十二人，跟役三名，水手八名，我系英吉利国四品官，向在广东嶴门做买卖，因行商（按原刊误‘市’）黎光华欠我本银五万余两，不还，曾在关差衙门告过状，不准；又在总督衙门告状，也不准；又曾到浙江宁波海口呈诉，也不准；今奉本国公班衙派我来天津，要上京师申冤等语。及再诘问，惟称我只会眼前这几句官话，其余都写在呈子上了。除将洪任辉并其跟役二名暂行安置在津候示，合即禀报”等情。臣查洪任辉乃外洋英吉利国之人，阅其呈词及的开条，疑有关内地需索贻累情事，虽系一面之词，但既据远涉重洋，口称欲赴京师申诉，小国微番，若非实有屈抑，何敢列款渎呈。所有洪任辉原呈并款单一纸，又该国番字执照一纸，理合固封奏闻。应否将洪任辉并其跟役二名，由内部委员伴送赴广，敕下该督抚衙门将呈内各款逐一质讯明确，据实具奏，伏候圣训①。

这也许是第一艘到达中国北方沿岸的英国船，洪任辉的这一举动其实是东印度公司一手策划的，事关英国的商业利益。而洪任辉北上京师的目的，是向清廷控告粤海关腐败勒索和广东洋行的垄断贸易，同时隐含要求清政府开放海禁，实行自由贸易的要求。他希望清政府能多开放几个口岸，让厦门、浙江甚至于津沽，都可以和英国商船进行贸易。清廷受理了这桩洋人反腐案之后，洪任辉呈上了一篇长篇对状，罗列了粤海关7项罪状。接到洋人的这个状告之后，乾隆皇帝十分惊讶，他先是派遣总督李侍尧会同特使在广东会审此案。

此案一直审理到乾隆二十四年（1759年），方宣告结案。被他投诉的粤海关监督李永标被革职查办。

《新柱等奏将李永标革职并查封任所资财折》云：“臣新柱，朝铨、李侍尧等奏为请旨事：臣等钦遵谕旨会审英吉利番

① 上述奏折均转引自谭元亨：《海国商道——来自十三行后裔的历史报告》，人民出版社2014年版。

人洪任辉呈控粤海关监督李永标等一案,臣新柱于七月初三日抵粤,随传旨将李永标解任,一面提集应质要犯,一面提取军簿案卷,逐一跟查。臣朝铨于七月十九日带回洪任辉到粤,即于二十日公同集犯严审,讯据李标所供,家人、书役得收陋之处,伊毫无知觉。其余各款供吐游移,坚未承认。臣等思勒索外番陋规,国体攸系,非寻常失察犯赃可比,应请旨将李永标革职,按款严行究拟。再李永标任内资财,应否先行查封之处(朱批'自然'),相应一并请旨遵行,伏乞皇上圣鉴。谨奏。乾隆二十四年八月九日,奉朱批,依仪,钦此”。

而洪任辉的目的不仅没有达到,还被清政府以“违例别通海口罪”被遣送到当时的澳门圈禁三年,而四川人刘亚匾因“为夷商谋咬”之罪而被判死刑,且行刑示众。

时任两广总督的李侍尧的奏折可以为证:

两广总督臣李侍尧谨奏:为敬陈防范外夷规条仰祈睿鉴事。窃惟……英吉利夷商洪任辉等屡次抗违禁令,必欲前往宁波开港,旋因不遂所欲,坐驾洋艘直达天津,名虽呈控海关陋弊,实则假公济私,妄冀邀恩格外,臣细察根源,总由于内地奸民教唆引诱,行商、通事不加管束稽查所致。查夷人远处海外,本与中国语言不通,向之来广留贩,惟借谙晓夷语之行商、通事为之交易,近如夷商洪任辉于内地土音官话无不通晓,甚而汉字文义亦能明晰;此外夷商中,如洪任辉之通晓语言义者,亦尚有数人。设非汉奸潜滋教诱,焉能熟悉?如奸民刘亚匾(按 Morse 书卷五页八三称之为 Loupingchou)始教授夷人读书,图骗财物,继则主谋唆讼,代作控词(按当时外商购买中国书籍如《诗经》《字汇》《说文》等籍者甚多,请参考 Morse 书卷五)。由此类推,将无在不可以勾结教诱,实于地方大有关系,兹蒙圣明洞烛,将刘亚匾即行正法,洪任辉在澳门圈禁三年(按此点可参见《国朝柔远记》及 Morse 书卷五),满日逐回本国,俾奸徒知所惊惧,外夷共仰德威,此诚我皇上睿谋深远,肃清中外至意。惟臣访查内地民人勾引外夷作奸犯科,事端不一,总缘利其所有,遂尔百般阿谀,惟图诓骗取财,罔顾身蹈法纪,伏思夷人远处化外,前赴内地贸易,除买卖货物之外,原可毋庸与民人往来交接;与其惩创于事后,似不若防范于未萌。臣检查旧案任兼关督抚诸臣所定稽查管束夷人条约非不周密,第因系在外通行文檄,并非定例,愚民畏法之心,不胜其谋利之心,行商人等亦各视为故套,漫不遵守,地方官惟图息事宁人,每多置之膜外,以致饬行未久,旋即废弛,非奏请永定章程,并严查参条例,终难禁遏,兹臣择其简便易行者数条,酌参管见,敬为皇上。

陈之。

对于英国等西方商人最希望的扩大贸易的想法,清廷不但没有丝毫退步,反而进一步缩小了通商关卡。乾隆二十二年(1757年)十一月,乾隆皇帝又给广东、浙江下达谕旨,仅留广东一地对外通商。圣旨云:

晓谕番商将来只许在广东收泊交易,不得再赴宁波,如或再来,必押令原舡返棹至广,不准入浙江海口……

(二)案件的影响及评价

1. 对外国商人的活动区域和交易内容严加限制

“洪任辉案”之后,李侍尧提出的几条建议很快便被乾隆皇帝批准了。条例名为《防范外夷规条》:

(一)禁止外商在广东过冬;(二)外人到广东只能居住行商馆内,并由行商负责管束稽查;(三)禁止内地商人向外商借资本,禁止外商雇请汉人役使;(四)禁止外商雇人传递信息;(五)外船停泊之地,派兵守卫。

不久,清政府又向外商颁布九条禁令:

> (一)外洋战舰不得驶进虎门水道;(二)妇女不得带进夷馆,一切凶械火器亦不得携带来省;(三)公行不得欠外商债务;(四)外人不得雇用汉人婢仆;(五)外人不得乘轿;(六)外人不得乘船游河;(七)外人不得直接向大府申诉,有需申诉者,亦必经行商转递;(八)在公行所有夷馆内寓居的外人,须受行商管束,购买货物须经行商之手,此后外人不得随时自由出入,以免与汉奸结交;(九)交易季节过后,外商不得在省过冬,即在通商贸易期间,如货物购齐及已卖清,便须随同原船回国。否则,即使有因洋货一时难于变卖,未能收清原本,不得已留住粤东者,亦须前往澳门居住。

这些规定不仅对外国商人在广州进行贸易的时间、规模、对象等作出规定,还对外国商人在广州的生活起居、居住范围、同住的人员等都作出了规定,目的就是严格限制外国对华贸易活动的开展。

2. 关闭其他对外贸易港口,只留下广州"一口通商"

洪任辉诉讼的目的是希望清政府能多开放几个通商口岸,便于外商进行贸易。而对此,清廷不但没有丝毫让步,反而进一步缩小了通商关卡,除制定条例对外商加以防范外,最终更封了所有的海关,只余广州"一口通商"。

乾隆皇帝的"圣旨"先是称:

> 向来洋船俱由广东收口,经粤海关稽察征税,其浙省之宁波不过偶然一至。近年奸牙勾串渔利,洋船至宁波者甚多,将来番舶云集,留住日久,将又成粤省之澳门矣,于海疆重地,风土民俗均有关系。是以更定章程,视粤稍重,则洋商无所利而不来,以示限制,意并不在增税也。将此明白晓谕知之。

乾隆皇帝认为:

> 如此办理,则来浙番舡,永远禁绝,不特洎省海防得以肃清,且与粤民生计并赣韶等闽均有裨益。

对于乾隆皇帝来说,王朝的稳固较之于外贸的收益,前者是他更看重的。因此这些措施使“闭关锁国”政策变得更加严厉,虽然一定程度上有利于抵御外患,但是也导致当时的中国和世界的信息交流严重滞后了。有人说,洪任辉案使清王朝错过了走向世界最好的机会。

二、限制海外贸易的原因分析

(一)巩固封建王朝的需要

清王朝在建立初期,统治并不稳定。尤其一些汉人对被统治的现实极为不满,整个清王朝都有“反清复明”的呼声。清朝初期,为了防止沿海民众通过海上活动接济反清抗清势力(主要为明郑),清廷实行“迁界禁海”,而且较明代更为严厉。顺治十二年(1655 年)六月,下令沿海省份“无许片帆入海,违者立置重典”;顺治十八年(1661 年),更强行将江、浙、闽、粤、鲁等省沿海居民分别内迁三十至五十里,设界防守,严禁逾越。清朝海禁政策初期主要目的是防范郑成功反攻。明郑一直长期依靠海上力量与清朝周旋,并曾与英国东印度公司等西方人士合作,出口糖与鹿皮并进口西洋枪炮以增强明郑军队的战斗力,另外更请求英国人训练炮兵,战争时更借用英国炮兵手作战;而郑成功也曾向日本的德川家族请求过援助。因此,清廷实行严厉的迁界令。清康熙元年(1662 年),为防御郑成功的进攻,清廷下令在潮州实行海禁,将沿海居民迁入内地 50 里;至康熙三年(1664 年)又再迁徙 50 里(包括今潮安区庵埠、彩塘、铁铺、官塘一带),禁止出海捕鱼和贸易。康熙五年(1666 年)撤销澄海县并入海阳县(至康熙八年才恢复)。康熙十年(1671 年)重申海禁,不准闽粤二省船只过洋。

直到康熙二十年(1681 年)三藩之乱平定;康熙二十二年(1683 年)台湾告平。为安抚沿海民心,同时为增加政府收入,朝廷决定解除海禁。康熙二十三年(1684 年)9 月,康熙正式谕令“开禁”,准许澄海、南澳等地居民回原籍耕种,准许对外贸易。康熙二十四年(1685 年),朝廷在云台山、宁波、厦门、黄埔四地设置江、浙、闽、粤四海关。但是,仅仅过了三十多年,全面开海的政策就开始收缩。面对日益严重的“海寇”活动和西方势力在东亚海域的潜在威胁,康熙五十五年(1716年)10月25日,康熙召见大臣,提出禁海问题。次年,正式实行南洋禁海。南洋禁海对于正在不断发展的中国民间对外贸易是严重的打击。

康熙时期,清朝政府虽然开关与外国贸易,但对外国商船的活动极为注意,对逗留外国的中国人也防范极严。处于封建社会末期的清王朝,虽然以“天朝上国”自居,“却又无汉唐豁达大方的胸怀;表面上架子摆得很足,内心里却蛇鼠两端,无半点大国气度”①。康熙下谕地方官要在沿海各地增设炮台,并指出“海外如西洋等国,千百年后,中国必受其累,国家承平日久,务需安不忘危”。可见,康熙对西方殖民主义者始终是存有戒心的。乾隆五十八年(1793年),英国派驻以马嘎尔尼为团长的使团前往北京,以为乾隆皇帝祝寿的名义,提出和中国进行平等贸易的请求,被乾隆皇帝拒绝,从而使清王朝失去了和世界平等交往的最后一次机会。除了认为天朝大国物产丰盈,无与“外夷货物以通有无”,还有一个原因就是乾隆皇帝可能知道法国大革命已经爆发,并且对此十分警惕。在斯当东撰写的《英使元谒见乾隆纪实》中有记载:“法国的动乱促使中国官方加紧提防。假如特使携带礼物在法国国内未发生暴乱以前来,遭遇到的困难要比现在少得多。”②

(二)天朝上国的盲目自信

有些学者把鸦片战争以前中国古代的对外贸易方式称为“朝贡体系”。从唐代开始,除了极少数的平等交易,中国古代的对外贸易多数表现为强大的中原王朝接受来自其他小国的朝贡。作为朝贡的前提,是朝贡国以接受中国对当地国王的承认并加以册封,在国王交替之际以及庆慰谢恩等等之机去中国朝见;是以举行围绕诚服于中央政权的

① 谭元亨:《海国商道——来自十三行后裔的历史报告》,人民出版社2014年版,第206页。

② [英]斯当东:《英使元谒见乾隆纪实》,叶笃义译,群言出版社2014年版,第463页。

各种活动,作为维系其与中国的关系的基本方式。[①] 这些国家作为藩属国,会向中原王朝进献一些礼物,中原王朝再赏赐这些国家一些财物作为恩赐,同时会承诺当他们的国家遇到危险的时候给予救助。二者的财物往来并不是建立在等价有偿基础上的自由贸易。往往中原王朝赏赐给藩属国的财物要多于他们为宗主国进献的财物。

据《万历明会典》记载,明朝时期的朝贡国按东南西北方向分成6个地区,涉及"东南夷"、"北狄"、"东北夷"以及"西戎"等上百个国家。《大明会典》中的《朝贡通例》对朝贡的次数、在北京会同馆的停留事项,进入的路线,人员数以及各种仪式等都作了规定。

早在明成祖三年(1405年),即郑和第一次下西洋的时候,广州便设立了"怀远驿"。《明史·食货志》中,记录了"怀远驿"的诞生:

> 海外诸国入贡,许附载方物,与中国贸易。因设市舶司,置提举官以领之。所以通夷情,抑奸商,俾法禁有所施,因以消其衅隙也。洪武初,设于太仓、黄渡。寻罢。复设于宁波、泉州、广州。宁波通日本,泉州通琉球,广州通占城、暹罗、西洋诸国。琉球、占城诸国皆恭顺,任其时至入贡。唯日本叛服不常,故独限其期为十年,人数为二百,舟为二艘。以金叶勘合表文为验,以防诈伪侵轶。后市舶司暂罢,辄复严禁濒海居民及守备将卒,私通海外诸国。永乐初,西洋刺泥国回回哈只、马哈没奇等来朝,附载胡椒与民互市。有司请征其税,帝曰:"商税者国家抑逐末之民,岂以为利?今夷人慕义远来,乃侵其利,所得几何,而亏辱大体多矣。"不听。三年,以诸番贡使益多,乃置驿于福建、浙江、广东三市舶司以馆之。福建曰来远。浙江曰安远。广东曰怀远。[②]

历史的惯性使整个帝国在相当长的一段时间内,保持着对外来事

① 参见[日]滨下武志:《近代中国的国际契机——朝贡贸易体系与近代亚洲经济圈》,朱阴贵、欧阳菲译,中国社会科学出版社1999年版,第33页。

② (清)张廷玉等:《明史》(第七册),中华书局1974年版,卷81,第1980页。

物的抗拒和盲目。正如乾隆五十八年(1793年),面对英国派驻中国来给乾隆皇帝祝寿的使团团长马嘎尔尼提出的外贸要求,乾隆皇帝回复:天朝物产丰盈,无所不有,原不来籍外夷货物以通有无。易因天朝所产茶叶、瓷器、丝斤为西洋各国及尔国必需之物,是以加感体恤,在当时的澳门开设洋行,俾得日用有资,并法占余润。① 之所以同意在当时的澳门开设洋行,还是出于对他们的体恤,"大乖仰体天朝加惠远人抚有四夷之道"。在这种理念下,清政府实施"闭关锁国"的外交政策,以上措施严重地阻碍了中国社会经济的发展、进步。

鸦片战争以后,大清王朝的闭关政策再也维持不下去了,闭关政策破产了。但是,产生这种政策的、落后的社会经济基础不可能在短时期内改变;漫长的历史过程中孕育的闭关自守、盲目自大的思想意识也不可能很快消失。

(三)思想文化专制阻碍了当时的中国和世界文明的碰撞和融合

明清两代,为加强封建专制统治的需要,历任统治者都大兴文字狱,对读书人大肆迫害,不仅本人被处死或流放,家人朋友都会受到牵连。在这种文化高压的白色恐怖之下,读书人不敢关心政治,不敢发表言论。而且,科举制度到明清时期已经成为束缚读书人思想自由的一种桎梏,八股取士使读书人严重脱离现实,刻板地研读四书五经而没有真才实学。这些措施都使许多知识分子不敢过问现实,只能埋首于考据,对外部世界一无所知,丧失了社会责任感和崇尚实际的学风。同时也束缚了知识分子的思想自由并且扼杀了其创新意识,使我国科学文化的发展停滞,极大地阻碍了社会的进步。

同时,清代的闭关政策也严重地妨碍了中国与世界先进的思想文化和科学技术的学习交流。在17世纪和18世纪,西欧思想文化和科学技术突飞猛进,爆发了科学技术革命,肯定自然知识的实用价值以及它对科技进步的前景所包含的意义。随之,"自由落体定律"被伽利略发

① 参见谭元亨:《海国商道——来自十三行后裔的历史报告》,人民出版社2014年版,第290页。

现了;牛顿的“万有引力定律”诞生了……同时期中国的知识分子却仍被禁锢在理学、八股、考据、辞章等传统的思想文化领域中,闭目塞听,未能融入大发展的世界历史潮流之中,未能很好地学习、掌握先进的文化、科技知识。

三、行商贸易的必要性

(一)国家税收的重要来源

康熙二十年(1681 年)三藩之乱平定,康熙二十二年(1683 年)台湾告平,清廷方开海禁。先后于康熙二十三年(1684 年)至二十五年(1686 年)设立闽、粤、江、浙四大海关,分别管理各自下辖的数十个对外通商口岸的对外贸易事务。到雍正五年(1727 年),雍正在大臣的反复奏请讨论下,担心闽粤地区因洋禁而引发海患,才同意废除南洋禁海令,随即重新开放了粤、闽、江、浙四口通商口岸。

清朝前期海禁几开几闭反复上演,也反映出清朝统治者对于海外贸易的矛盾心理。一方面,他们担心海外贸易威胁王朝统治;另一方面又希望通过海外贸易的关税收入改善国家的财政状况,增加国库收入。而清政府依靠对外贸易自 1729 ~ 1837 年共计获得了 84, 543, 281 两白银,贸易量总值为 4, 227, 168, 950 两白银。到乾隆时期,来自海关的收益已经成为仅次于丁口、盐税的第三大收入来源。据记载 1729 ~ 1837 年,粤海关贸易量总值都是在不断上升,而关税收入也因此而不断上升,贸易量总值和关税指数由 1729 ~ 1756 年的 100 增长到 1828 ~ 1837 年的 345,足足增长了 3. 45 倍。而关税这一税收在清政府总的财政收入中所占比重也在不断地提升,据《中国财政通史 · 清代卷》记载,1653 年清政府财政收入总额为 2428 万两白银,海关税仅占 100 万两,所占比重为 4% 。到了 1841 年,清政府财政收入总额为 4125 万两白银,海关税占 435 万两,所占比重为 11% 。①

① 参见项怀诚主编:《中国经济通史 · 清代卷》,中国财政经济出版社 2006 年版,第 88 页。

在鸦片战争前,广东港口一年的货物价值超过1000万两白银,出口的主要产品包含瓷器、茶叶等。

乾隆初年广州的商船、商品,都年年递增,在乾隆五年之前,“报解之数均不过二十上前,四万两及二十五六万两,至乾隆六年始增至二十九万六千两,乾隆七年又增至三十一万两”①,增加幅度约三成,很是可观。“天子南库”的美誉也就由此而来。在一口通商政策实施以前的1754年,广州粤海关的关税收入每年只有52万两白银。一口通商政策实施后,广州粤海关的关税收入迅速增加,到1790年就第一次突破100万白银大关。1812年,广州粤海关的关税收入为135万两白银。到第一次鸦片战争爆发前的1834年,广州粤海关的关税收入达到了前所未有的180万两白银。②

(二)统治者追求奢侈享乐的好奇心

康熙、雍正时期解决了威胁国家安全的一系列政治经济问题,乾隆皇帝在位期间,是清朝统治最稳固的时期。此时的清王朝政局稳定,经济发展,国力强盛。乾隆皇帝本人对西方文明也有强烈的好奇心,保留“一口通商”的一个重要作用是为皇室寻奇猎异,满足皇室奢侈的享乐生活。粤海关的税务及财务收入,与宫廷生活的命脉都是息息相关的。

在广州粤海关的关税收入中,有一部分要以备贡银和公用银的名义直接送到内务府,供皇室开支使用。备贡银的数额为5.5万两白银,公用银的数量为30万两白银,合计35.5万两白银,约占关税总收入的1/5。这些白银主要用于“供应内廷差务要款,即如坤宁宫、奉先殿、御茶膳房供用,自鸣钟讨领诸大端,较之外省军需尤为紧要。此外复有紫

① 谭元亨:《海国商道——来自十三行后裔的历史报告》,人民出版社2014年版,第205页。

② 参见《清朝广州十三行是皇帝钱袋子,为皇帝作出哪些贡献?》,载百度百科TA说“勇哥读史”2021年4月28日,https://baike.baidu.com/tashuo/browse/content?id=d00ea92e4b3dcf13cf9801de。

禁城内值班八旗,内务府三旗官兵,每日口分,万难一日延缓。"①为了保持特许经营权的稳定持续,精明的广州十三行商人,经常向朝廷捐输报效,以维持其享有的官方垄断贸易的地位。遗憾的是,面对西方文明,清朝统治者只是用来满足其奢侈享乐的生活,而没有意识到其对于富国强兵的重要意义,更不可能预见到几十年后西方列强凭借其强大的武装力量兵临城下,清政府被迫同意五口通商。

(三)保留一口通商的原因

广州的洋行制度自明以来已经自成一体,而经商人才更比别处要多要强,较之其他一度开放过的海关,这一优势显而易见。"洪任辉案"发生时的两广总督李侍尧在他的上谕中亦有提到,广东地窄人稠,沿海居民大都靠洋船为生,不仅只有那十几家行商。要连粤海关也封了,不独宫廷失去财源,广东也会激起民变。另外,珠江口的地理形势,也较长江口以及钱江口、宁波、定海等有利,所以,他的上谕中也提到:虎门、黄埔设有官兵,相形之下,比宁波之可以扬帆直至者,形势也不同。可以说,"一口通商",是自康熙、雍正、乾隆三朝皇帝,几经反复,精心思量,最后才实施的。②

四、总结

可以说"洪任辉案"是中国对外贸易一个转折点。如果说洪任辉是以个人名义要求清王朝开埠通航的话,其后的马嘎尔尼访华则是以英国政府的名义与清王朝提出正式的外贸要求,他们都遭到了无情的拒绝。对清王朝而言,收入的减少是最小的损失,更大的损失在于错过了与当时大航海时代接轨的最佳时机,从而也使清王朝自 18 世纪下半叶逐渐拉开了和西方的差距。这样的结果其实是与清朝统治者希望通过

---

① 《清朝广州十三行是皇帝钱袋子,为皇帝作出哪些贡献?》,载百度百科 TA 说"勇哥读史"2021 年 4 月 28 日,https://baike.baidu.com/tashuo/browse/content?id=d00ea92e4b3dcf13cf9801de。

② 参见谭元亨:《海国商道——来自十三行后裔的历史报告》,人民出版社 2014 年版,第 225 页。

遏制海外贸易从而维护国家统一繁荣的初衷背道而驰的。“洪任辉案”之后,乾隆皇帝宣布江海关、浙海关、闽海关三个海关下辖口岸不再对西洋船只开放,只留下粤海关允许西方人贸易。并对丝绸、茶叶等传统商品的出口量严加限制,对中国商船的出洋贸易,也规定了许多禁令,这就是人们通常所说的“一口通商”。此后清政府的闭关政策更加严厉,直到鸦片战争的爆发,这种不合理的政策成了矛盾的焦点。

近代海关与晚清条约口岸体制的构建

曹　雳*

［摘要］《南京条约》签订以来，中西交往体制逐渐转向基于不平等条约的条约口岸体制，这一过程与近代海关的建立和扩张紧密相关。一方面，以外籍税务司制度为核心的近代海关是不平等条约的产物，19世纪60年代之后，近代海关在全国形成了从总税务司到各关税务司的海关体系，成为条约口岸体制的重要组成部分。另一方面，在总税务司的运作下，近代海关积极介入晚清外交，推动增开口岸、扩大权力范围，也成为中西关系的塑造者。此外，近代海关基于自身利益，与列强驻华官员并非亦步亦趋，导致海关管辖权与领事裁判权间存在竞合关系。将近代海关置于条约口岸体制之下进行考察，为我们观察动态的中西关系提供了一个视角。

［关键词］近代海关；条约口岸体制；晚清外交；领事裁判权

引　言

鸦片战争以来，随着中外不平等条约的签订和通商口岸的陆续开放，晚清逐渐形成了“条约口岸体制”这一以不平等条约为核心建立起来的中西交往体制。① 协定关税和治外法权是不平等条约的核心。② 前者侵蚀中国关税主权，缔造了以外籍税务司制度为核心的近代海关，③后

---

* 曹雳，华东政法大学法律学院博士研究生。

① 吴义雄指出，条约口岸体制，又称“条约制度”“通商口岸体制”，其建立和强化是鸦片战争等重大政治事件的产物。参见吴义雄：《条约口岸体制的酝酿：19世纪30年代中英关系研究》，中华书局2009年版，第1页。

② 参见蒋廷黻：《中国近代史》，中华书局2016年版，第20页。

③ 本文所指的“近代海关”主要是指外籍税务司控制下管理洋关和洋税征收的海关组织，与清朝海关监督管理下的旧有常关体系有所区分。

者排除中国的属地司法管辖权,赋予领事以司法裁判官的地位。[①] 可以说,以外籍税务司为核心的近代海关和作为治外法权代言人的驻华领事共同构成了基于不平等条约的条约口岸体制的主要方面。

1842年《南京条约》等第一批不平等条约签订[②],外国领事获准来华,奠定了以领事为核心的条约口岸体制的早期格局;1858年《天津条约》后,随着近代海关建立和公使驻京成为定式,中西交往体制呈现出从北京的海关总税务司和驻京公使,到各通商口岸的海关税务司和领事官员的点面结构。

海关既是不平等条约的产物,对外也通过介入清末外交来塑造中西关系。1861年,海关外籍税务司制度确立,总税务司(Inspector General)赫德(Robert Hart)执掌晚清海关半个世纪,积极扩张业务范围,使之成为近代中国唯一未有中断且势力几乎可达全中国的机构。[③] 除征收对外贸易关税、监督对外贸易等核心业务外,海关深度介入清末外交,拓展海关权力的广度和深度,并通过不平等条约固定下来。此外,海关兼具中国政府机构和列强在华代理人的双重身份,产生了基于其自身利益的主体性,排斥列强在华官员的外部干预,集中体现于海关管辖权和领事裁判权的竞合关系之上。国内学界对近代海关不乏研

① 值得注意的是,在治外法权研究领域,学界主要关注来华领事,对驻华公使的关注较少。但美国驻华公使曾拥有公使裁判权(ministerial jurisdiction),采取"交涉式司法"来解决上诉案件,驻华公使曾构成英美在华行使治外法权的双主体。参见屈文生:《作为上诉机构的总理衙门与美国驻京公使——以"熙尔控杨泰记"上诉案为中心》,载《中外法学》2023年第2期;屈文生:《英美在近代中国行使治外法权主体之型化与形替》,载《法学研究》2023年第3期。

② 第一批不平等条约主要指以《南京条约》《虎门条约》《望厦条约》《黄埔条约》为核心的不平等条约,第二批主要以《天津条约》《北京条约》等为核心。参见[美]费正清:《中国沿海的贸易与外交:通商口岸的开埠:1842—1854(上)》,山西人民出版社2021年版;李育民:《近代中国的条约制度》,湖南人民出版社2010年版;程道德:《试述近代中国不平等条约体系的形成与扩展》,载《中外法学》1994年第3期。

③ 参见[英]方德万:《潮来潮去:海关与中国现代性的全球起源》,姚永超、蔡维屏译,山西人民出版社2017年版,第5~6页。

究,但将其置于中西交往体制的互动中进行考察则较为鲜见。[1] 本文以近代海关为切入点,探究海关如何构成并塑造条约口岸体制以及在此过程中海关职权与领事裁判权的龃龉,以期为我们透视复杂、动态的中西权力格局提供一个视角。

一、作为条约口岸体制组成部分的近代海关

1842年《南京条约》开放五口通商,与《虎门条约》《望厦条约》《黄埔条约》等成为第一批中外不平等条约,初步构成条约口岸体制的基础。这一阶段,条约口岸体制围绕驻华领事运转,但列强在华贸易秩序并不稳定。第二次鸦片战争后,为更好执行条约规定的贸易方式、配合列强对华经济侵略,以外籍税务司制度为核心的近代海关建立,并开启行政统一化进程。列强企图将海关建成对华关系的基石,并借助洋员平衡各国利益,清政府则依靠出让部分海关控制权以换取列强对其统治的支持。可以说,自诞生起,海关就是条约口岸体制的重要组成部分。

近代以来,不平等条约赋予领事除商务之外的包括行政、司法在内的一系列职权。《南京条约》规定"大英国君主派设领事、管事等官住该五处城邑,专理商贾事宜,与各该地方官公文往来"[2],首先确立了英国驻华领事的法律地位。《五口通商章程》明确赋予领事官以司法权。一方面,英人华民交涉词讼一款中赋予领事以司法权和执法权,"其英人如何科罪,由英国议定章程、法律发给管事官照办。华民如何科罪,应治以中国之法,均应照前在江南原定善后条款办理。"[3]另一方面,货船

---

① 有关研究,参见如陈诗启:《英商否认海关洋员关于走私违章处分的管辖权和〈会讯船货入官章程〉的制定》,载《厦门大学学报(哲学社会科学版)》1987年第1期;汪敬虞:《赫德与近代中西关系》,人民出版社1987年版;张志勇:《赫德与晚清外交》,中华书局2021年版;杨秀云:《赫德与晚清中外约章研究》,知识产权出版社2021年版。

② 王铁崖:《中外旧约章汇编》(第1册),生活·读书·新知三联书店1957年版,第31页。

③ 王铁崖:《中外旧约章汇编》(第1册),生活·读书·新知三联书店1957年版,第42页。

进口报关一款中规定了领事报关制度,“英国商船一经到口停泊,其船主限一日之内,赴英国管事官署中,将船牌、舱口单、报单各件交与管事官查阅收贮……管事宜既得船牌及舱口报单等件,即行文通知该口海关。”①

借助不平等条约,领事裁判权和领事报关制度在中国与英、美、法三国之间确立下来。三国通过条约废止官设洋行制度、确立片面协定关税制度和领事裁判权,企图在通商口岸建的是立一种以领事为核心的对外贸易秩序。通商口岸以英国领事为中心设计,领事同中国地方官一样,几乎拥有政府的所有权力。② 除广州外,随着厦门、上海、宁波和福州陆续于1843和1844年开埠,英国领事代表英国政府进驻通商口岸,以领事法庭为核心的英国域外司法管辖体系开始形成。③ 正如璞鼎查认为的,“只有领事们在一切关于中国关税事务上经常出面并预闻其事,才能保障帝国的税务,同时借此对任何新的未奉准的苛税防微杜渐。”④

但是,以领事为核心的条约口岸体制并不稳定。首先,领事权力过大,将包括缴纳税款和遵守条约规定在内的约束本国商民行为的责任划归领事,而无约国商人无领事等驻华官员约束,大肆走私,实际上将领事和逐利的本国商人这两个群体推向对立。其次,清朝原有海关管理机构孱弱,其职能又受领事削弱,既无力管控外商大规模的武装走私,又无法抵挡走私商人的贿赂和腐蚀。因此,列强虽然掠夺了大量通商特权,却无法按照条约规定建立所企求的贸易秩序,璞鼎查所设想的

① 王铁崖:《中外旧约章汇编》(第1册),生活·读书·新知三联书店1957年版,第40页。

② 参见[美]费正清:《中国沿海的贸易与外交:通商口岸的开埠:1842—1854(上)》,山西人民出版社2021年版,第231页。

③ 有关领事法庭的建立,参见万立、屈文生:《近代英国对华域外法体系研究》,载《中外法学》2021年第5期。

④ [英]莱特:《中国关税沿革史》,姚曾廙译,生活·读书·新知三联书店1958年版,第87~88页。

以领事混合清朝旧海关,并以条约规范为基础的贸易方式一开始就潜伏着失败的危机。①

19 世纪 60 年代,随着第二批不平等条约的签订,以外籍税务司为核心的近代海关成立,使条约口岸体制的点面结构逐渐稳定下来。1858 年中英、中法、中美《通商章程善后条约:海关税则》签订,规定“任凭总理大臣邀请英(法/美)人帮办税务并严查漏税,判定口界,派人指泊船只及分设浮桩、号船、塔表、望楼等事”②,奠定了外籍税务司制度的法律基础,该制度成为此后支配中国近代海关长达几十年的基本制度。1861 年,总理衙门成立后,恭亲王奕䜣正式委任英国人李泰国(Horatio Nelson Lay)为首任海关总税务司(Inspector General)。③

1861 年,英国人赫德(Robert Hart)署理总税务司,1863 年北京总税务司署建立,直属总理衙门。赫德在其任上实现了海关行政的统一,这一过程伴随着总税务司对海关监督权力的剥夺和架空。④ 赫德从地方海关监督手中夺取关税行政权得到了总理衙门的支持,其背后暗含着中央和地方对财源的争夺。1864 年,《募用外国人帮办税务章程》规定帮办税务的外国人“均由总税务司募请调派,其薪水如何增减,其调往各口以及应行撤退,均应总税务司作主”⑤,确定了总税务司对新关的人事管理大权,确立了近代海关独立于清朝地方行政系统的“总理衙门—总税务司—各口税务司”的垂直管理体系。

在各通商口岸,近代海关成立以来,在外籍税务司支配下的新关随着条约口岸的开辟而不断增设,形成了庞大的海关网络。海关设置是

---

① 参见陈诗启:《中国近代海关史》,人民出版社 2021 年版,第 11 页。

② 王铁崖:《中外旧约章汇编》(第 1 册),生活·读书·新知三联书店 1957 年版,第 118 页。

③ 早在 1859 年,时任两江总督兼管各口通商大臣何桂清便已内定李泰国为“总管各口海关总税务司”,1861 年总理衙门设立,确立了对海关的直辖。

④ 参见陈诗启:《中国近代海关史》,人民出版社 2021 年版,第 77 页。

⑤ 《海关募用外国人帮办税务章程》,载陈诗启:《中国近代海关史》,人民出版社 2021 年版,第 413 页。

依据条约而定的,[①]新约的签订往往伴随着通商口岸的增开。1858年《天津条约》规定增开牛庄、登州、台湾、潮州、琼州等口岸,列强在华势力首次渗入长江流域。1861年开始,总务税务司在新增口岸渐次设立镇江关、潮州关、九江关、江汉关、东海关、山海关、琼海关和金陵关。赫德成为代理总税务司之时,全国开设的海关仅3处,在接下来30年中,迅速增加到26个。值得关注的是,除了广东、福建各关,甘肃的嘉峪关,湖北的沙市关、宜昌关以及胶州关和大连关两处殖民地海关,全国各个海关基本上都是一处海关监督对应一个税务司。[②]

以宁波为例,经总理衙门的批准,1861年1月9日浙海新关建立,在江北岸设立税务司,征收对外贸易税,[③]而原浙海大关称浙海常关,位于江东。英国人华为士(W. W. Ward)被任命为第一任浙海关税务司,宁绍台道张景渠则为第一任浙海关监督。[④] 浙海关具有较为完善的组织架构。此前,英国领事罗伯聃便已于江北设立领事馆,并在此地设立外国居留地。[⑤] 宁波通商之后,江北逐渐发展为繁华的商业区,到1880年,共有外国洋行30余家。而居留地的行政管理,名义上是中外联合管理,实际上掌握在外国领事和外籍税务司手中。[⑥]

值得注意的是,对于领事缺任的通商口岸,海关当局还可以在一定范围内行使准领事的职权。1870年12月10日,赫德就"有关海关当局行使准领事职权之考虑"首次向各关税务司发出通令。通令指出,"众

① 参见[日]滨下武志:《中国近代经济史研究:清末海关财政与通商口岸市场圈》,高淑娟等译,江苏人民出版社2006年版,第196页。

② 参见任智勇:《晚清海关再研究——以二元体制为中心》,中国人民大学出版社2012年版,第142页。

③ 浙海关具有较为完善的组织架构,设税务司1人,坐办1人,文书课5人,总务课8人,会计课1人,统计课1人,监督课2人,港务课1人,验货课4人,缉私课15人。参见张洪祥:《近代中国通商口岸与租界》,天津人民出版社1993年版,第61页。

④ 参见胡丕阳、乐承耀:《浙海关与近代宁波》,人民出版社2011年版,第76页。

⑤ 与上海不同,宁波开埠后,没有设立专管租界和公共租界,而只是指定一块外国人可以集中居住的区域。

⑥ 参见张洪祥:《近代中国通商口岸与租界》,天津人民出版社1993年版,第62页。

多条约规定，若某国在某口岸并无领事官员，则其臣民或公民有事务要求者，有权求助于任一友好国家之领事或中国海关当局”①。以中美《天津条约》为例，条约规定“遇有领事等官不在港内，应准大合众国船主、商人托友国领事代为料理，否则径赴海关呈明，设法妥办。”②但海关当局在领事缺任时承担的职责并不涵盖领事的全部职能，也不能超出领事的职责，赫德认为称之为“在洋人官员缺席时，由华人担当华人之职责更为确切。”③

对于当事各方为无约各国的臣民或公民的案件，海关须进行处理。但是，当税务司于领事缺任代中国当局处理事务时，应仅限于对华通商条约规定之事，凡治外法权规定由洋人官员处理之事务，不得插手。④赫德指出，“条约有关条款中较为重要者乃治外法权”，在通令中着重强调了华洋交涉司法案件的处理原则。对于刑事诉讼，没有设置领事代表的洋人向海关提出要求惩罚抢劫或攻击之肇事者，海关可基于公众利益，按照中国法律及程序而提供援助。而民事诉讼中，对于华人向海关请求满足其向洋人之申诉，因为中国当局在领事缺任下无法执行其裁决，且根据条约，此类案件全部或部分人与事的管辖权不属中国，海关不宜插手，除非申诉者作出保结，即不仅服从海关就有关民事作出之任何裁决，且保证华人当事人居住之通商口岸因领事缺任而接受海关对于民事案件的管辖权。

近代海关诞生于第二次鸦片战争之后，旨在维持中外贸易新秩序，是中外关系转型时期的产物。近代海关形成了从中央到地方各口的垂

---

① 《1870年第11号通令》，载海关总署编译委员会编：《旧中国海关总税务司署通令选编(1861－1910)》(第1卷)，中国海关出版社2003年版，第98页。

② 王铁崖：《中外旧约章汇编》(第1册)，生活·读书·新知三联书店1957年版，第93页。此外中法《天津条约》、中布《通商条约》等条约中也有类似规定。

③ 《1870年第11号通令》，载海关总署编译委员会编：《旧中国海关总税务司署通令选编(1861－1910)》(第1卷)，中国海关出版社2003年版，第98页。

④ 参见《1870年第11号通令》，载海关总署编译委员会编：《旧中国海关总税务司署通令选编(1861－1910)》(第1卷)，中国海关出版社2003年版，第100页。

直管理体系,影响力渗透到中国社会的各个领域,除征收对外贸易关税和监督对外贸易的核心业务外,还经办洋务,从事大量的外交活动,成为中国现代化的一面镜子。《天津条约》后,随着条约的陆续签订和更多条约口岸的增开,从驻京公使到各地的驻华领事,列强在华治外法权的图谱逐渐形成。① 相对应的是,在中央,总税务司通过总理衙门参与中外交涉;在地方通商口岸,各口税务司与领事馆成为来华西人最核心的机构,通商口岸从开始时的只是沿海贸易和对外交往边缘地带的中心,成为近代中西斗争的主要焦点。② 这一过程中,海关构成了中西交往体制的重要组成部分。

二、近代海关对条约口岸体制的塑造

近代海关不仅是条约口岸体制的产物,也发挥了积极的塑造作用。海关对条约口岸体制的塑造基于其权力在广度和深度上的扩张,这主要通过介入晚清外交而实现。总税务司赫德自称从事"业余外交",成为整个海关活动中最引人注目的活动。③ 为扩大海关活动范围和权力范围,赫德及其海关在中外交涉中,不断推动增开通商口岸、侵夺常关权力,并通过不平等条约将所获权利固定下来。

19世纪60年代后开放的通商口岸,也是海关对晚清外交不断施加影响力的结果。1875年中英滇案交涉中,赫德乘机调停斡旋,促成《烟台条约》的签订,借此推动增开条约口岸,进一步扩大海关在晚清外交事务上的影响力。在此之前,赫德就已参与到1868年开始的《天津条约》修约交涉中。作为总理衙门的"外交顾问"和中英委员会成员,赫德对修约中的各种问题都有发言权,他的意见对中英双方都有重要影响。

---

① 其中,中国共有10个通商城市出现租界口埠,以上海、天津和汉口租界最为典型,租界法制成为中国法制现代化之始。参见王立民:《中国租界法制初探》,法律出版社2016年版,第21页。

② [美]费正清编:《剑桥中国晚清史1800－1911(上卷)》,中国社会科学出版社1993年版,第235页。

③ 参见陈诗启:《中国近代海关史》,人民出版社2021年版,第251页。

在中英委员会之外，赫德则以调停者的身份与阿礼国信函往来或者相互拜访，商论有关修约各问题。① 在赫德的协调下，1869 年，恭亲王和阿礼国签订《新订条约》（又称《阿礼国条约》）16 款和《新修条约善后章程》10 款，但次年英国政府未予批准，所涉部分争议直到《烟台条约》才得以解决。②

1875 年 2 月 21 日，英国驻上海领事馆翻译马嘉理（Augstus Raymond Margary）在云缅边境被杀，英国驻华公使威妥玛（Thomas Francis Wade）决心借此实现扩大在华贸易兼修约之目的，事件超出由此命案的范畴而成为近代中英之间的巨案。案发次月，威妥玛首先向总理衙门提出了解决滇案的五项要求，而后不断以断交撤使胁迫总理衙门作出让步。威妥玛对此案进行了最大限度的利用，后续面对总理衙门的让步，借机抛出此前中英之间悬而未决、与此案无直接关系的广泛要求，以实现其入侵云南、扩大中国市场的既定目标。③

面对双方的分歧，赫德开始从幕后走向台前。从 1875 年到 1876 年，赫德先后受英方和中方邀请进行调停，一方面劝说清政府接受英方条件；另一方面提出有利于扩充海关权利的建议。赫德向总理衙门施压，与时任英国驻华公使威妥玛保持沟通并向其提供建议。9 月 3 日，赫德就中英滇案谈判中可能涉及的子口税和口岸地区免厘问题致函威妥玛。此时，英国在对华政策方面，因为领事经费问题，对于开放更多中国口岸并不积极，这从中英修约时英方的表现可见一斑。但是中国多开口岸对于赫德来说却非常重要，所以为了进一步开放中国，使威妥

① 参见张志勇：《赫德与晚清中英外交》，上海书店出版社 2012 年版，第 24 ~25 页。

② 《阿礼国条约》又被称为清廷与英国签订的第一份基于平等的条约。赫德对条约未被批准感到惋惜，表示“《阿礼国条约》未被批准是有损害的。因为它是在从容不迫的、以一种同情和友好的态度和协商的气氛中签订的……这证明了一种说法，即中国人的利益必须始终为保证外国人的利益而让步。”参见［英］赫德：《这些从秦国来——中国问题论集》，叶凤美译，天津古籍出版社 2005 年版，第 46 页。

③ 参见杨秀云：《赫德与晚清中外约章研究》，知识产权出版社 2021 年版，第 119 页。

玛消除领事经费方面的顾虑,赫德向威妥玛提出了自己关于领事问题的设想。9月4日,赫德致函威妥玛,建议只在天津、南京、汉口、福州和广州(这些地方都有总督)设立领事馆,而在其他港口和地方只设商业领事代理。赫德认为现在英国害怕开放中国,因为不能够增补领事经费,而他的计划将会消除这一困难。①

次年6月,在总理衙门和威妥玛的交涉即告结案之时,威妥玛出尔反尔,收回其先前所提条件。7月15日,赫德抵沪调停,力荐李鸿章前往烟台与威妥玛重启谈判的同时,借机主张在前议宜昌、温州、北海三口通商的基础上,再增加芜湖一口。尤其告诫清政府,"所有不免想让之处,不妨善让,莫要推辞。"②清政府采纳赫德主张,派李鸿章为全权大臣,赴烟台会晤威妥玛。在此期间,随着赫德与威妥玛分歧愈深,赫德由调停者变为李鸿章的谈判助手。最终,双方于9月12日达成基本共识,次日代表中英政府签订《烟台条约》。通过《烟台条约》,英国不仅实现了十余年以来孜孜以求扩大通商特权的夙愿,而且得到了窥伺西藏和云南等西南边境的条约依据。③

对于赫德及其海关而言,条约"在于湖北宜昌、安徽芜湖、浙江温州、广西北海四处添开通商口岸"④,进一步扩大了海关的业务范围。次年,赫德便在四地依次分设宜昌关、北海关、瓯海关和芜湖关,而宜昌此前并未设置常关。历经滇案调停和《烟台条约》的签订,赫德颇为自得地表示"经此事件之后,海关比以往任何时候都强大,我认为在今后的二十年之内,绝无翻船的可能!我开始感到我毕竟相当出色地驾驭了

① 参见张志勇:《赫德与晚清中英外交》,上海书店出版社2012年版,第57页。转引自"3/4/5 September,1875",*Hart's Journals*,Vol. 21。

② 王彦威等编:《清季外交史料》(第1册),李育民等点校整理,湖南师范大学出版社2015年版,第109页。

③ 参见杨秀云:《赫德与晚清中外约章研究》,知识产权出版社2021年版,第127页。

④ 王铁崖:《中外旧约章汇编》(第1册),生活·读书·新知三联书店1957年版,第349页。

这条航船。”①

进入19世纪80年代,赫德更为积极介入中外交涉,或是从中操纵、或是参与斡旋了一系列中外约章。在赫德参与的晚清中外交涉中,对中国历史影响最大的当属中法越南交涉。② 中法战争之后,条约口岸的设立进入了又一个高峰。1887年《中法续议商务专约》订立后,海关新设广西龙州关、云南蒙自关。1886年《中英香港鸦片贸易协定》和1887年《中葡北京条约》规定新设九龙关和拱北关,海关得以征收两地的鸦片税厘,海关税收有了巨大增长。1893年《中英藏印条约》和《藏印续约》签订之后,西藏亚东关设立,海关势力深入藏南地区。至宣统二年(1910年),近代中国新关布局基本形成,不包括分关及分卡,全国共设有新关46处。③

海关活动范围的扩大伴随着对常关权力的侵夺和海关权力的扩张。一方面,《烟台条约》首次规定鸦片税厘并征。条约“令英商于贩运洋药入口时,由新关派人稽查,封存栈房或趸船,俟售卖时洋商照则完税”的同时,“并令卖客一并在新关输纳厘税,以免偷漏”④,海关由此夺取了常关征收鸦片厘金的权力。此前,海关只有在通商口岸稽征鸦片进口税的权力,而鸦片厘金则由地方督抚通过常关征收,条约从法律上实现了新关征税范围的扩充。但直到1885年,中英双方才通过订立《烟台条约续增专条》(《专条》)确定了鸦片税厘的数目和开征日期。

为执行《烟台条约》及《专条》的鸦片税厘并征规定,赫德因“办理税务二十余年,诸事妥帖,所有防弊章程,深为熟悉”⑤,而获得清政府委

① 《赫德致金登干第Z/37号函》,载陈霞飞主编:《中国海关密档》(第1卷),中华书局1990年版,第449页。

② 参见张志勇:《赫德与晚清外交》,中华书局2021年版,第103页。

③ 参见《中国海关通志》编纂委员会编:《中国海关通志(第一分册)》,方志出版社2012年版,第354~357页。

④ 王铁崖:《中外旧约章汇编》(第1册),生活·读书·新知三联书店1957年版,第349页。

⑤ 王彦威等编:《清季外交史料》(第3册),李育民等点校整理,湖南师范大学出版社2015年版,第1318页。

派前赴当时的香港和澳门办理交涉事务。1886年9月11日,赫德代表中方与英国签订《香港鸦片贸易协定》。而后,赫德旋即指挥金登干促成1887年《中葡里斯本草约》的签订,以出卖当时的澳门主权的"条约内承认葡萄牙永久占据和治理澳门及其附属地"的条件,①换取当时的澳门当局支持鸦片税厘并征的一体办理。港澳的中英和中葡交涉扩张了赫德及其海关的权力。其一,海关夺取了原海关监督的走私检查权和常关的鸦片税厘征收权;其二,新设的九龙关和拱北关进一步加强了海关洋员对海关的控制。正因如此,赫德甚为得意,"总的来说,我们业已胜利。现在我已将广东各通商口岸往来香港和澳门的民船贸易从粤海关的掌握中抢了过来,置于税务司们的管辖之下。"②

另一方面,义和团运动失败之后,赫德应清廷朝野请求出面调停,从海关监督手中实现了对部分常关的兼管。1901年清廷与11国签订《辛丑条约》,中国被迫接受并要求偿付连利总计9.8亿两的"庚子赔款"。为保证赔款的偿还,条约一方面规定"所有常关各进款,在各通商口岸之常关,均归新关管理"③;另一方面指定"(赔款)付款之事,仍由税务司经理"④。11月11日,赫德向各口税务司发布通令,通知"今日开始经管通商口岸及50里内之常关"⑤。此后,包括粤海、闽海、浙海、江海等20处常关被税务司兼管,分关分卡达112处。⑥

此外,赫德还通过经办借款,实现外籍税务司对海关监督行政资源

① 参见《赫德致金登干第972号电》,载陈霞飞主编:《中国海关密档》(第8卷),中华书局1990年版,第589~590页。

② J. K. Fairbank eds., *The I. G. in Peking: Letters of Robert Hart, Chinese Maritime Customs*, 1868 – 1907 (Vol. 1), The Belknap Press of Harvard University Press, 1975, p. 667.

③ 王铁崖:《中外旧约章汇编》(第1册),生活·读书·新知三联书店1957年版,第1006页。

④ 王铁崖:《中外旧约章汇编》(第1册),生活·读书·新知三联书店1957年版,第1013页。

⑤ 《1901年第993号通令》,载海关总署编译委员会编:《旧中国海关总税务司署通令选编(1861 – 1910)》(第1卷),中国海关出版社2003年版,第472页。

⑥ 参见陈勇:《近代常关衰弱另论》,载《中国社会经济史研究》2018年第4期。

的侵夺。从曾国藩平定新疆开始，无论是太平天国等国内运动还是不平等条约对晚清政府的勒索，都使清政府原有的财政体系无法应对，由此催生了中国借贷市场的建立。相较之下，海关监督控制下的常关税直接成为地方财源，各海关监督作为各地督抚属员的色彩远浓于作为中央财政官员的色彩。[①] 因此，对于中央政府，海关隶属总理衙门，海关税作为高度集中的中央财源愈发重要。此外，面对巨额赔款，清政府被迫向外国财团借贷，而海关税收则成为理想的担保。从甲午战争赔款、庚子赔款到善后大借款，为获得预期税收，清政府被迫将常关等税收资源的行政控制权也转交海关。[②] 赫德居中协调，为清政府促成赔款筹借，巩固了海关的地位，扩大了海关的权力。

总理衙门设立之前，中国没有处理国际关系的外交机构。早期，清廷内部缺乏对外交涉人才，以致在 19 世纪 60 年代初期的中国，一个人的早年宦海生涯只要同外国人有一点接触，便可以成为奉派总理衙门大臣的正当理由，在职训练是当时唯一可以得到的外交人员教育。[③] 马士指出："在一切国际问题上，从谈判一件条约直到解决一项土地争端，总理衙门在还没有经验的时期，总是凭靠北京总税务司的忠告和协助，而总督、巡抚和道台们则总是征询各口税务司的意见，以便照计而行。"[④]总税务司正是通过介入晚清外交，成为塑造条约口岸体制的重要力量。正如赫德所述，"我过去所作所为都是使海关站得住脚，并且不放掉任何机会来扩张它的根基，从而保证它的稳定。"[⑤]

---

① 参见任智勇：《晚清海关再研究——以二元体制为中心》，中国人民大学出版社 2012 年版，第 140 页。

② 参见［英］方德万：《潮来潮去：海关与中国现代性的全球起源》，姚永超、蔡维屏译，山西人民出版社 2017 年版，第 176 页。

③ 参见［英］赫德：《赫德与中国早期现代化：赫德日记：1863 – 1866》，陈绛译，中国海关出版社 2005 年版，第 137 页。

④ ［美］马士：《中华帝国对外关系史》（第 3 卷），张汇文等译，上海书店出版社 2006 年版，第 419 页。

⑤ 中国近代经济史资料丛刊编辑委员会主编：《中国海关与英德续借款》，科学出版社 1995 年版，第 5 页。

三、海关管辖权和领事裁判权的竞合

在对华利益诉求上,外籍总税务司支配下的近代海关和列强驻华官员也并非亦步亦趋,这集中体现在海关管辖权和领事裁判权的竞合上。防止领事包庇外商走私行为,排除领事管辖权对外商走私案件的干预,是历任总税务司维护海关权力和权威所面临的重要挑战。正如方德万所述,“帝国之间的边界并非像现代民族国家般如此清晰,而是充满孔隙,这种帝国与帝国之间的地带为海关的生存创造了空间”①。而兼具清廷政府机构和“国际官厅”特性的身份的双重性,催生了基于海关自身利益的主体性,这种海关自己的身份认同在历次中外交涉中得到增强,使其逐渐在中国官员和外国驻华官员之间开辟出一个相对独立的空间。

早在外籍税务司制度建立伊始,便经常发生外商恃仗领事裁判权极力否认海关洋员缉私和违章处分司法管辖权的案件。② 外商认为,“凭条约取得的领事裁判权可以保护他们不受海关官员对违反税法罪行所加的处罚,特别是因为这些官员都是外国人,他们本人就应该服从领事的管辖”③。外商抵触海关对走私偷漏案件的管辖权,转而试图将此纳入领事管辖权之下,而领事名为管辖、实为包庇,在诸多走私案件中充当走私偷漏的保护者。早期几桩双方利益冲突的代表性案件被移交当时的香港法院审理,审理的结果往往对总税务司署不利。④

首任总税务司李泰国在任期间,已开始着手解决中国海关洋员查

① [英]方德万:《潮来潮去:海关与中国现代性的全球起源》,姚永超、蔡维屏译,山西人民出版社2017年版,第83页。

② 参见连心豪:《近代中国的走私与海关缉私》,厦门大学出版社2011年版,第57页。

③ [英]莱特:《中国关税沿革史》,姚曾廙译,生活·读书·新知三联书店1958年版,第206页。

④ 参见[加]葛松:《李泰国与中英关系》,中国海关史研究中心译,厦门大学出版社1991年版,第104页。

缉外商走私管辖权的法权争端,他于1862年在英国休假时特地向伦敦的律师咨询。后者提供了一系列法律意见,指出"在事关没收的案件中,中国当局单独握有裁判权;但是在事关罚款的案件中,因为这种处罚是对人的,所以非会同领事不能强制执行。"[①]李泰国在有关"在中国海关任职之英国臣民地位一事"的咨询中,律师明确界分了海关职权和领事裁判权。律师认为,作为中国海关关员之英国臣民,其履行职权行为,不可由英国法庭处理。若其行为已超越职权,仅在中国政府表示认可之下,方得免予起诉。[②] 李泰国引征上述法律意见得到英国公使认同,后者命令上海领事遵照其中的法律原则行事,对海关维护自身权威起到了一定积极作用。

赫德就任总税务司之后,面对领事对外商走私行为的包庇及其对海关管辖权的冲击,着手建立一套领事和海关间的协调机制。赫德直指洋商的双重标准,认为:"(外国)商人们最高兴领事把他们的行为建立在这样一个观念上,即(外国)商人们有权做他们能做到的每件事,而中国人除了做条款要他们做的事以外,没有权利做任何别的事。"[③]赫德认为,相较"领事官独自审断"和"税务司会同领事官定断","会同讯问"才是"一劳永逸"之法,即领事官参与会讯不过是"帮审""而不能作主",洋商"既难狡辩,领事亦难袒护,定断之权仍是中国独操,此则似以让权而实永保其权"[④]。赫德自进入海关以来一贯致力于推行会讯制度。1864年,经劝告中国当局于江海关试行会讯制度,获得成功。至1867年年末,获准将上海试行之四条章程推行至所有通商口岸。[⑤]

---

① [英]莱特:《中国关税沿革史》,姚曾廙译,生活·读书·新知三联书店1958年版,第209页。

② 参见《1870年第28号通令》,载海关总署编译委员会编:《旧中国海关总税务司署通令选编(1861-1910)》(第1卷),中国海关出版社2003年版,第134页。

③ [英]:《赫德与中国海关(上册)》,陈羖才等译,厦门大学出版社1997年版,第288页。

④ 连心豪:《近代中国的走私与海关缉私》,厦门大学出版社2011年版,第62页。

⑤ 参见《1868年第19号通令》,载海关总署编译委员会编:《旧中国海关总税务司署通令选编(1861-1910)》(第1卷),中国海关出版社2003年版,第67页。

《会讯船货入官章程》(《会讯章程》)的制定及实施是海关为应对领事管辖权对其职权持续干预而推出的协调机制。早在1862年,额尔金曾建议组织一个由中英两国组成的混合法庭,以审理关税案件,使双方处于“平等地位”,以免海关和外商以至领事经常纠缠不休。[①] 这一办法得到了赫德的赞同,他表示这种做法有利于使“各种案件都公开化,同时对任何情况都可以进行深入的调查。我本人认为这是可办的,而且是应该办的”[②]。对于总理衙门而言,他们认为“乐于对口岸产生之难题在当地得以平静公正处置,甚于呈报北京决断。当地领事与税务司对程序意见一致,而海关监督坚持不同看法时,则别无他途,惟有向上呈报。”[③]《会讯章程》修订期间,总税务司与各公使馆公函往来频繁,保持了密切联系,制定完成后也获得了各国政府的认可。

章程本身是海关和领事对涉及罚款和没收案件管辖权相互争夺的结果,但也反映了双方在一定程度上达成的妥协。对于关税案件的管辖权,海关向领事的部分权利让渡实际上也违反了《通商章程善后条约》第十款规定的“如何严防偷漏,自应由中国政府设法办理。”[④]诚如马士所指出的,“这是双方的一种真正的和解:外国方面出让了关于条约规定的罚款案件的最后判决——条约规定,这是领事裁判权范围以内的;中国方面则出让了关于没收案件的唯一权利——根据国际公法的每项原则和外国代表的承认,这是在中国法庭的权限以内的”。但与此同时,“作为一个法庭来说是一种失败,它本身带有分裂的种子”[⑤]。

1868年,《会讯章程》正式颁布,建立了一套外国领事会同海关税

① 参见陈诗启:《中国近代海关史》,人民出版社2021年版,第187页。

② [英]赫德:《步入清廷仕途:赫德日记:1854-1863》,傅曾仁等译,中国海关出版社2003年版,第373页。

③ 《1869年第25号通令》,载海关总署编译委员会编:《旧中国海关总税务司署通令选编(1861-1910)》(第1卷),中国海关出版社2003年版,第83页。

④ 王铁崖:《中外旧约章汇编》(第1册),生活·读书·新知三联书店1957年版,第118页。

⑤ [美]马士:《中华帝国对外关系史》(第2卷),张汇文等译,上海书店出版社2006年版,第160页。

务司共同审讯的机制。《会讯章程》共8条，主要涉及入官（没收）案件和罚款案件。第2、3、4及5条规定与入官案件程序有关。入官案件中，领事对案件要求公开讯问时，查问由海关监督主持，税务司为辅，领事与之同坐大堂。领事与海关监督均同意入官的，则判决生效，不得上诉；双方同意放行的，则货物应予放行；双方意见相左的，则案件由海关监督与领事各自"申请总理衙门与驻京大臣查核定夺。"①第6条规定仅科罚款的案件程序。罚款案件中，海关税务司应向有关领事官署提出诉状。由领事确定主持讯问，税务司主持诉讼。税务司与领事意见相同的，则结案；意见相左的，则"知会监督一面抄录全案各详总理衙门驻京大宪查核。"②

英国"台湾号"假货单案是一起《会讯章程》制订后发生的典型外商走私违章案例。1878年2月21日，福州海关查获来自当时香港的英国商船"台湾号"载有三担鸦片，而在呈交海关的货物清单中没有列入。按照《会讯章程》的规定，闽海关税务司汉南（C. Hannen）当即在英国驻福州领事馆立案，以"台湾号"轮船船长出具虚假不实的舱口单，属于"漏报走私"，要求与领事会讯此案，要求英国领事星察理（Chas. A. Sinclair）依照中英《天津条约》第37款所规定："至其舱口单内，须将所载货物详细开明。如有漏报者，船主应罚银五百两。"对该船船长处以500银两的罚金。并通知领事，根据中英《天津条约》第48款，"台湾号"暂时不得继续在本口贸易。

船长辩称，此项走私鸦片是船上华人仆役背着船长带的，因此他并没有出具假的货物清单。英国领事对税务司关于条约义务的提醒置之不理，经英国领事审讯后，裁决二人"无罪"，船长自然也无须缴纳罚款。当时任英国驻华公使代办的傅磊斯（H. Fraser）支持这一裁决。为维护海关制度，总理衙门让赫德通过金登干延请英国律师向英国最高法律

① 《1868年第19号通令》，载海关总署编译委员会编：《旧中国海关总税务司署通令选编（1861－1910）》（第1卷），中国海关出版社2003年版，第70页。

② 《1868年第19号通令》，载海关总署编译委员会编：《旧中国海关总税务司署通令选编（1861－1910）》（第1卷），中国海关出版社2003年版，第71页。

当局起诉。[①] 赫德要求金登干征询英国法律界的意见,得到了支持赫德对"假货单"的解释。赫德提到:"法律界的见解,对中英条约第三十七款,强有力地支持海关的解释而指摘领事馆的解释……如傅磊斯拒绝接受海关的解释,可促请总理衙门将'台湾号'假货单案的案情通报中国驻伦敦公使。"[②]面对此后英国政府依旧表示支持英国驻福州领事的决定,[③]赫德和金登干依旧协助中国驻英使臣曾纪泽与英国沙里士伯勋爵进行谈判。

案件持续了两年多,最终英国政府支持海关对"台湾号"假货单案的解释,对船只进行了罚款。英国枢密院根据各海关通例确认,货船进港口时呈交的货物清单,应准确呈报船上所载一切货物,无论是违禁品或应行纳税和免税货物,也不论有无提单,均应向海关呈报。为此,"台湾号"携带的鸦片属走私性质,应照章缴纳罚款。尽管英国枢密院已对此案作出裁决,但因有利于中国海关,英国政府长期拖延不予解决,直到1882年,才以船长缴纳罚款结案。[④]

此案见证了海关管辖权与领事裁判权之间的竞合以及税务司和领事之间的博弈。海关基于对其权威的维护,挑战英国领事的裁判权利。闽海关税务司与英国在福州领事对于本案处理意见不合,英国领事将案件上报英国驻华公使馆,税务司则一面报告总税务司申呈总理衙门,一面知会海关监督,经福州将军咨报总理衙门。在总税务司赫德和金登干的斡旋下,借助外交渠道才得以解决。

条约口岸体制下,海关与列强驻华官员合作与竞争并存。海关管

---

① 参见《金登干致赫德第H/19号函》,载陈霞飞主编:《中国海关密档》(第2卷),中华书局1990年版,第57~58页。

② 《金登干致赫德第231号,总税务司第7号电》,载陈霞飞主编:《中国海关密档》(第8卷),中华书局1990年版,第158页。

③ 参见《金登干致赫德第262号电》,载陈霞飞主编:《中国海关密档》(第8卷),中华书局1990年版,第179~180页。

④ 参见《金登干致赫德第H/19号函》,载陈霞飞主编:《中国海关密档》(第2卷),中华书局1990年版,第57~58页。

辖权与领事裁判权的竞合，是晚清外交史上的特殊场景，其本质上是列强驻华官员对海关业务的干涉和海关基于自身利益对干涉的抵制。对海关来说，领事裁判权对海关执法构成了挑战。一方面，在领事不合作的情况下，海关就难以对违反关税规定的行为实施征收及惩治；另一方面，领事裁判权也挑战了总税务司的权威，可能让海关里不满总税务司的人在领事法庭上挑战他。① 赫德凭借法律、主权思想的内在逻辑、驻京公使想避免领事被贸易分歧纠缠的愿望以及英国国际地位的改变等因素来树立海关的权威。因此领事非但无法将税务司视为自己帮手，还需要承认其权威，使英国枢密院缩减了治外法权的范围。②

结　语

以外籍税务司制度为核心的近代海关既是条约口岸体制的产物，也通过介入晚清外交，成为塑造体制的重要力量。随着海关权力的扩张，从中央的总税务司和驻京公使到各通商口岸的税务司和领事，海关与列强驻华官员共同构成了条约口岸体制的重要组成部分。体制内部，海关税务司与驻华官员间合作与竞争并存，出现了海关管辖权和领事裁判权竞合的现象。近代海关的成立揭开了“同治中兴”的序幕，是清廷和列强一系列“合作”的代表作。海关一开始就和清朝最高统治者相结合，清政府企图依靠海关加强其统治，而海关又企图建成英国对华关系的基石，所以海关势力得以乘机渗透进中国政治、经济、文化甚至军事各个领域。③ 也正是如此，马士在编写三卷本《中华帝国对外关系

---

① 其中较为著名的是曾被聘任为同文馆教习的方根拔诉赫德案（Johannes von Gumpach v. Hart），案件历时数年（1869～1873），历经英国对华和对日最高法院和英国枢密院，最终赫德艰难取胜。此案之后，赫德严令海关人员对同事采取法律行动。See *Judgment of the Lords of the Judicial Committee of the Privy Council on the Appeal of Hart v. Von Gumpach*, from the Supreme Court for China and Japan; delivered 28th January, 1873.

② 参见［英］方德万：《潮来潮去：海关与中国现代性的全球起源》，姚永超、蔡维屏译，山西人民出版社2017年版，第90～91页。

③ 参见陈诗启：《中国近代海关史》，人民出版社2021年版，第3页。

史》时,“使赫德爵士和他所组织的那个伟大的中国海关成为全书的核心,并且就拿他们作为线索来编写中国的对外关系的历史。”①

自1861年外籍税务司制度确立,近代海关对晚清外交的参与贯穿始终,延续至清朝统治的最后一刻,塑造着第二次鸦片战争后的中西交往体制,也塑造着海关自身的主体性。近代海关能够参与中外交涉,进而塑造中西关系,是基于其身份的特殊性。海关可以视为列强共管的国际机构,负责履行条约规定。到20世纪初,海关人员的国际化达到了前所未有的水平;在1900~1909年的10年中,海关工作人员中有超过22个不同的国籍,而19世纪50年代只有7个。② 海关洋员的国际化既实现了在中国与个别列强关系恶化时,进行风险对冲,又使其与外国驻华使领馆等官员保持着密切联系,成为各国在华利益的维护者。同时,海关又是中国的机构,总税务司署隶属于总理衙门,总税务司是总理衙门的属员。在1873年第24号总税务司通令中,赫德向各口税务司申明“吾等之于海关不过为其所用,借以与洋人办理事务而已,而且不论其如何喜欢吾等为之充当助手,但绝对不容颠倒地位,吾等于食其俸禄期间必须听命于斯也”③,强调其中国属员的地位。海关及其雇员的双重身份,使其构成了晚期帝国主义东西方相遇的一个显著缩影。④ 海关在清政府和列强之间构筑了一个“中间地带”,其与条约口岸体制的关系,为我们理解晚清以来动态发展的中西权力格局提供了一个观察视角。

---

① [美]马士:《中华帝国对外关系史》(第2卷),张汇文等译,上海书店出版社2006年版,第2页。

② See Catherine Ladds, “*Youthful, Likely Men, Able to Read, Write and Count*”: *Joining the Foreign Staff of the Chinese Customs Service*, 1854 - 1927, The Journal of Imperial and Commonwealth History, Vol. 36, p. 230 (2008).

③ 《1873年第24号通令》,载海关总署编译委员会编:《旧中国海关总税务司署通令选编(1861 - 1910)》(第1卷),中国海关出版社2003年版,第182页。

④ See Henk Vynckier & Chihyun Chang, *Imperium in Imperio*: *Robert Hart*, *the Chinese Maritime Customs Service*, *and Its* (*Self* -) *Representations*, Biography, Vol. 37, p. 70 (2014).

清末民初商人在商法移植中的积极角色

顾代君*

[摘要]晚清变法修律下的商法移植是中国法制近代化的重要环节。中国的近代商人在此进程中作出了突出的贡献。为与西方商人竞争以及改善经商环境,产生了对商法的广泛需求。在对西法的认同和需求的基础上,中国商人通过自身个人或团体的力量,表达对商法的需求,促进完善商法。与此同时,商人阶层也是商法移植本土化的主干力量,他们投身于商事习惯的调查,取其精华去其糟粕,充分利用实践中的商业惯例。此外,在适用商法解决纠纷方面,商人与司法审判机关的互动是弥补商事法律漏洞的关键;商人自身更是致力于通过商事公断处将不成文的商事习惯整合成为本土的商事法治资源。可以说,中国近代商人对于商法移植及其本土化过程证实了,商人是中国商法近代化改革中不可忽视的重要因素。

[关键词]清末民初;商人;商法;商事习惯;法律移植

引　言

恩格斯说,商人对于从前一切停滞不变、可以说由于世袭而停滞不变的社会来说,是一个革命的要素。① 诚然,此结论考察的是西方语境下简单商品生产向资本主义商品生产转化②,也即封建经济制度向资本主义市场经济制度转化的过程。而16世纪后,世界贸易对中国商品的需求刺激社会经济各种因素的综合发展,资本主义在中国的萌芽也同

---

* 顾代君,中南财经政法大学法学院博士研究生。

① 参见[德]恩格斯:《价值规律和利润率》,载中共中央马克思恩格斯列宁斯大林著作编译局译:《资本论》第三卷,人民出版社2004年版,第1019页。

② 参见[德]恩格斯:《价值规律和利润率》,载中共中央马克思恩格斯列宁斯大林著作编译局译:《资本论》第三卷,人民出版社2004年版,第1019页。

样证实了东方语境下的中国商人对于社会变革的重要性。① 不同于以上自然的、自发的进展,19世纪的中国在鸦片战争后被迫开辟五口通商,中国商人被拉入全球商品经济市场,中国社会也面临数千年未有之变局。为规范突如其来的大量中外贸易活动,也为挽救覆灭危局,清政府进行变法修律活动。其仿照西方法律所修订的第一部成果《钦定大清商律》②,标志中国法制近代化的开端。直至清朝倾覆民国初年,商事法律移植也一直在进行,并未中断。诚如百年后所见,法律移植迅速填补了中国商事法律的空缺,其也根据传统商业惯例进行了一定程度的本土化调适。作为商业活动主体,商人在此间的重要性自不必赘述。然而,学界对于中国近代的商人及商法,都各自有良多著述予以研究,但对于商人在商法移植的过程中究竟扮演着怎样的角色,着墨不多。本文以历史研究为线索,勾勒出中国近代商人在商法制定、适用等不同阶段的活动图景,以探究商人在商法移植及本土化中所发挥的作用。

一、近代商人对商法的现实需求

(一)中外商人的利益竞争

自16世纪新航路开通,世界贸易从大陆转向海洋,西欧国家在“重商主义”思潮之下,以各种举措支持商人向海外开拓。③ 与此同时,中国所奉行的闭关锁国的政策,整体国力原本居于世界领先地位却日渐孱弱,中国商人由此错失东西方贸易中的主动权和选择权。西方国家侵入中国,商人的命运因此改变。清政府在第一次鸦片战争失败后,被迫签订了《南京条约》等不平等条约,割地赔款,开埠通商,领事裁判权等制度时时侵犯中国的主权。④ 西方国家的入侵给中国的传统政治体制带来了空前危机。然而,纵观中国古代商业及商人的历史遭遇,每当政

① 参见唐力行:《商人与中国近世社会》,商务印书馆2017年版,第117~126页。

② 参见李秀清:《中国近代民商法的嚆矢——清末移植外国民商法述评》,载《法商研究》2001年第6期。

③ 参见唐力行:《商人与中国近世社会》,商务印书馆2017年版,第220~221页。

④ 参见张晋藩:《中国法律的传统与近代转型》,法律出版社2009年版,第330页。

权不稳,政府管控效率出现相对混乱的状态,商业及商人就有可能突破各种制度性或非制度性的限制,得到某种程度的发展。① 由此,“自五口通商以后,门户洞开,海陆商埠,逐年增辟,加以交通之进步,机械之勃兴,而吾国之经济遂与世界各国息息相通。昔之荒陬僻壤,可变为最重要之都市”。② 晚清的海禁大开、中外互市,带来商业的迅速发展;同时,西方商人以其累积的经验优势和通过条约取得的特权,在大部分商业领域都有足够的经济力量胜过中国商人。③

不同于西方商人对自由竞争的工商业自由放任政策的信奉,中国商人在这种境遇下激发出了一种强烈渴望同西方商人竞争的经济民族主义。④ 晚清政府为挽救大厦将倾之颓势,开展以富国强兵为目的,引进学习西方的科学技术和自然文明的洋务运动。⑤ “致富”和“分洋商之利”是洋务派扶持民用工商业的主要目的。⑥ 一些在外国资本主义侵入时所形成的代理商,又称买办商人,如唐廷枢、徐润、郑观应等,由于拥有雄厚的财务实力和丰富的管理经验,又熟谙与西方商人相处之道,被洋务派官僚重用,成为洋务运动中的中坚力量。⑦ 买办商人盛宣怀参与了官督商办的第一个民用企业——轮船招商局,也是后来大部分洋务工业企业的实际控制人。⑧ 中国的小农经济社会开始向工商业经济社会发展,经济基础发生巨大改变,有学者将其称为“商业

---

① 参见陈支平:《中国商人历史研究中的制度和文化:一个新的路径》,载《学术月刊》2009 年第 4 期。

② 柳诒徵:《中国文化史》(下),上海三联书店 2007 年版,第 832 页。

③ 参见唐力行:《商人与中国近世社会》,商务印书馆 2017 年版,第 231 页。

④ 参见[美]郝延平:《中国近代商业革命》,陈潮、陈任译,陈绛校,上海人民出版社 1991 年版,第 337 页。

⑤ 参见张晋藩:《中国法律的传统与近代转型》,法律出版社 2009 年版,第 393 页。

⑥ 参见夏东元:《论盛宣怀与洋务企业》,载《学术月刊》1982 年第 10 期。

⑦ 参见汪熙:《从轮船招商局看洋务派经济活动的历史作用》,载《历史研究》1963 年第 2 期。

⑧ 参见夏东元:《论盛宣怀与洋务企业》,载《学术月刊》1982 年第 10 期。

革命”①。中西工商业互通带来一系列的新型经营组织和制度、保险业和新型银行业兴旺,合股公司取代旧时的商业机构,证券市场成为筹集资金的工具,等等。② 在“与洋商竞争”的思想下,中国商人迸发出的活力和创新精神,发展了许多新的商业模式和规则,如拆票、钱庄汇票和庄票、由各种私人机构发出的私票、中国商人购买外资企业股票的附股制度、内地收购制度、合同制收购丝绸和茶叶的新方法、轮船航运业的运价战,等等。③ 骤然增多的新型商业交易方式以及剧烈的社会变革导致商业纠纷和诉讼频发,亟待更新法律以提供可资适用的裁判规则。中国商人所拥有的与西方商人竞争的心理催生了对商法的客观需求。在与西方商人对抗的同时,中国商人也开始注重对合理权益的追求。

(二)中国商人的权益保障

中国古代社会长此以往施行“重农抑商”的政策,不仅是因为在经济政治上更加重视巩固中央集权统治的小农经济,防范对专制主义造成威胁的工商业④。更重要的是,在中国古代思想家看来,商人和商业危害了封建等级秩序和伦理秩序、助长奢侈狡诈之风;古人在伦理上对于重义轻利的追求,导致商人一直被看作“士农工商”社会尊卑秩序的最劣等。⑤ 然而,晚清洋务运动不仅促进了工商业的发展,也便利了西方近代文明的输入。⑥ 中西商人贸易往来及沟通交流日益频繁,商人成

① [美]郝延平:《中国近代商业革命》,陈潮、陈任译,陈绛校,上海人民出版社1991年版,第375页。

② 参见[美]郝延平:《中国近代商业革命》,陈潮、陈任译,陈绛校,上海人民出版社1991年版,第381页。

③ 参见[美]郝延平:《中国近代商业革命》,陈潮、陈任译,陈绛校,上海人民出版社1991年版,第393页。

④ 参见范忠信、秦惠民、赵晓耕:《论中国古代法中“重农抑商”传统的成因》,载《中国人民大学学报》1996年第5期。

⑤ 参见范忠信、秦惠民、赵晓耕:《论中国古代法中“重农抑商”传统的成因》,载《中国人民大学学报》1996年第5期。

⑥ 参见张晋藩:《中国法律的传统与近代转型》,法律出版社2009年版,第393页。

为西方近代人权观念和商法文化向中国工商业界传播的重要媒介,[1]中国商人的自我意识逐渐觉醒。

洋务运动对工商业的重视一改往日的轻商之风,随着重商主义的兴起,商人社会地位由此上升,商人也开始变得自重、自尊。[2] 有商人言:“我们经商的人,生在这西历一千九百余年,叫什么二十世纪实业竞争的时代,也真尊贵的很了……天下最有活泼的精神,最有发达的能力,能够做人类的总机关,除了商,别的再也没有这种价值。”[3]王韬以为“商富即国富”[4],商业就是国家富强的根本;薛福成认为“士可行其所学而学益精,农可通其所植而植益盛,工可售其所作而作益勤。是握四民之纲者,商也。”[5],商人和商业才是社会各阶层所依赖的关键。

商人不仅摆脱了自身的身份困局,而且开始注重通过制度以保护自身利益。近代商人中第一个正视本阶级追求利益的合理需要的是著名的资产阶级改良思想家和企业家郑观应。[6] 郑观应对富强救国背景下的商业与政治法律有着独到见解,他在《拟请设华官于外国保卫商民论》中写道:“今各国商人来中土者,无不设立领事保护。而我民之出洋者,不知凡几,常闻受外洋之辱,而莫可伸诉。何不照欧洲各国之法,于海外各国都、各口岸,凡有华人贸易其间、居其地者,则为之设领事官。”[7]不难看出,郑观应对领事裁判权虽有排斥之意,但也认为此不失

① 参见张晋藩:《中国法律的传统与近代转型》,法律出版社 2009 年版,第 334 页。

② 参见马敏:《官商之间:社会剧变中的近代绅商》,天津人民出版社 1995 年版,第 73 页。

③ 《经商要言》,载张枬、王忍之编:《辛亥革命十年间时论选》(第 1 卷下册),生活·读书·新知三联书店 1977 年版,第 890 页。

④ 王韬:《代上广州府冯太守书》,载楚流等选注:《弢园文录外编》,辽宁人民出版社 1994 年版,第 391 页。

⑤ 薛福成:《出使日记》,载徐素华选注:《筹洋刍议:薛福成集》,辽宁人民出版社 1994 年版,第 91 页。

⑥ 参见潘君祥、顾柏荣:《买办史话》,社会科学文献出版社 2011 年版,第 237 页。

⑦ 郑观应:《拟请设华官于外国保卫商民论》,载夏东元编:《郑观应集·上册》,上海人民出版社 1982 年版,第 21 页。

为保护本国商民的一剂良方,清政府应予效仿。而对于商业与法律,在《西学》一文中提到:"一经学,二法学,三智学,四医学。经学者系论其教中之事。法学者考论古今政事利弊异同,及奉使外国修辞通商有关国例之事……"①由此可见,郑观应认为学习法律的一个重要目的,就是服务于中西的商业往来。并且,在涉及商务的文章中他也数次强调,"欲兴商务,必先能卫商保商,尤必须杜商奸以防逃闭,护商本以维市面"②,"但知西法之美而不究西法之本原,虽日日经营商务而商务终不能兴"③,"立法定制必详必备"④,他认为振兴商业的根本在于保护商人的权益,而为达这一目的,就必须探索西方法律的价值从而制定详备的中国法律。

二、商人对商律制定的推动作用

历经三十年的洋务运动收效甚微,至甲午战争战败于日本,清政府才意识到曾经境遇相似的日本渐趋富强,其所依仗的便是通过明治维新全面西化,从而实现从封建社会到资本主义社会的飞跃。而洋务运动对于西方的器物、技艺的学习,仅仅是"袭其皮毛"⑤,更应该学习的是其富强之"本",即政治和法律。洋务运动到后期时,资本主义改良派已渐渐认识到这一点。以此启发,晚清康有为、梁启超等维新派主持维新运动,以求在制度层面对社会进行改良。在此境遇,中国商人意识到切身参与到立法的相关政治活动才能更好地保护自身的权益。随着商

① 郑观应:《西学》,载夏东元编:《郑观应集·上册》,上海人民出版社1982年版,第201页。

② 郑观应:《商务三》,载夏东元编:《郑观应集·上册》,上海人民出版社1982年版,第622页。

③ 郑观应:《商务二》,载夏东元编:《郑观应集·上册》,上海人民出版社1982年版,第607页。

④ 郑观应:《商务二》,载夏东元编:《郑观应集·上册》,上海人民出版社1982年版,第607页。

⑤ 王韬:《洋务下》,载楚流等选注:《弢园文录外编》,辽宁人民出版社1994年版,第49页。

人地位的提高，商人或辅佐官僚，或成为官僚，或集聚而作用于官僚，纷纷致力于以自身政治影响力推动商法的立法活动。

（一）担任官僚辅助：表达需求

维新运动虽然由资产阶级改良派主导，以朝廷为媒介，但是与商人和早期资本家也有明显的关联。[①] 由于商人阶层对维新运动的拥护以及双方在政治主张上有共通之处，商人常与维新派密切往来，如郑观应对康有为在上海组织的“强学会”的支持，康有为在发动变法运动前对郑观应的求教。[②] 不仅如此，郑观应长年任职于洋行的经历使得其结交了许多名流、士绅及官吏。开拓了其进言渠道。郑观应在《南游日记》中论述了以教育和议会论政为体，以工商和军事为用，“体用兼备”才是“西人立国之本”。广东军务钦差大臣彭玉麟、两广总督张树声都对郑观应的“体用论”给予肯定，甚至直接以此来劝导清政府的变法运动；江苏布政使邓华熙也三次专折保荐将郑观应和他的《盛世危言》进呈给光绪皇帝。[③] 郑观应直言，“今欲整顿商务，必须仿造西例，速定商律。余曾购译各国水陆商政，比例通议香港商贾公司条例，请盛杏荪京卿奏议，并咨取各国商律，择其善者，编定若干条，颁行天下”[④]，他想通过官员的上疏陈议实现商律的制定。然而郑观应的变法思想可能削弱甚至颠覆皇权，所以并未直接得到清廷的认可[⑤]，但是其对于参与国家立法的期待不言而喻。在百日维新期间，康有为连上数折，期望能尽快制定商务局章程，并设“商官商律”。[⑥] 可以说，康有为在提出仿照西方制定各种新法时，为护商而对商律的重视，在一定程度上是受到商人影响的

① 参见张晋藩：《中国法律的传统与近代转型》，法律出版社 2009 年版，第 236 页。

② 参见张晋藩：《中国法律的传统与近代转型》，法律出版社 2009 年版，第 236 页。

③ 参见胡其柱：《郑观应变法思想的演进路径及逻辑架构》，载《天津社会科学》2021 年第 6 期。

④ 郑观应：《商务二》，载夏东元编：《郑观应集 · 上册》，上海人民出版社 1982 年版，第 612 页。

⑤ 参见胡其柱：《郑观应变法思想的演进路径及逻辑架构》，载《天津社会科学》2021 年第 6 期。

⑥ 张晋藩：《中国法律的传统与近代转型》，法律出版社 2009 年版，第 391 页。

结果。

(二)从事官僚职务:落实立法

由于洋务运动对于商人力量的需求,部分商人在此时期被授予军功及官阶或自行捐买官衔,向政治领域渗透。晚清著名商人张振勋,归国时正值清政府出台保护侨商,振兴商务的政策:"南洋各埠,多有华商出洋贸易,熟悉中外情形,尤深明于君国身家互相维系之义。虽侨居海外,心恒不忘故土,其忠爱悃忱,朝廷深为嘉尚。迭经谕令沿海各省,于流寓华商回籍时,设法保护。现在振兴庶政,讲求商务,一切应办事宜全在得人,尤应体恤商情,加意护惜。各埠华商人等,凡有因事回华者,其身家财产,均责成该省督抚严饬地方官切实保护。即行妥定章程,奏明办理。"[①]不出三日,张振勋捐款20万两以资助路矿学堂,随后便得到了觐见西太后和光绪皇帝的机会,由此入太仆寺任少卿,被清廷重用。[②]在当时,清朝政府已然明白"通商惠工,为古今经国之要政。自积习相沿,视工商为末务,国计民生日益贫弱,未始不因乎此。亟应变通尽利,加意讲求",并"降旨允准""据政务处议覆载振奏请设商部"[③]。张振勋恰逢其时,上专折《商务条议》12条,强调设立商部和制定商律的重要性及紧迫性;他认为,"商律设则保商有政矣;商部设则保商有人矣。此诚兴商之宏规,万世不易之极则也。"[④]不久后,在清廷谕令妥议张振勋所奏事务的情况下,载振建议先行开办商部,待到商部人员考究后再行制定商律[⑤]。清廷采纳了此建议,"现在振兴商务,应行设立商部衙门。商部尚书著载振补授,伍廷芳著补授商部左侍郎,陈璧著补授商部右侍

① 上海商务印书馆编译所编纂:《大清新法令(1901-1911)点校本》(第1卷),李秀清、孟祥沛、汪世荣点校,商务印书馆2010年版,第19页。

② 参见魏明枢:《张振勋与晚清商部》,载《太平洋学报》2009年第1期。

③ 上海商务印书馆编译所编纂:《大清新法令(1901-1911)点校本》(第1卷),李秀清、孟祥沛、汪世荣点校,商务印书馆2010年版,第20页。

④ 张振勋:《增设各省商官议》,《商务条议》,北洋官报局印,铅印本,清光绪年间,第25页。

⑤ 参见魏明枢:《张振勋与晚清商部》,载《太平洋学报》2009年第1期。

郎。应办一切事宜,著该部尚书妥议具奏。"[①]在商部设立之后,伍廷芳奔赴与载振等"赶速先拟商律之公司一门,并于卷首冠以商人通例"[②],此即为《钦定大清商律》的《商人通例》及《公司律》的形成过程。该律既是中国有史以来第一部独立的商法典,也是晚清修律出台的第一部仿西新法。[③] 不难看出,张振勋强化了清廷设立商部的信念,推动了制定《钦定大清商律》的进程。

(三)促成官商合作:完善立法

除此以外,商人的团体组织一直是商人阶层政治影响力的重要部分。商人团体组织的产生原因是商业竞争越来越激烈,商人开始以群体的力量参与竞争,商人团体组织最初是以亲缘、地缘为基础的组织。[④]随着商品经济的发展,在清朝早期,商人已经开始以行业为基础自发组成"业缘组织",如行会和公所,往往会借助政府"立法",将本行业商人的各种要求列明条陈,呈请当地官员批准以请各方遵守施行。[⑤] 商人团体在此间的功能不仅是积聚商业力量,还包括代表众商与官僚交涉商业事务。但不同于西欧的旨在排斥外来商人的行会,由于中国的商人流动性高,中国的商人团体的排他性和专业垄断性较弱,没有能力拒绝外来商贾,这也为国门洞开后洋商的大肆侵入埋下了隐患。[⑥] 待到甲午战争后,出于同洋商商战的需要,商人的组织水平和活动能力开始增强,商人组织渐趋专业化。[⑦] 在1904年1月商部颁布《商会简明章程》

① 上海商务印书馆编译所编纂:《大清新法令(1901－1911)点校本》(第1卷),李秀清、孟祥沛、汪世荣点校,商务印书馆2010年版,第21页。

② 伍廷芳等编纂:《大清新编法典》,沈云龙主编:《近代中国史料丛刊三编》第27辑第270册,台北,文海出版社1987年版,第1页。

③ 参见郑颖慧:《晚清移植大陆法系实践探讨——以商事立法为例》,载何勤华主编:《大陆法系及其对中国的影响》,法律出版社2010年版,第382页。

④ 参见唐力行:《商人与中国近世社会》,商务印书馆2017年版,第67页

⑤ 参见唐力行:《商人与中国近世社会》,商务印书馆2017年版,第94页。

⑥ 参见唐力行:《商人与中国近世社会》,商务印书馆2017年版,第98、260页。

⑦ 参见唐力行:《商人与中国近世社会》,商务印书馆2017年版,第258页。

“劝办商会”后,行会自发联合从而成立商会。[①] 然而,业已出台的《钦定大清商律》实质上是通过摘录翻译各国通行商法而来,内容简略粗糙,亦未征求中国商人阶层的意见,极不严谨,[②]以至于上海总商会在1907年仍自称“无法之商”,直言“商人与外国人交易,外国商人有法律,中国商人无法律”,“情见势绌”[③]。出于对晚清政府商事立法的失望,1907年上海商务总会响应预备立宪公会的“商法必须商人协办”[④]的邀请,开展拟定商法活动。这并非中国商人所独创,而是受到日本商法典编纂过程的启发。日本最初制定的商法典脱离国情,商人团体对此反应强烈;而后商人团体提出了多达一百余条的“商法及商法施行条例修正案”,引起了政府的高度重视。[⑤] 故而,上海预备立宪公会、上海商务总会、上海商学公会于1907年、1909年前后两次组织召开全国商法讨论大会,旨在“联合全国商人自造商法草案,要求政府施行。”[⑥]《商法总则》与《公司律草案》便由此形成,所呈请的农工商部也认为,这两编是专业人士在参酌法理、考察各商埠习惯编纂而成的,可参考性极高,于是将草案改订,以《大清商律》之名送宪政编查馆审核后呈送资政院审议。[⑦] 清政府还未及施行此法即告倾覆,待到1914年北洋政府时期商人张謇任农商总长之时才将其修订,将《商法总则》改称为《商人通例》,《公司律》改称为《公司条例》,呈请总统同时施行。[⑧] 商人团体集合

① 参见唐力行:《商人与中国近世社会》,商务印书馆2017年版,第263页。

② 参见张松:《变与常:清末民初商法建构与商事习惯之研究》,中国社会科学出版社2010年版,第35页。

③ 《上海商务总会致各埠商会拟开大会讨论商法草案书》,载《申报》1907年9月10日。

④ 《上海商务总会致天津商会讨论商法草案书》,载甘厚慈编:《北洋公牍类纂》(第21卷)“商务二”,台北,文海出版社影印本1967年版,第1590页。

⑤ 参见何勤华:《日本法律发达史》,上海人民出版社1999年版,第168~170页。

⑥ 《商法特会第一日记事》,载《申报》1907年11月20日。

⑦ 参见王志华:《中国商事习惯与商事立法理由书·前言》,载张家镇等编:《中国商事习惯与商事立法理由书》,中国政法大学出版社2003年版,第3页。

⑧ 参见谢振华:《中华民国立法史》(下册),张知本校订,中国政法大学出版社2000年版,第804~805页。

力量,促使官僚重视商事习惯,促成了商事立法的完善。

三、商人对商事规范的填补作用

商人团体在立法中对于商业习惯的重视是清末商事立法未至全盘西化的重要原因。商人阶层为了保商护商,不仅在政治层面高度参与了商法的立法活动,也在社会层面深刻影响了商法的构建,其推动商事习惯的调查以弥补商事法律规范的不足。

(一)组织参与调查活动

《钦定大清商律》颁行后所招致的非议已使清政府认识到中国固有的国情商情的重要性。于是在1906年续拟《破产律》时,商部修律大臣奏本《商部修律大臣会奏议订商律续拟破产律摺》表示,"兹经臣等督饬司员,调查东西各国破产律及各埠商会条陈商人习惯,参酌考订成商律之破产一门……"这说明清政府已开始有意识地在参考外国商法的同时,结合国内商情而制定《破产律》。然而,由于其中一些条款仍与中国的商事习惯不相符合,《破产律》仅施行一年即被明令废止。[①] 1908年,修订法律馆邀日本学者志田钾太郎仿德、日起草的商法典《大清商律草案》(又称"志田案")也因外国法内容过多,不符中国商业习惯,招致许多商会的不满和抗议。[②]

商人是商事习惯调查组织结构的主干力量。在1907年"志田案"之前,商部就曾要求各地商会将本地的商事习惯调研汇总后呈送商部,以供商法修法参考。[③] 同年的全国商法讨论大会,根据起草商法草案的

---

① 参见张松:《变与常:清末民初商法建构与商事习惯之研究》,中国社会科学出版社2010年版,第36~37页。

② 参见李秀清、何勤华:《外国法与中国法:20世纪中国移植外国法反思》,中国政法大学出版社2003年版,第219页。

③ 参见李秀清、何勤华:《外国法与中国法:20世纪中国移植外国法反思》,中国政法大学出版社2003年版,第219页。

意见,各地商会也被要求在会后调查各地的商业习惯[①];于是各商会"实际访查商场习惯,参照各国最新立法例"[②],形成了可供1909年第二次大会讨论的商法总则和公司法草案,并附上了各调查案理由书。[③] 在1907年,为准备立法考察各地风俗在各省设立的调查局标志着清末的民商事习惯调查运动正式进入启动程序。[④] 习惯调查的参与人员非常广泛,虽然调查局会派专员前往,但是对于商事习惯的调查,各地的商会才是具体事务的主要承担者。[⑤] 如苏州总商会就对商事习惯调查的宗旨、办法、时间、地点都作了详细规定,并发布《苏商总会研究商习惯问题简章》以更好地开展调查活动。[⑥] 不仅如此,商人乃至商会也是商事习惯调查的主要对象。比如,广东在设立调查局之时,其办事章程就规定对于商事习惯须依照商会的商务事宜,并且须调查各种商业和组织会社;派往调查的专员所拟的商事习惯调查问题也会向各省商会派送,并要求分条答复,同时搜集商界的行业规范,全部交由修订法律馆以备商法立法。[⑦]

(二)批判吸收调查内容

商人对于商事习惯在立法中的取舍也有其自己的考量。以有关商人资格的习惯为例,中国传统商业惯例的态度近似于垄断,"非入其业

① 参见李秀清、何勤华:《外国法与中国法:20世纪中国移植外国法反思》,中国政法大学出版社2003年版,第219页。

② 谢振华:《中华民国立法史》(下册),张知本校订,中国政法大学出版社2000年版,第804页。

③ 参见王志华:《中国商事习惯与商事立法理由书·前言》,载张家镇等编:《中国商事习惯与商事立法理由书》,中国政法大学出版社2003年版,第2页。

④ 参见张松:《变与常:清末民初商法建构与商事习惯之研究》,中国社会科学出版社2010年版,第119页。

⑤ 参见张松:《变与常:清末民初商法建构与商事习惯之研究》,中国社会科学出版社2010年版,第120页。

⑥ 参见张松:《变与常:清末民初商法建构与商事习惯之研究》,中国社会科学出版社2010年版,第121页。

⑦ 参见张松:《变与常:清末民初商法建构与商事习惯之研究》,中国社会科学出版社2010年版,第120~121页。

帮，不能为某种营业”，然而商人们认为“恣行倾轧者，于物品贩卖以外之商行为尤甚，殊妨营业之自由，是宜定破除此例”[①]；因此上海商会所呈《商法总则》第7条规定：“不论何人，凡有订结契约而独立负担义务之能力者，总得为商人而营商业”。又如对于商业注册，由于“我国向无登记制度”，主要是因为“贱视商业，于商人之监督及保护，概视为具文”，故而在斟酌各国立法例后对商业注册采任意主义；然而在登记事项上，虽然“仅规定实质上之原则为进步”，但是商人认为对于当时的中国国情而言，只规定实质恐怕不堪适用，所以参酌“举实质与手续而一并规定之者”而立法。[②] 再如对于商业雇用人与商业主人的雇佣关系，仿照德、日以预告解约为原则，但商人觉得“期间愈宽则准备愈从容”，此条“参酌中国习惯”为宜，故既不采用德国法上的六周，也不采用日本法上的一个月，而是“特预展至三月以前”[③]。由此可见，商人对于商业惯例并非盲目依从，而是在比较各国立法例的基础上摒弃、采纳或修正自身商事习惯，以求在清末的商法移植活动中最大化地利用本土资源。

四、商人对商法适用的参与及回应

（一）参与商事司法审判：调和商法与习惯

清末的变法修律不仅是在实体法上进行改革，同时也改变了传统的司法审判制度。中国古代的审判制度并未区分司法与行政，司法机关即行政机关，如此便会造成行政对司法的肆意控制，损害民众的合法利益。[④] 清政府在宣布预备立宪以后，有官僚借此机会呼吁改革司法制

---

① 张家镇等编：《中国商事习惯与商事立法理由书》，中国政法大学出版社2003年版，第17页。

② 参见张家镇等编：《中国商事习惯与商事立法理由书》，中国政法大学出版社2003年版，第26页。

③ 张家镇等编：《中国商事习惯与商事立法理由书》，中国政法大学出版社2003年版，第66页。

④ 参见张晋藩：《中国法律的传统与近代转型》，法律出版社2009年版，第387页。

度;在接受西方的法观念后,晚清的司法改革也朝着分权的方向进行。[①]修律大臣沈家本上奏《审判权限厘定办法折》,进言以成立大理院、高级审判厅、地方审判厅和乡谳局等四级审判机构,得到清政府的认可。[②]1906年编订施行的《大理院审判编制法》规定,各级司法审判不受行政机关干涉;大理院作为全国最高司法审判机关,其所作的判决意见,对全国各级审判衙门均具有约束力。[③]此外,民初时期的《法院编制法》规定,"其属于最高审判及统一解释法令事务,即由大理院钦遵国家法律办理"[④]。鉴于民国初期对于清末体制和法律的沿用,在南京国民政府成立之前,大理院一直是法定最高审判机关,不但有最高审判权,还兼具司法解释权。在清末民初法律移植的非常时期,大理院在一定程度上通过判决例的形式,将本土的商法资源和近代西方法理进行调和融合,形成了内在逻辑稳定的新的体系[⑤],而商人或主动或被动地也加入了此进程当中。

在民国二十二年(1933年)出版的《上海商事惯例》中记录了一则关于合伙商店债务习惯的问题咨询及答复,其中。调查主文中道:"查合伙营业对外债务,合伙员仅负按股分担之责,不应联合分担。他合伙员不能履行债务时,有资力之合伙员,不负全部偿还之责任,前经贵会函请北京大理院明文规定,业蒙核谁并函复贵会在案。弦版处对于是项案情,有调查之必要,为特函恳将上述规定法令,详细见复";上海总商会答复:"查合伙所负债务,按股分担,为吾国商业通行之惯例,版会历水对于此类案件,均主张根据惯例办理,并历经两达各官厅证明有案。至所询北京大理院规定一节,兹查民国十五年间大理院咨复司法部文内,大致以

① 参见张晋藩:《中国法律的传统与近代转型》,法律出版社2009年版,第389页。

② 参见张晋藩:《中国法律的传统与近代转型》,法律出版社2009年版,第476页。

③ 参见张松:《变与常:清末民初商法建构与商事习惯之研究》,中国社会科学出版社2010年版,第173页。

④ 张晋藩:《中国法律的传统与近代转型》,法律出版社2009年版,第473页。

⑤ 参见张松:《变与常:清末民初商法建构与商事习惯之研究》,中国社会科学出版社2010年版,第187页。

合伙为共同业务,采用共同分配损益之原则,如有特别习惯,仍得依习惯办理也"[1]。由此可见,对于判决与习惯相悖之处,商人会主动致函大理院以求对相关规范进行释明,以明确判决例与商业惯例的效力顺位。

而大理院以及各级地方审判厅也会在法律条文不足以解决当下纠纷时,向商人询问、查明所涉商事习惯。在《上海商事惯例》中就收录了数十则正式商业团体答复上海地方审判厅、江苏地方审判厅等的问询之件。[2] 在大理院民事判决三年上字第二百零二号判决的理由中也明确道,对于涉及的商业惯例,原审已依法取得天津官银号及商务总会员之证言,大理院予以采信并以此为由驳回上告人的请求。[3] 由此,清末民初的司法审判机关在审理案件之时,会通过商人确认相关的商事习惯以弥补现行法律的不足。

(二)自行公断商事纠纷:以习惯补充商法

在适用商法的商事裁判机制中,与大理院及各级审判厅的商事诉讼审判所互补的,是各地商会中设立的商事公断处。在清政府"劝办商会"以前,商人自行联合的集成行会已经具有商事仲裁的初步职能,比如,东北和华北的公议会组织不仅要制定全城商业活动的规则,而且还要执行商事裁判。[4] 在组织设立商会以后,清政府更是在《奏定商会简明章程》中第十五款明确规定,"凡华商遇有纠葛,可赴商会告知,总理定期邀集各董秉公理论,以众公断。如两造尚不折服,任其具禀地方官核办。"[5]历来由官府衙门掌握的商事裁判权现在可由商会纳入自身的

① 严谔声编:《上海商事惯例》,载张家镇等编:《中国商事习惯与商事立法理由书》,中国政法大学出版社 2003 年版,第 574 ~ 575 页。

② 参见严谔声编:《上海商事惯例》,载张家镇等编:《中国商事习惯与商事立法理由书》,中国政法大学出版社 2003 年版,第 480 ~ 620 页。

③ 参见张松:《变与常:清末民初商法建构与商事习惯之研究》,中国社会科学出版社 2010 年版,第 235 页。

④ 参见张松:《变与常:清末民初商法建构与商事习惯之研究》,中国社会科学出版社 2010 年版,第 192 页。

⑤ 上海商务印书馆编译所编纂:《大清新法令(1901 - 1911)点校本》(第 1 卷),李秀清、孟祥沛、汪世荣点校,商务印书馆 2010 年版,第 20 页。

职责范围,于是各地商会纷纷创设专司商务纠纷的裁判机构,或称评议处,或称理案处,或称商事公断处。[①] 直至民国时期,政府颁布《商事公断处章程》,统一规定名为"商事公断处",并在章程总则规定"公断处对于商人间商事之争议立于仲裁地位,以息讼和解为主旨"[②]。这说明商事公断处的裁判结果并不当然具有法律上的强制力,须强制执行时仍需要呈请法院宣告。

其后不久所颁布的《商事公断处办事细则》不仅对公断处的权限、程序等方面进一步细化,更重要的是明确规定了所适用的商事规则,"公断处评议事件得依据各该地方商习惯及条理行之,不得与现行法令中之强制规定相抵触"[③]。这表示公断处应该根据各个地方的商事习惯和条理解决商事纠纷,甚至是在法律已有任意性规范的情况下,仍可能会优先适用习惯而不是法律规定。这类情形在晚清的苏州商会理案档案中尤为明显。档案中留存的苏州商会理案记录多达 393 件,然而商人适用《钦定大清商律》条文仅有一条记载,涉及《公司律》中对营业秘密的规定。[④]

商事公断较弱的强制力以及较少对现行法律的适用,并未使其在商事裁判机制中处于劣势。相反,由于商事公断明确的职责范围、规范化的程序、商名显赫的议董、合乎情理的结果都使其相较于官方审判更受商人欢迎。[⑤] 商事公断处对于商事裁判权的分割是商人对官僚、社会对国家在商法移植的变革下的一次回应,更是商人将习惯法上升为法

① 参见张松:《变与常:清末民初商法建构与商事习惯之研究》,中国社会科学出版社 2010 年版,第 195 页。

② 张松:《变与常:清末民初商法建构与商事习惯之研究》,中国社会科学出版社 2010 年版,第 200 页。

③ 阮湘主编:《中国年鉴》(第一回),商务印书馆,民国十七年,第 1581 页。转引自张松:《变与常:清末民初商法建构与商事习惯之研究》,中国社会科学出版社 2010 年版,第 201 页。

④ 参见马敏:《商事裁判与商会——论晚清苏州商事纠纷的调处》,载《历史研究》1996 年第 1 期。

⑤ 参见马敏:《商事裁判与商会——论晚清苏州商事纠纷的调处》,载《历史研究》1996 年第 1 期。

律移植中的本土法治资源的实践。

五、结论

19世纪西方帝国主义对中国的入侵改变了中国的经济结构，中国商人为与西方商人竞争所创造的各种新型商业实践，产生了对商法的广泛需求。伴随而来的西方法律文化对商人以及商业的重视，引起了中国近代商人的强烈认同，并催生了需保障自身合法权益的意识。在对西法的需求与认同下，中国商人或个人、或集团以其在政治方面的影响力，表达对商法的诉求，推动商法的制定，以商事习惯完善商法，在商法立法的各个过程都起到不可或缺的作用。与此同时，商人阶层也是商法移植本土化的主干力量，投身于商事习惯的调查，取其精华去其糟粕，充分利用中国本土的商事法治资源。此外，就适用商法解决纠纷的过程而言，商人与司法审判机关的互动是弥补商事法律漏洞的关键；商人自身更是致力于通过商事公断处将未成文规定的商事习惯整合成为本土的商事法治资源。可以说，中国近代商人对于商法移植及其本土化过程表明了，至少对于中国商法的近代化改革，商人也是其中不可忽视的重要因素。

通商流动在中外税则中的法理:英美基于通商流动对华经济规治视角(1842 ~ 1920 年)

叶　湘*

[**摘要**] 中外条约中的税则主要解决五类问题:流动方向、流动成本、收益主体、受损主体、受罚对象。从法理视角看待这五类问题,美国、英国履行双边条约中涉税则条款时产生的中外纠纷问题就容易澄清。修订或新订税则以税率精确化和货运简便化为解决中外纠纷问题的主线,将货物流动方向事宜在法理上确定下来。货物流向包括从洋货由沿海入内地、土货由内地到沿海两个流向,无论何种流向,美国、英国在税则条文上通过充分调动流动性要素,达到货物减半征税目的,同时,强调子口税率的精确值以及约文的可执行性来实现对华经济规治的目的。洋货遍通内地只是洋人意欲通过协定关税,控制由沿海至内地整个中国经济权力而"迈出"的重要一步。

[**关键词**] 协定关税;货物流动;税率;属人管辖;华洋雇佣关系

引　言

1842 年至 1920 年的中外税则修订从两个层面影响通商流动:谁主导税则的修订以及如何修订税则。第一层,关于哪国主导修订中外税则,19 世纪后半叶是英国主导制定或修订税则,而 20 世纪头 20 年则是美国主导制定或修订税则。第二层,关于修订税则的方向,主要通过税率的精确化以及货运的简便化来解决中外纠纷为主线,由此将货物流动方向在税则中确定下来,而且流动方向是重要

* 叶湘,上海应用技术大学外国语学院翻译中心副教授、法学博士,研究方向为国际法史、中西法律交流史、法律翻译。基金项目:上海全面依法治市调研课题"检察机关服务保障上海建设国际法律服务中心研究"(KT2023130);上海应用技术大学引进人才科研启动项目"条约世纪美国扩张在华特权中的翻译问题研究"(YJ2023 - 34)。

事项。

关注1842年至1920年制定或修订税则的双边条约,可以透彻了解货物流动方向的五个具体问题。第一个问题,洋货进口后可以从开放口岸直接流向另一个开放口岸,该问题可以细分为拆包、税率以及许可出口的货物清单三个方面。第二个问题,洋货在进口的开放口岸可以直接交易。第三个问题,洋货从进口开放口岸流向条约中未开放的内地。第四个问题,洋商将土货从条约中未开放的内地运至开放口岸的运输事宜。第五个问题,洋商将土货从未开放的内地运至开放口岸,可直接在口岸交易。

一、涉中外税则的重要双边条约

英国、美国等列强从进出口正税上对华经济规治是各列强左右对华经济秩序的一个重要手段。在涉及税则近80年(1842~1920年)的中外条约中,19世纪有5个重要的制定或修订税则的双边条约,它们分别是1843年中英《五口通商章程:海关税则》,即《虎门条约》的附件;1844年中美《五口贸易章程:海关税则》,即《望厦条约》;1844年中法《五口通商章程:海关税则》,即《黄埔条约》;1858年中英《通商章程善后条约:海关税则》,即中英津约税则;1869年草签的中英《新修条约善后章程:新修税则》,即《阿礼国协约》的"善后章程及税则"部分。中美之间涉及税则的条约仅占1个,而且《望厦条约》税则部分是依附性质,因为制定、修改税则的主导权掌握在英国手中。

20世纪头二十年,有4个重要的制定或修订税则的双边条约,包括1902年中英《续议通商行船条约》、1903年中美《通商行船续订条约》、1920年中美《修改通商进口税则补约》以及1920年中外《修改通商进口税则:善后章程》。到了这个时期,美国修订税则渐趋主导性质,因为1903年中美《通商行船续订条约》中美国的角色已然与1902年中英《续议通商行船条约》[①]中的英国有分庭抗礼之势,至1920年中美《修改通商进口税则补约》与1920年中外《修改通商进口税则:善后章程》,美国则主导了税则修订的利益流向。

上述9个中外条约中的税则主要解决五类问题:流动方向、流动成本、收益主体、受损主体、受罚对象。从法理视角看待这五类问题,美方履行双边条约中涉税则条款时产生的中美纠纷问题就容易澄清。此类中美纠纷问题也可以分为类似的五类。第一类,货物流动方向的法理依据问题,包括洋货进口流动方向的准据法问题、土货出口流动方向的准据法问题。第二类,计算货物流动成本为修订税则提供法理依据问题。第三类,因税则修订,收益主体进行调整的法理依据问题。第四类,相应地,因税则修订,也会出现利益上的受损主体,克减受损主体权益的法理依据问题。第五类,处罚受罚对象的法理依据,即对违反税则者的罚款和货物罚没入官两类情形的法理依据。

二、通商流动的新重心及其法理依据

(一)资本与技术促使通商流动问题细化

1842年至1920年的通商流动涉及货物流动方向、运输和交易,具体包括洋货流入、土货流出、货物(洋货、土货)运输、货物(洋货、土货)交易。19世纪下半叶,随着条约口岸和自主开放口岸逐步增多,由南至北,一口到五口通商,再由十口到数十口乃至百口通商,洋货流入中国多少个口岸已不再是中外双别条约关注的重点问题。到了20世纪头二十年,内河运输、跨洋运输、陆路运输等流动方式事宜以及货物流动方向事宜成了中外双边条约关注的新问题。

1842年至1920年,资本主义由商品输出逐渐开始向利用通商流通

① 中英《续议通商行船条约》于1902年9月5日由“大清国特派钦差办理商约大臣工部尚书吕海寰、钦差办理商约大臣太子少保工部左侍郎盛宣怀”与“大英国特派钦差办理商约全权大臣五印度二等宝星总理印度事务大臣政务处副堂马凯”签订,故又称为《马凯条约》。参见王铁崖编:《中外旧约章汇编》(第2册),生活·读书·新知三联书店1959年版,第101页。

在中国累积资本靠拢。19世纪70年代以后,外国商品大量在中国倾销,被裹进国际资本主义体系的中国,民族资本因受到外资的冲击而得不到相应的发展。进入20世纪,外国在华企业逐渐具有资本输出的性质。然而他们的投资仍然大部分是在中国国土上聚积起来的。① 英商、美商等洋商可以通过在中国本土通过通商流通累积的资本以及输出的资本,在半殖民、殖民地就地建厂输出商品,而且运输技术的更新迭代使世界版图上各地距离相对缩短,货物流动得以加快。由此,英商、美商等洋商在履行中外条约中的税则,都必须面对以下五个问题。第一,洋货进口后可以从开放口岸甲直接流向开放口岸乙。该问题可以细分为拆包问题、税率问题以及许可出口的货物清单。第二,洋货在进口的开放口岸直接交易。第三,洋货从进口的开放口岸流向条约中未开放的内地。第四,洋商将土货从条约中未开放的内地运至开放口岸出口。第五,洋商将土货从条约中未开放的内地运至开放口岸并在该口岸直接交易。

自19世纪60年代起,美国走出内战加快工业化步伐,造船业得以飞速发展,而且随着上海/横滨至旧金山的亚太航路的开发,美国在20世纪初就已经成为欧亚之间的中转贸易枢纽之地。

(二)阿礼国修订津约税则的制度设计

反观英国,1869年英国商人团体相对"短视",对议会施压使草签的《阿礼国协约》未获批准。《阿礼国协约》(The Alcock Convention)中对中国非常不利的涉税则的4项"不对等"制度设计——货物进入内地由海关监督核发执照制、转口税一税制、关栈制度、保税退税制度——得以搁置33年,推迟至1902年中英《续议通商行船条约》第6款、1903年中美《通商行船续订条约》,甚至延至1920年中外各国《修改通商进口税则:善后章程》、1920年中美《修改通商进口税则补约》,这四项制度设计才落地实施。不过时至1916年到1920年,修订税则的主导权已

① 参见陈霞飞主编:《中国海关密档:赫德、金登干函电汇编(1874—1907)》(第1卷)(1874~1877),中华书局1990年版,第11页。

由英国易手至美国。

1869年草签的中英《新修条约善后章程:新修税则》[①]第1款第4项[②]通过货物进入内地由海关监督核发执照制的设计切实解决了1858年中英《天津条约》第28款[③]直指的洋货遍运内地事宜。中英津约第28款一直被认为是中英《天津条约》修订1842年《南京条约》第10条[④]、突破沿海口岸进入广袤内地的关键条款,也是阿礼国修订《天津条约》第28款、加强该款子口税率精确性以及可执行性的重要着眼点所

① 即中英《新定条约》或《阿礼国协约》的"善后章程及税则"部分,"与《阿礼国协约》同日签订,因英国政府拒绝批准,亦未交换批准"。参见王铁崖编:《中外旧约章汇编》(第1册),生活·读书·新知三联书店1957年版,第314页。

② 1869年中英《新修条约善后章程:新修税则》第1款第4项规定,"又华、英各商欲将前款载明正、子并交之三类洋货于正、子并交后,运至不通商省份售卖者,应赴海关请领运洋货入内地之报照,注明指赴何处,途中经过关卡,照章查验,概不重征。俟到指定之某处后,其照即作为废纸,其货与各该处土货无异,应照各该处章程,或纳税或抽厘,均无不可。"参见王铁崖编:《中外旧约章汇编》(第1册),生活·读书·新知三联书店1957年版,第311页。

③ 中英《天津条约》第28款规定,"前据江宁定约第十条内载:'各货纳税后,即准由中国商人遍运天下,而路所经过税关,不得加重税则,只可按估价则例若干,每两加税不过几分'等语在案。迄今子口课税实为若干,未得确数,英商每称货物或自某内地赴某口,或自某口进某内地不等,各子口恒设新章,任其征税,名为抽课,实于贸易有损;现定立约之后,或在现通商各口,或在日后新开口岸,限四个月为期,各领事官备文移各关监督,务以路所经处,应纳税银实数明晰照复,彼此出示晓布,汉、英商民均得通悉。唯有英商已在内地买货,欲运赴口下载,或在口有洋货欲进售内地,倘愿一次纳税,免各子口征收纷繁,则准照行此一次之课。其内地货,则在路上首经之子口输交,洋货则在海口完纳,给票为他子口毫不另征之据。所征若干,综算货价为率,每百两征银二两五钱,俟在上海彼此派员商酌重修税则时,亦可将各货分别种式应纳之数议定。此仅免各子口零星抽课之法,海口关税仍照例完纳,两例并无交碍。"参见王铁崖编:《中外旧约章汇编》(第1册),生活·读书·新知三联书店1957年版,第100页。

④ 1842年《南京条约》也称为《江宁条约》,其第10条规定,"前第二条内言明开关俟英商民居住通商之广州等五处,应纳进口、出口货税、饷费,均宜秉公议定则例,由部颁发晓示,以便英商按例交纳;今又议定,英国货物自在某港按例纳税后,即准由中国商人遍运天下,而路所经过关税不得加重税例,只可按估价则例若干,每两加税不过分。"参见王铁崖编:《中外旧约章汇编》(第1册),生活·读书·新知三联书店1957年版,第32页。

在。中英《天津条约》第28款之于《南京条约》第10条约文,体现英国加强对华经济规治的部分是实现了子口税率精确性和征税的一体简便性。相较于中英《天津条约》第28款,1869年草签的中英《新修条约善后章程:新修税则》第1款和第2款"助力"英国加强对华经济规治的部分是扩大了货物承运人的身份范围、强调了津约第28款约文的可执行性。关于这两点突破,可以从洋货由沿海入内地、土货由内地到沿海两个流向来分析。

首先,关于洋货由口岸流向内地事宜,实际上,中英《新修条约善后章程:新修税则》第1款并没有对津约第28款做实质性的修订,中英《新修条约善后章程:新修税则》第1款扩大了承运人的身份范围,由《南京条约》第10条中的"由中国商人遍运天下"①,到津约第28款援引并照搬《南京条约》第10条"由中国商人遍运天下",再到中英《新修条约善后章程:新修税则》第1款第4项"又华、英各商欲将前款载明正、子并交之三类洋货于正、子并交后,运至不通商省份售卖者"②。承运人由华商扩大为华商和英商,实际上还包括了英商雇佣的华商以及英商直接卖货于华商后进行独立承运的华商。这里面包含的具有华洋雇佣关系的华商承运人若成为受罚主体该接受华人身份的属地管辖,还是将华商归于洋人范畴接受属人管辖的法理问题。20世纪20年代,"九江美孚行经理何在泉欠美孚款项轇轕案"③涉及美商雇佣华人的管辖问题,就是一例典型案例。

同时,阿礼国通过货物进入内地由海关监督核发执照制度的设计,基本上沿用了1858年中英《通商章程善后条约:海关税则》第7款中海

① 王铁崖编:《中外旧约章汇编》(第1册),生活·读书·新知三联书店1957年版,第32页。

② 王铁崖编:《中外旧约章汇编》(第1册),生活·读书·新知三联书店1957年版,第311页。

③ 《九江美孚行经理何在泉欠美孚款项轇轕案》,(中方来文)第67号,1916年6月17日,载广西师范大学出版社编:《中美往来照会集:1846—1931》(第12册),广西师范大学出版社2006年版,第137页。

关核发的“内地税单”制①。使津约第28款的洋货由口岸进入内地一次征税“每百两征银二两五钱”“免各子口零星抽课”的约文落地,②再次强调了子口税率的精确值以及约文的可执行性。

其次,关于土货由内地流向开放口岸事宜,1869中英《新修条约善后章程:新修税则》第2款第1项也扩大了承运人的身份范围,由1858年中英《通商章程善后条约:海关税则》第7款中“凡英商在内地置货”③扩大为“入内地买土货,或英商自往,或雇佣华人代往”④。中英《新修条约善后章程:新修税则》第2款第2项将当时的香港作为一个“境外关内”的特别设计⑤,即英商坐享出口半税的优待、中国海关实则少收出口半税的境遇。本来内地土货出口运往外国,包括运往属于中国领土但租借给英国的香港,英商纳出口正税,但是第2款第2项将当

① 1858年中英《通商章程善后条约:海关税则》即中英津约税则,其第7款规定,“天津条约第二十八条所载内地税饷之议,现定出入税则总以照例一半为断,惟第二款所载免税各货,除金银、外国银钱、行李三项毋庸议外,其余海口免税各物,若进内地,仍照每值百两完税银贰两伍钱。此外运入内地各货,该商应将该货名目、若干、原装何船进口、应往内地何处各缘由,报关查验确实,照纳内地税项,该关发给内地税单。”参见王铁崖编:《中外旧约章汇编》(第1册),生活·读书·新知三联书店1957年版,第118页。

② 参见王铁崖编:《中外旧约章汇编》(第1册),生活·读书·新知三联书店1957年版,第311页。

③ 中英《通商章程善后条约:海关税则》第7款规定,“至运货出口之例,凡英商在内地置货,到第一子口验货,由送货之人开单,注明货物若干、应在何口卸货,呈交该子口存留,发给执照,准其前往路上各子口查验盖戳。至最后子口,先赴出口海关报完内地税项,方许过卡。俟下船出口时,再完出口之税。”王铁崖编:《中外旧约章汇编》(第1册),生活·读书·新知三联书店1957年版,第118页。

④ 中英《新修条约善后章程:新修税则》第2款第1项规定,“入内地买土货,或英商自往,或雇佣华人代往,均须预先照章在海关请领空白报单。其在内地置货,未运到本关以前,沿途所经关卡,应与华民一体完纳税厘,由该关卡将所收税厘数目注写报单之上印用戳记,付该商收执。报单内所载之土货,沿途不得私卖,违即照章罚办。”王铁崖编:《中外旧约章汇编》(第1册),生活·读书·新知三联书店1957年版,第311页。

⑤ 笔者认为,内地货物出口至香港的“境外关内”的征收关税的设计,与当代中国上海、海南等二十多个自贸区的“境内关外”的货物进口税则的设计恰好相反,对中国香港在整个20世纪逐渐成长为亚洲转口贸易的枢纽港口具有较深的影响。

时的香港当作为与中国开放口岸类似的“关内”商埠地位,所以土货由内地运至“境外”英国租借的香港相当于由内地运至中国开放商埠,只对货物征半税。减税部分由英商独享,中国海关实则未得到应该征收的半税。

从为货物流动方向确定条约上的法理依据来看,1858 年中英津约重在货物由中国大陆境外至口岸、从口岸至内地这一货物“流入”方向,而《阿礼国协约》既重货物流入也重流出方向,尤其是针对货物由内地流出至口岸(大致“由西向东”流向)以及口岸至口岸的货物“南北之间”纵向流动事宜。1903 年中美《通商行船续订条约》则重涉了阿礼国修订津约税则的法理问题,以税率精确化和货运简便化为解决问题的主线,将货物流动方向事宜在法理上确定下来,然而这一切都是以牺牲中国实收税款额度、美国修订税则加大运入内地的洋货量而致使民族工商业二次受伤害为恶果。

结　语

中英津约第 28 款重述了《南京条约》第 10 条规定的洋货“遍运天下(内地)”,但是,洋货遍运内地从 1842 年的约文层面到列强有能力践约落地经历了 78 年,至 1920 年中美《修改通商进口税则补约》才算“达成”。因为货物由沿海、沿江口岸朝内地方向流动是一个极具理想主义的设想,约文明确规定洋货遍通内地只是洋人意欲控制由沿海至内地整个中国经济权力而“迈出”的小小的第一步。要实现洋货遍运内地须满足至少四个条件。条件一,条约上要有法理依据。条件二,税则上,洋货被征收子口税或附加税后要有价格上的竞争优势。条件三,洋人至少要掌控沿江航运或内陆运输,二者须控制其一。条件四,19 世纪下半叶至 20 世纪前二十年,在运输成本、效率、规模上,船运明显比陆路运输占优的大背景下,洋行控制的船运资本的运作规模、船运的劳动力或雇工(雇佣引水、拖船、杂役)、代理外包给华人运输、洋人建造与维修小型船只的发达程度,在条约与税则执行层面关乎理想主义的洋货遍运内地能否真正落地。上述四个条件,在 1920 年美国主导众列强与中国修订税则,推出中美《修改通商进口税则补约》时,才全部由美国实现。1869年阿礼国修订津约税则的制度化、体系化"设想"才被美国寡头资本落地实施。

英国利用修订税则规治中国经济的方式,主要通过可落地的制度设计增加条约文本的可执行度来实现。具体包括落实海关监督审核、颁发执照制度,提升征税的简便性,提高子口税率的精确性,扩大货物承运人身份范围覆盖至华商,使洋货遍运内地具有可执行性。

美国利用修订税则规治中国经济的方式,主要包括增加通商流通方向、减少中国税额以及加大洋货量。在税则中确认由南到北以及西到东等各路通商流动方向,第一,1903年中美《通商行船续订条约》将货物的流动方向在税则中无论是南到北还是西到东都予以确定。第二,美国在修订税则中以牺牲中国实收税款额度为目标。第三,美国修订税则加大运入内地的洋货量。

1919年,民国北京政府财政部税务处推行的国定税率是中国挽回海关主权的一次大胆尝试。"有约国民所运无论何国之货来华,均照约定税则纳税,(美国)直欲以约章效力概施行诸无约各国,恐非当初立约本意,而中国政府所拟施行之国定税率亦将等于虚设。"①

美国寡头资本支撑的各类商用船队构建的对华跨洋运输体系与对华内水运输体系是配合协定关税制对华商品、资本输出的有力的殖民利器。从运输规模来看,早在19世纪60年代,美国开辟旧金山至日本横滨的亚太航路起,美国的这两支运输体系就在列强中占尽上风。

至20世纪20年代,美国不仅依靠美孚洋行、大来洋行为代表的船运洋行资本掌控了美国小火轮进出内河的航运权,而且还依靠元和洋行为代表的汽车运输资本挤占了中国的部分内陆运输权。美国依照条约,对华域外规治美国资本操控的运输业,不仅对华倾销美国货、其他

① 《中国施行国定税率海关应索货物产地证明书照会》,(中方来文)第1091号,1919年12月22日,载广西师范大学出版社编:《中美往来照会集:1846—1931》(第14册),广西师范大学出版社2006年版,第209页。

国家的洋货,而且主导修订税则,利用税则带来转口、出口低税率,变相剥削中国土货的华人种植者、制造者、加工者,榨取土货上面的劳动力附加值,挤压中国民族航运业、陆路运输业的发展空间,为美国航运业在华、在东亚、在亚太、在美洲至欧洲等四大航路上以及美国陆路运输业在华和东亚获取不平等、不正义的利益。

晚清通商口岸治理模式创新及影响
——以岳州、长沙开埠为例

李博涵*

[摘要]通商口岸的开放本是特殊历史条件下列强侵略的产物,它既带来了列强势力的进一步深入、利权的外溢和国家主权的丧失,同时也是一扇对外开放的窗户。通商口岸从最初的五口通商发展到遍地通商,从沿海扩展到长江内河甚至内地的过程中,清政府也在不断尝试新的治理模式,主动地应对这场时代的剧变。通过对湖南的岳州、长沙这两处颇具特色的典型地区的考察,分析通商口岸从一开始的约开商埠发展出的自开商埠和"约开中的自开"这两种不同的模式,探究晚清通商口岸的治理模式的创新之处,深刻分析创新背后的治理思想和对外开放原则的转变。

[关键词]通商口岸;岳长开埠;约开商埠;自开商埠;治理模式

通商口岸一直是近代史研究中的重要命题。但目前学界针对通商口岸的研究大多集中在前期的约开商埠部分,或是宏观的条约关系的分析。而对于后来产生的自开商埠和"约开中的自开"的实证研究较少,对其史实认定以及评价观点也各有不同。湖南因其特殊的地理位置、文化氛围、历史背景,首批自开商埠——岳州和"约开中的自开"的典型商埠——长沙,都在湖南开放。本文拟梳理通商口岸的治理模式创新演变的历史过程,分析其背后的历史动因,探寻岳州、长沙这两处通商口岸治理的特色与创新之处。

一、晚清开埠通商与"约开"治理模式积弊

通商口岸,也称商埠,是指西方列强通过战争等方式,强迫清政府

---

* 李博涵,湖南师范大学法学院硕士研究生。本文系国家社会科学基金项目"近代湖湘法治文化的转型与发展研究"(编号:20BFX024)阶段性成果。

开放沿江沿海等港口或内陆城市与其开展贸易往来而设立的口岸,以达到其打开中国市场,攫取经济和政治利益的目的。在中国迈向近代化的过程中,出现了两种性质不同的商埠:约开商埠和自开商埠。在自开商埠出现之前,通商口岸仅指约开商埠。在自开商埠出现之后,视情况可分为狭义上的通商口岸,等于约开商埠;广义上的通商口岸则为约开商埠和自开商埠的合称。

晚清通商口岸的开放始于鸦片战争的战败,1842 年与英国签署的《南京条约》开辟了广州、上海、厦门、宁波、福州五处通商口岸,后又按照 1858 年的《天津条约》和 1860 年的《北京条约》的规定,增辟了 11 处通商口岸。之后增辟通商口岸就成了惯例,几乎中外之间每签订一个重要的条约,中国都要被迫开放若干口岸。截至 1895 年的《马关条约》,中国对外开放的通商口岸已经多达 40 处①,其中湖南并无开放之地。(见表 1)

表 1　中国对外开放通商口岸汇总(截至 1895 年《马关条约》)

<table>
<tr><th>省份</th><th>通商口岸</th><th>开埠时间</th><th>约定国家</th></tr>
<tr><td rowspan="6">广东</td><td>广州</td><td>1842</td><td>英国</td></tr>
<tr><td>汕头</td><td rowspan="2">1858</td><td>英国</td></tr>
<tr><td>琼州</td><td>法国</td></tr>
<tr><td>北海</td><td>1876</td><td>英国</td></tr>
<tr><td>拱北</td><td rowspan="2">1887</td><td>葡萄牙</td></tr>
<tr><td>九龙</td><td>英国</td></tr>
<tr><td rowspan="2">福建</td><td>福州</td><td rowspan="2">1842</td><td rowspan="2">英国</td></tr>
<tr><td>厦门</td></tr>
<tr><td>广西</td><td>龙州</td><td>1887</td><td>法国</td></tr>
</table>

① 参见杨天宏:《口岸开放与社会变革——近代中国自开商埠研究》,中华书局 2002 年版,第 25 页。

续表

省份	通商口岸	开埠时间	约定国家
云南	大理府	1876	英国
	蒙自	1887	法国
	思茅	1895	
	河口		
浙江	宁波	1842	英国
	温州	1876	
	杭州	1895	日本
湖北	汉口	1858	英国
	宜昌	1876	
	沙市	1895	日本
江苏	上海	1842	英国
	镇江	1858	
	苏州	1895	日本
	江宁	1858	法国
安徽	芜湖	1876	英国
直隶	天津	1860	英国 法国
	张家口		俄国
四川	重庆	1890	英国
奉天	营口(牛庄改)	1858	英国
山东	烟台(登州改)	1858	英国 法国
黑龙江	松花江	1858	俄国

续表

省份	通商口岸	开埠时间	约定国家
甘肃	嘉峪关	1881	俄国
新疆	伊犁	1851	俄国
	塔尔巴哈台	1851	
	喀什葛尔	1860	
	乌鲁木齐	1881	
	天山南北		
江西	九江	1858	英国
西藏	亚东	1893	英国
蒙古	库伦	1860	俄国
	蒙古各盟	1862	

系列条约的规定，列强可以“合法”地在各通商口岸把持司法、行政、财政等权力，严重侵蚀了当时中国的国家主权。列强通过这些不平等条约，将领事裁判权强加给中国，使中外间形成了一种畸形的司法关系。① 且从1843年的《五口通商章程》到1844年的《望厦条约》再到第二次鸦片战争，领事裁判权的不断巩固和扩大，“给予外国人一种地位，使他们完全或者差不多在中国管辖权之外。”②领事裁判权作为中外条约关系的中心特权，成为了其他特权的基础。在各通商口岸的租界，洋人有权设置工部局（Municipal Council），下设机构分管警务、税务、财务等，使租界逐渐摆脱中国政府的行政管辖。且在不平等条约的束缚下，中国的各项事业都无法完全由自己掌握，包括片面协定关税、航运、矿产铁路、片面最惠国待遇，等等。其中关税也是列强不断要求增设通商口岸的重

① 参见李育民：《近代中外条约关系刍论》，湖南人民出版社2011年版，第61页。

② ［美］威罗贝：《外人在华特权和利益》，王绍坊译，三联书店1957年版，第364页。

要原因之一,按照条约规定,在所有的通商口岸,洋商只要在其中的一个口岸缴纳了关税,之后货物再转运到其他口岸时,都无须再次缴纳。当时中外约定的关税税率为“值百抽五”,按照这一关税标准,无论和哪个国家相比较都是相当低廉的,故依约开放的通商口岸越多,洋商能够“免费”通行的地区就越多、范围就越大,这使中国减少了巨大的关税收入,蒙受了严重的经济损失,民族工业也失去了成长的机会。

在五口通商之前,清政府虽然从康熙朝就开始执行严格的“闭关锁国”政策,但并非对这个世界一无所知,也并非与外国毫无交流和经济往来。乾隆二十二年(1757年),清政府虽然禁止了福建、浙江等港口的对外开放,但留下广州“一口通商”,作为对外贸易的唯一口岸。一口通商,是在清政府计划之内的、严格可控的对外贸易。当时的清政府仍然保有“天朝上国”的心态,奉行一种“华夷有别”的外交秩序,中国自己拥有丰富的资源和巨大的市场,“天朝物产丰盈,无所不有,原不藉外夷货物以通有无”,开放通商并不是因为清政府想要外国的商品,而主要是作为一种安抚外夷、应对西方对华扩张的手段。① 甚至直到鸦片战争战败开放了五口通商之后,清政府也并没有真正做到“睁眼看世界”,没有正视当时的中国与世界之间的差距,“中国没有利用这五个新通商口岸引进西方近代以来物质文明和科学技术创造,没有利用五口通商去培养中国市场,培养新兴产业,培养新的社会阶级和阶层。”②这个时期的中外关系,从最基础的心态上就是不对等的。列强以武力优势为倚仗,想要通过一系列不平等条约与清政府建立现代意义上的、合乎国际法的“国家关系”,以便推行其强权政治;但大清帝国并没有这种观念,它仍然以天下共主自居,一直奉行“怀柔远人”“厚往薄来”的对外原则,瞧不起所有“蛮夷”。这种不对等的关系和认知使双方一时之间都难以适应,但列强各方面实力都处于优势地位,清政府“统御中外、一

① 参见刘天路:《晚清开埠通商思想简论》,载《山东大学学报(哲学社会科学版)》1995年第1期。

② 马勇:《五口通商与中国社会转型》,载《中国社会科学院研究生院学报》2013年第1期。

视同仁"的宏图无法实现,这也使清政府的态度一时显得过于傲慢,一时又显得过于谄媚。直到甲午战争战败,传统的中外体系彻底崩溃,清政府才真正正视现实,并开始主动地应对这场时代的剧变。

二、岳州开埠:首创"自开"治理模式

(一)岳州模式的诞生

1. 自开商埠的历史动因

自开商埠其实早有端倪,魏源在鸦片战争战败之后,于1842年所著的《海国图志》中就曾指出:"今英夷既以据香港拥厚赀,骄色于诸夷;又以开埠裁各费,德色于诸夷。与其使英夷德之以广其党羽,曷若自我德之以收其指臂。"①魏源认识到了英国等列强国家借通商口岸扩张其殖民势力的现状,"自我德之以收其指臂"即暗含了自开商埠以抑制列强势力扩张的意味。然而当时无论是朝廷还是民间对通商的态度都极为抗拒,魏源的主张无法明言,更遑论大肆宣传。就连通晓洋务的恭亲王奕䜣都说:"窃臣闻逆夷要求各款,多出情理之外,其尤关利害者,莫如江岸通商一节……自添设五口以来……迄今未廿年,又欲添设海口,甚至有长江口岸之请。是其贪得无厌,竟无止足之时矣。"②更不用说其他官员了。

但随着通商时间日长,通商口岸的利弊都渐渐显现出来,民间和政府的想法都有所改变。在中英《烟台条约》谈判期间,李鸿章即认为添通商口岸,对于中国是利害参半,"人皆震惊于添口之多,无论口岸非我准添也,添十口与添一二口,厉害轻重适均,西洋各国到处准他人寄居贸易,而仍日益强盛,可知其病不在添口,而在不能自强。"③此时中国人

---

① 魏源撰,王继平等整理:《四库家藏　海国图志》(一)卷二,山东画报出版社2004年版,第28页。

② 文庆等:《筹办夷务始末(咸丰朝)》卷二十六,中华书局1979年版,第950~951页。

③ 吴汝纶编录:《李文忠公集·朋僚函稿》卷十六,载《近代中国史料丛刊》续编第七十辑,台北,文海出版社1975年版,第30页。

对通商口岸的认识,从完全排斥到认为其是"利害参半",可以说已经有了很明显的改观。到了19世纪80年代,陈炽在《大兴商埠说》中肯定了开辟商埠对富国富民的意义,并提出:"仿恰克图买卖圈及江海各埠租界之式,凡轮舟、铁路、电报所通之地及中国土产、矿金、工艺所萃之区,一律由官提款,购买民田,自开商埠。"①由此得见,当时的人们对通商口岸的认识已经有了进一步的发展。

而对中国思想界尤其是当权一派震动最大的,当属甲午一役。大清帝国面对往日的"倭国""东瀛小国"竟然输得一败涂地,引以为傲的北洋水师全军覆没,使清政府再也无法忽视和否认清帝国与世界的巨大差距。甲午战战败一来进一步刺激了国人的民族主义情绪,促使有识之士更深刻地探索救国图强的道路和办法,康有为等都主张效仿日本大开商埠,伍廷芳更是直接提出"租界之设,专为通商;遍地通商,则应收回租界"。② 二来加剧了清政府的财政压力,本就因为数次战争的巨大消耗财政紧张,又要面对新的战争赔款,且此时中国的民族资本主义经济已经有所发展,迫切需要振兴实业,发展商务。清政府也意识到了"自开商埠"的可取之处:"惟是此自开口岸,与增辟租界迥不相同,总以不失自主之权为第一要义。欲收自主之权,惟有事事自行筹备,方免外人藉口。"③因此政治上为了"隐杜觊觎,保全主权",经济上为了"扩充利源,振兴实业",同时也顺应民间想法的转变,清政府最终采纳了"自开商埠"的提案。1898年8月10日,清政府颁布上谕:"三月间,业经准如总理各国事务衙门王大臣奏,将湖南岳州、福建三都澳、直隶秦王岛开作口岸……著沿江沿边各将军督抚迅速就各省地方悉心筹度,如有形势扼要商贾辐辏之区,可以推广口岸拓展商埠者,即行咨商总理

---

① 陈炽:《大兴商埠说》,载邵之棠编:《皇朝经世文统编》卷五十七,台北,文海出版社1980年版,第2361页。

② 伍廷芳:《奏请变通成法折》,载《伍廷芳集》上册,中华书局1933年版,第47~50页。

③ 《奏岳州开埠各事宜折》,载《湖南历史资料》编辑室编:《湖南历史资料》(1979年第1辑),湖南人民出版社1980年版,第156页。

衙门办理。”[①]首批自开商埠就此开放,其中岳州于1899年11月13日正式开关。

2. 岳州模式形成的原因分析

之所以会选择岳州作为首批开放的自开商埠之一,绝非偶然。原因有二:

一是湖南特殊的地理位置和文化背景,决定了湖南会开放又不会随随便便开放。湖南地处内陆,丘陵环绕,地理环境相对偏僻封闭,绅民意识守旧,以“深闭固拒”闻名,反教拒洋之风盛行,给图谋进入湖南的洋人以有力的阻遏,“湘省民气之刚,迥非他处可比,泰西传教士踪迹几遍天下,惟湘中无人敢问津”。[②] 外国传教士甚至称长沙为“铁门之城”,意为“拒绝文化洗礼”的地方。[③] 19世纪80年代,一位外国传教士无奈地写道:

> 湖南之对于中国,正如拉萨之对于西藏一样,多年以来,它是大陆腹地中一座紧闭的城堡……不管别的省份采取什么态度,湖南毫不容情。所以在中国其他省份向传教士开放很久以后,湖南人继续吹嘘没有一个外国人胆敢进入他们的省境。[④]

19世纪末,因为湖南一个通商口岸都没有,要想与湖南贸易只能通过其他的通商口岸中转,这对于想要不断扩大贸易的西方列强来说,显然无法满足。同时“湖南一省钟毓富厚,土产充盈,外人垂涎已非一日。”[⑤]列强迫切希望开放湖南这样一个内陆省份来扩大贸易。

二是列强逼迫的外力和湖南官绅的积极推动的内力共同作用的结

---

① 朱寿朋编:《光绪朝东华录》(第4册),中华书局1958年版,第4158页。

② 《湖南开通商口岸得失评议》,载《申报》1898年3月9日,第1版。

③ 参见《湖南历史资料》编辑室编:《湖南历史资料》(1958年第1辑),湖南人民出版社1958年版,第38页。

④ 参见[美]周锡瑞:《改良与革命:辛亥革命在两湖》,中华书局1982年版,第51页。

⑤ 《湖南开通商口岸得失评议》,载《申报》1898年3月9日,第1版。

果。1877年,德国提出要将岳州作为“贸易居住地”,日本也在甲午战争后提出要将湖南的湘潭作为开埠口岸。日本的图谋让英国深感危机,也加快了控制湖南的步伐,在1896年7月英国驻汉口领事嘉利士即提出要与总督商议开湖南通商口岸。清政府怕极端仇夷拒洋的湘人滋生事端,对待开埠的问题极为慎重,不敢操之过急。但洋人并不在乎清政府的顾虑,进一步瓜分中国市场、拓展本国在华的政治和经济利益、划分自己的势力范围之于他们才是第一要义。1897年年底,清政府向日本支付巨额战争赔款的期限将至,英国趁机步步紧逼,以提供低息借款为诱,要求清政府开湘潭、大连、南宁三处通商口岸。尽管湖广总督张之洞极力反对,但英人的态度十分强悍,执意要在湖南开辟商埠,总理衙门的官员在威逼利诱下同意了向英国借款。但又恐若真的开放湘潭作为通商口岸,素来仇夷拒洋的湖南民众恐会激烈反对,滋生事端。总理衙门进退两难,几番与英国商议,请求暂缓开放,但英国执意不肯。湖南官绅的力量极其强大,其中也不乏对局势洞若观火之辈。张之洞就提议以岳州抵湘潭,陈宝箴也认为:“鄙意莫如不借英款,而许以南宁、岳州两埠通商,为联好计。缘官绅历以湘潭万分棘手,或以岳州易之,虽亦极难,当稍便设法。”①英人考虑到春冬时节湘江水浅,轮船可能难以直抵湘潭,遂答应了先以岳州代替湘潭作为通商口岸进行开放的提案。虽然“这种妥协使双方相安,但是没有一方感到满意,一方接受了它,是因为它给予了一个进省的楔子;另一方接受了它,是因为它可以把乱闯乱进的外国人暂时拒绝于相当里程之外。”②

(二)岳州模式的创新之处

岳州作为自开商埠,其内容自然和约开商埠大不相同,1899年4月,总理衙门即明确提出:自开商埠,与约开口岸不同,其自主之权仍存未分。该处商民将来所立之工程局,征收房捐,管理街道一切事宜,只

① 陈宝箴:《致张之洞》,载汪叔子、张球会编:《陈宝箴全集》,北京中华书局2005年版,第1549页。

② [美]马士:《中华帝国对外关系史》,张汇文等译,上海书店出版社2006年版,第173页。

应统设一局,不应分国立局。内应有该省委派管理商埠之官员,并该口之税务司,督同局中董事,办理一切……以示区别而伸主权。①

为体现“自开商埠”的性质,岳州开埠的制度与设施等均围绕“伸自主之权”而展开,其创新之处有三:

其一,行政机构的创新。

岳州开埠之后,即设置岳州关监督和岳州关税务司作为商埠的日常管理机构,埠内如果有要事,即由海关监督和税务司、各国领事及众租户选举出的商董一同协商办理。巡捕衙事宜,即由监督与税务司协商办理。虽然无法做到完全由中方管理,但与约开商埠中中国官员不过问埠内事务的做法相比,还是朝着“伸自主之权”的方向前进了一步。

为了方便管理,湖南巡抚俞廉三奏准于光绪二十五年三月三十日(1899 年 5 月 9 日)将开设口岸事宜与农工商务事宜合并,成立了农工商务局,并在岳州设立了商务局。这是岳州境内第一个专管商业工作的行政机构,后于光绪二十八年(1902 年)撤销,成立商会。② 1901 年,将农工商务局改为洋务局,兼办农工商务,由湖南候补道蔡乃煌任督办。湖南洋务局是湖南省行政机构中第一个全面管理经济贸易的机构,在此后的长沙开埠中也发挥了重要作用。

其二,租地章程的创新。

《岳州城陵租地章程》共九条,定城陵矶为通商地界,规定:“岳州城陵通商埠界,自红山头起,至刘公庙止,为北段;自刘公庙起,至华民保障止,为中段;以月蟾洲为南段。三段均为通商租界。”③时任税务司英人马士之所以选择这一地界,是因为他认为城陵矶风平浪静,地势开阔,水道通达,不易积沙,是良好的天然港口。而张之洞之所以同意这个选择,则是因为他认为城陵矶一来远离城中心,“不能扰我政治地方

① 参见《总署咨行自开商埠办法》,载《申报》1898 年 7 月 31 日,第 1 版。

② 参见岳阳市一商业局编:《岳阳市日用工业品贸易志》,黄山书社 1993 年版,第 193 页。

③ 庄兴成、吴强、李昆编纂,云南省档案馆、红河学院编:《滇越铁路史料汇编》上,云南人民出版社 2014 年版,第 172 页。

事”。二来远离本地居民的聚集区,避免了华洋杂糅管理之虞。三来城陵矶目前尚属偏远地界,地价低廉,倘若通商之后,“将来商埠繁荣,地价大涨,或官购、民购、商购均有利益可图。且其地利益仍在巴陵界内。”①除此之外,租地章程还对承租方式和年限、租地等级和租额、管理方式、商埠内各商活动等做出了规定。

关于承租方式和年限。约开口岸租界内的土地一般采取的是永租制,没有租期限制,承租人只要交付“押租银”,然后再定期缴纳年租,即可永久占有这块土地,除非承租人主动退租,否则业主也无法索回土地。岳州租地章程取消了永租制,对租期作出了明确的规定:

> 租地以三十年为期,期满须换契续租,其续租仍以三十年为限。租银不加钱粮,可与各国领事官酌加。如到期满不换契或一年租银及钱粮未缴清者,则该商所领之租契即行注销,产业归中国。如续租至后三十年,连前三十年,合共六十年,限满将租契注销,产业归中国。②

有此规定,洋人再想永久占有中国土地即成为不可能,这在一定程度上保护了商埠内土地的主权。

关于租地等级和租额。约开口岸实行的是重押金轻租金,两者的差额达到一定限度,实质上就与买地无异。比如,上海租地章程就规定:“洋商租地或付同数押手、年租,或押手高而年租低,难以划一;洋商现应酌增押手,每年纳地租一千文者付一万文,并在此次另增押手外,每亩地付定额年租一千五百文。”③而在岳州租地章程中则大幅提高了租价,“划定通商场界内之地分为三等出租,上等地租价每年每亩英洋

① 张之洞:《致长沙俞抚台》,载王树枬编:《张文襄公全集》卷一百五十七,台北,文海出版社1970年版,第11358~11359页。

② 参见庄兴成、吴强、李昆编纂,云南省档案馆、红河学院编:《滇越铁路史料汇编》上,云南人民出版社2014年版,第173页。

③ 王铁崖:《中外旧约章汇编》(第1册),生活·读书·新知三联书店1957年版,第67页。

一百大元,中等地租价每年每亩英洋八十大元,下等地租价每年每亩英洋五十大元。"①

关于管理方式。约开口岸特别是租界地区,市政建设等费用一般由开辟国承担,由此自然也就让渡了行政权力。而岳州的"通商埠内工程,由监督会同税务司办理"。

其三,巡捕章程的创新。

除租地章程外,岳州还颁布了有关治安管理的巡捕章程,包括《岳州关巡捕总章程》、《巡捕衙役应遵章程》和《巡捕衙与地方官交涉公事章程》共三部。总章程主要规定了巡捕衙役的核定选派和工作内容、巡捕相关事宜的一些基本原则和程序以及商埠内华洋案件的管辖问题等。《巡捕衙役应遵章程》则主要是巡役们更具体的规章制度,不仅包括工作程序、奖惩制度,甚至细致到个人作风,不准赌钱、吃酒、唱戏,违者究办。《巡捕衙与地方官交涉公事章程》则主要规定了地方长官、会审公堂等部门与巡捕衙的工作交涉细节。这三部章程的最后一条都规定了"现订章程系属试办,以后如有应改订者,可随时改订",但目前尚未找到相关史料。

三、长沙开埠:对"约开"治理模式的修正

(一)"长沙办法"的诞生

1."长沙办法"的诞生历程

岳州开埠之后,确实在一段时间内商业繁荣,经济发展,但受到其自身条件的限制,很快便由盛转衰,无法满足列强进行文化渗透和经济渗透的需要。因此在《辛丑和约》之后的商约谈判中,列强再次提出了开放长沙。

光绪二十七年十二月(1902 年 1 月),中英关于新的通商行船条约的谈判正式开始。清政府主要以盛宣怀、吕海寰作为谈判代表;英方则

① 庄兴成、吴强、李昆编纂,云南省档案馆、红河学院编:《滇越铁路史料汇编》上,云南人民出版社 2014 年版,第 172 页。

主要是前印度事务委员会委员马凯。增辟通商口岸是本次谈判除修订进口税则外重要的谈判内容之一。

会议之初,英方即提出要增开北京、湖南的长沙和常德等共十个通商口岸,且要"照天津、江宁条约已开之通商各处一律办理",即为约开口岸。中方则希望尽可能维护利益和主权,不能答应有损中方权利的要求。盛宣怀回复道:"如果英国要求开放这么多的新口岸,而别国都要照办的话,中国那里有这么多的口岸可开……中国政府已经决定将来自己主动开放口岸。"同时也提出了自开商埠的具体设想:"在这些拟开的口岸,可以享到与通商口岸相同的贸易便利。各处将另划专为外国人居住的地区,市政和巡捕由中国人自办,中国方面可以聘请外国人作巡捕头目。"①

之后两个多月的时间里,双方都争执不下,中方坚决不同意开放北京,坚持具体开放哪些口岸必须由中国自己决定,且各口岸必须由中国自行开放,按中国的章则制度管理。而马凯则要求中国必须先说明到底要开放哪些口岸,埋怨中方迟迟不决定的行为是态度不认真的表现。吕海寰表示,英方提出的口岸中国都不同意,但是中国大概可以自定章程开放长沙和江门,而中国之所以不同意开放如此多的通商口岸,根本原因是担心会因此减少厘金收入,因此最好双方先讨论裁厘事宜,再议其他。

1902年7月6日,马凯在新裕轮上与盛宣怀又再次就增辟通商口岸的问题产生了激烈的争论:

> 马凯:英国政府要求按通商口岸一样开放。你们反对的理由看上去只是厘金和市政。如果厘金裁撤了,就不会再有问题。大家今天也已经同意不设工部局。
>
> 盛宣怀:你们现在要求开十个口岸,日本要求开十三个,将来总数就会超过一百了!
>
> 马凯:你们所提出的任何反对理由,我都可以考虑……盛宫保反对多开口岸。以为花费太大,我已经加以考虑,并且减

① 中国近代经济史资料丛刊编辑委员会主编,中华人民共和国海关总署研究室编译:《辛丑和约订立以后的商约谈判》,中华书局1994年版,第30~32页。

少了口岸数目。

……

盛宣怀:我们已经提出自行开放了!

马凯:我除了说开作通商口岸以外,说了别的吗?

盛宣怀:如果中国自开这些口岸,我担保它们一定会迅速开放且永远不会停闭(马凯爵士曾以中国也许会将这些口岸关闭,作为反对中国自开口岸的理由)。

马凯:我已将你们所提出的意见发电回国报告,但是英国政府不能同意。我现在拟将口岸数目由十个减至五个。

……

马凯:条约签字后多久才能开放?

盛宣怀:如果这些口岸由中国自开,它们很快地就可以开放。

马凯:六个月的功夫行吗?

盛宣怀:如果自开,六个月内可以办到。

马凯:如果开作通商口岸呢?

盛宣怀:六十年!!

马凯:哈,他是在讲笑话!

盛宣怀:我们所怕的是其他国家会援例!

马凯:那我没办法。我告诉你们:除非开作通商口岸,再谈也没有用。它会耽误整个事情的。你们为什么采取这样态度?

盛宣怀:我的政府只准我提出中国自开口岸。

马凯:我的政府只准我答应通商口岸。我只能把我所接到的训条告诉你。我可以告诉你,我们在这一点上绝不让步。我所接到的训条是明明白白的。我已减少口岸数目,这是我自己作的主,还未向政府请示。①

① 中国近代经济史资料丛刊编辑委员会主编,中华人民共和国海关总署研究室编译:《辛丑和约订立以后的商约谈判》,中华书局1994年版,第30~31、83~86页。

可以看出,双方虽然在口岸的数量和具体城市、厘金开放时间等问题上都做出了一定程度的让步,但对于到底是约开还是自开的问题,双方都仍然各持主张,此时谈判已过去了五个月,针对口岸性质的问题仍然僵持不下。直到7月,中方终于松口,同意把新开的口岸称作通商口岸,但是中国必须自设巡捕,因此在光绪二十八年八月初四(1902年9月5日)正式签订的《中英续议通商行船条约》中规定,将十处通商口岸减为长沙、万县、安庆、惠州、江门五处,"与江宁、天津各条约所开之口岸无异",但在新开的各口岸,"凡各国人在各该通商口岸居住者,须遵守该处工部局及巡捕章程,与居住各该处华民无异,非得华官允准,不能在该通商口岸自设工部局以及巡捕"①。清政府在后来与日本达成的新商约中也是一样,该约第10款中规定:"将湖南省之长沙府开作通商口岸,与已开各通商口岸无异",但同时也规定"非得华官允准,不能在通商口岸之界内自设工部局及巡捕。"②在将近一年的协商谈判之后,最终于1904年6月14日制定并颁布了《长沙通商口岸租界章程(附租界外租地章程)》,并于同年7月1日,长沙正式开关。

对比《长沙通商口岸租界章程》与《岳州关开埠章程》以及其他通商口岸如天津、江宁的章程规定即可发现,长沙的通商章程与岳州的更为接近,只是与首批作为自开商埠的岳州显得有些粗糙和不足的章程相比,更加细致和深入,因此张之洞认为长沙"虽名为通商口岸,实与自开口岸无异"③。所以虽然长沙最终在英日的压力下成了名义上的"约开口岸",但在谈判过程中,清政府也为其争取到了其他约开口岸没有的工部局和巡捕局的开办自主权。因为长沙是这批约开口岸中唯一的

① 王铁崖:《中外旧约章汇编》(第2册),生活·读书·新知三联书店1959年版,第107页。

② 王铁崖:《中外旧约章汇编》(第2册),生活·读书·新知三联书店1959年版,第194页。

③ 张之洞:《致军机处、外务部、户部、江宁刘制台、吕大臣、盛大臣》,载苑书义等编:《张之洞全集》第11册,河北人民出版社1998年版,第8855页。

省城，也是最重要的城市，因此清政府将这种开埠策略称为“长沙办法”[①]，即赵尔巽所说的：“长沙虽系约开口岸，而详绎原约，工程巡捕可由华官自办。”[②]

“长沙办法”的复杂性使中外对于长沙商埠的性质有着不同的理解，从英、美、日等国的政府和商人来看，长沙只能算是个稍显特别的约开口岸；但中方多将其看作自开口岸，许多报刊如《东方杂志》和长沙的《大公报》都称之为“长沙自开口岸”[③]。这种对于长沙开埠性质的不同理解，也成为华洋之间产生矛盾的原因之一。

2.“长沙办法”形成的原因分析

首先，岳州的开放没能满足列强的需要。“夫岳州城势颇好，惜于商务甚欠，居民不过万八千口。前临洞庭湖嘴，后俱凸凹荒墟。市场仅南门外一处，不但无工艺制造等铺，且并无此等生意。据闻自古至今只见富商大贾扬帆鼓浪，接往熙来，并未见百货沸腾而万商云集也。”[④]本来当时开放岳州就是权宜之法，如今各国见岳州开埠远未达到他们的预期，更加急迫地想开放长沙。

其次，长沙特殊的省会地位和优越的客观条件。长沙作为湖南的政治中心、内陆省会城市，其繁华程度和人口密度自不是岳州可比，且无论是从岳州向湘江上游各埠还是从湘江沿江各埠往岳州，长沙都是必经之路，“按长沙为湖南省会，地方之繁盛，货物之销畅，不待言喻，即城外船户生意，沿江有十余里，城内居民不下六万家。”[⑤]长沙的重要性，清政府自然也是一清二楚，连开放岳州时都要找块儿远离市区的地界，

---

① 谭仲池主编：《长沙通史》近代卷，湖南教育出版社2013年版，第485页。

② 《湘抚赵尔巽奏陈长沙开埠请拨经费折》，载《湖南历史资料》编辑室编：《湖南历史资料》（1989年第1辑），湖南人民出版社1980年版，第173页。

③ 李玉：《长沙的近代化启动》，湖南教育出版社2000年版，第168页。

④ ［美］马士：《光绪二十五年岳州口华洋贸易情形论略》，载《湖南历史资料》编辑室编：《湖南历史资料》（1979年第1辑），湖南人民出版社1980年版，第168页。

⑤ ［美］马士：《光绪二十五年岳州口华洋贸易情形论略》，载《湖南历史资料》编辑室编：《湖南历史资料》（1979年第1辑），湖南人民出版社1980年版，第166页。

更不用说要开放省会。但到了20世纪初,岳州开埠打破了湖南从未有过通商口岸的历史,这个“铁门之城”已然有了开放的窗户,列强以岳州为据点向内地扩张和渗透已经相比之前容易了许多。虽然湖南士民的排外情绪依旧高涨,但丝毫没能动摇列强逼长沙开放的决心:“如果要这些不断的混乱能够结束的话,湖南必须低首下心,它的两个或三个大的商业中心必须向外国商业开放”①;且经过了岳州商埠几年的运作,长沙的乡绅也逐渐认识到了开放是历史潮流,如果一定要开放的话,最好也是主动的,像岳州一样,让长沙作为自开商埠开放。

3.“城”“口”之争与华洋杂处

城口之争也是本次谈判的争论点,其实在中英关系史上这也是一个数次引发争论的重要问题。1842年《南京条约》签订之后,该问题即以“广州反入城斗争”的形式第一次出现,到1902年中英修约谈判时再次提起。英方代表马凯援引1858年中英《天津条约》英文版第11款的“cities and ports”,认为“城口”的含义即“城口和港口”(Ports and Cities),试图将近海的口岸和远海的城市都纳入通商范围;中方代表则根据中文版将“城口”解释为“城邑之口”(Ports of cities),以限制其范围。城口之争究其根本是“华洋约文不符”,双方多次争论最终仍未能达成一致,中方没能解决城口之争,英方也未能实现其最初扩张权利的目的,双方有意地在谈判的过程中自说自话希望能多挽回或争取一些权益,但最终都未能如愿,使这一前后拖延六十年的历史问题悬而不决。②

长沙开埠之后,英国、日本先后提出要不分城内城外,允许洋商进入城内开行设栈,湖南方面则坚决不允:“治城之内,华洋杂居,彼此龃龉,实无法可以保护,后患何以胜言!”③然而许多外商纷纷在没有获得湖南地方当局允准的情况下,进城经商,兴建洋行、堆栈和商业机构。④

① 谭仲池主编:《长沙通史》近代卷,湖南教育出版社2013年版,第480页。

② 参见屈文生、万立作:《不平等与不对等》,商务印书馆2021年版,第246页。

③ 谭仲池主编:《长沙通史》近代卷,湖南教育出版社2013年版,第490页。

④ 参见罗玉明:《长沙开埠与湖南绅民组织贝纳赐入城》,载《怀化学院学报》2004年第6期。

1904年8月,英国商人贝纳赐违反长沙通商章程规定,公然进入长沙城内,在西长街购买了一栋房屋,开设了豫亨泰洋行。湖南按察使张鹤龄和朱延熙一方面令长沙知县"会同总捕头凯利前往谕禁"市民阻拦洋货;另一方面急电照会英驻汉领事,请他出面制止贝纳赐入城开设洋行。[①] 英国领事虽然知道从国际公法的角度来说,贝纳赐入城开设洋行的行为是没有法律依据的,但从本国的侵略利益出发,又希望能借贝纳赐打破湖南不准外商在长沙城内开行设栈的禁令,因此英国领事表面上表示"遗憾",话头一转又强调"贸易自由",说自己无法干预,拒绝了湖南当局的要求。

针对贝纳赐的行为,湖南地方当局基于之前辰州教案的教训,态度十分谨慎,而长沙绅商则一开始就以十分坚决的态度表示反对。以王先谦为代表的长沙绅商向湖南地方当局提出了反对华洋杂处的公呈,该公呈从国际公法、国家主权、商务利益和地方治安等方面申述了长沙绅商反对华洋杂处的理由。[②] 可见,长沙绅商反对洋商入城,不再是出于盲目的仇夷排外,更重要的是出于保护厘金、保护民族资本和保护地方治权等目的。[③] 经过长沙绅商长达一年多的抗争,贝纳赐在长沙城内难以经营,加之湖南地方官员的不断交涉,最后付给贝纳赐25,000两白银作为补偿,请其迁出城外,此案才算了结。

(二)"长沙办法"的创新之处

其一,市政治理机制的创新。1903年11月,湖南地方当局设立长沙商埠工程局(又称长沙关工程局),其职能大致类似此前洋人在租界设立的工部局,主要承担海关所需的房屋场地设施以及商埠区内各项公共设施的建设。1904年长沙正式开关之后,设立巡捕局,1913年5月更名为商埠警察署。1916年10月,设立长沙商埠马路工程处,负责商埠界址的划定,商埠区马路和沿河驳岸的建设与修缮。1918年改为长沙商埠局筹备

① 参见湖南省地方志编纂委员会编:《湖南省志》(第4卷),"政务志·外事",湖南人民出版社1996年版,第33页。

② 参见彭平一、向定洋:《从长沙开埠过程中的华洋杂处交涉看绅商权利诉求》,载《文史博览》2009年第1期。

③ 参见李玉:《长沙的近代化启动》,湖南教育出版社2000年版,第189页。

处,除继续负责马路建设之外,对商埠内一切兴办事宜兼筹并顾。依据《长沙通商口岸租界章程(内附租界外租地章程)》第3条之规定:"通商界内,各国商业工艺,皆可照租界及工部局等各项章程,租地建造屋宇栈房。"第6条又规定:"通商界内,凡起造房屋,必先请工部局核准……又工部局可随时酌定规条晓谕,如屋要坚固,沟要洁净,及各户内有何污秽妨碍,应即屏除等情,以期保护平安。再,各户有何修造动土,关系公众之事,必先在工部局请领准单,以免遗误。"除此之外,与"自办工巡"相呼应,章程也明确规定了"各国商民在通商界内侨寓,中国地方官自应按约保护,所有工程、巡捕各事宜及各项章程,由本省大宪请税务司与监督会商办理。"①及至1920年,商埠局筹备处与省垣城工事务局合并成立长沙市政厅,可以说长沙开埠,开创了长沙市政建设的先河。②

其二,租地管理制度更为翔实。《长沙通商口岸租界章程(内附租界外租地章程)》共16条,其规定的严谨细致程度较之《岳州城陵租地章程》则更进一步。该章程划定了长沙租界的范围,"定于省城北门外,所有应需地段,南以城为界,东以定修之铁路至新码头为界,北以浏渭河、西以湘江为界。"③该租界地的面积将近一万亩,比岳州租界大了十倍不止,且除了租界,该章程还设置了"租界外租地","租界以外沿河地段,原不准租用,兹因长沙通商租界沿河一带,目前于轮商贸易尚未便利,特议于关章所定起下货物处之沿河地段,即自永洲码头起,下至西门鱼码头止,准各轮商指明租用。"④除此之外,长沙关于租价的规定也大幅度下降,虽然和岳州一样同样把地分为三等,但是一等地每亩每年租银仅为二十元,二等地十五元,三等地十元,是岳州地价的1/5。由此可见,长

① 李玉:《长沙的近代化启动》,湖南教育出版社2000年版,第176页。

② 参见长沙市志编纂委员会编:《长沙市志》第3卷,湖南人民出版社1995年版,第270页。

③ 《湖南历史资料》编辑室编:《湖南历史资料》(1980年第1辑),湖南人民出版社1980年版,第175页。

④ 《湖南历史资料》编辑室编:《湖南历史资料》(1980年第1辑),湖南人民出版社1980年版,第177页。

沙商埠不仅租界范围进一步扩大,对租界以外租地的规定更加灵活,租地价格也十分低廉,可谓是为开放大开方便之门,这既是长沙作为重要对外开放口岸的地位的体现,也是列强经济渗透进一步深入的体现。

其三,巡捕制度更加完善。长沙的巡捕章程分为《长沙通商租界设立巡捕办事总章程》、《长沙议订巡捕拿犯章程》和《长沙设立巡捕禁令章程》三部。其中《长沙通商租界设立巡捕办事总章程》与《岳州关巡捕总章程》大致相同,只是增加了两条规定,即第 2 条:"巡捕衙督捕应用洋员,由工巡司选举,如该督捕不能尽职暨功过等情,由关道会同税务司办理。"和第 3 条:"地方官应派一员办理会审公堂各事。"[①]《长沙议订巡捕拿犯章程》则和岳州的《巡捕衙与地方官交涉公事章程》大致相同,只是删掉了原章程的第 7 条:"凡巡捕衙送交城陵埠会审公堂审判之案,应用刑,治枷不得过一月,笞不得过三百,罚银不得过二十五元。"[②]《长沙设立巡捕禁令章程》与岳州的《巡捕衙役应遵章程》大致相同,只是增加了两条有关休假的规定,允许有记功的衙役每月可以请假二十四小时,如若要请病假则需提前由督捕查明核准。

依据上述分析可以发现,岳州作为首批开放的自开商埠,其模板的作用确实十分明显,长沙的大多章程都是以岳州章程为蓝本,在其基础上增删和修正。相比较而言,长沙的机构设置和章程规定明显更加专业化、细致化,这其实也是吸取了岳州开埠的经验教训,中外双方博弈之后的成果。

四、岳长开埠创新治理的影响和评价

"自开商埠"与"约开商埠"相比,带有很强的自主性。约开商埠是在列强的炮舰威逼或外交讹诈下,依据不平等条约而被迫开放的;而自开商埠则是由中国政府自主开放并自行管理的商埠。[③] 自开商埠从开

---

① 武进、姚鹤之编:《华洋诉讼例案汇编》(下册),商务印书馆 1915 年版,第 430 页。

② 庄兴成、吴强、李昆编纂,云南省档案馆、红河学院编:《滇越铁路史料汇编》(上),云南人民出版社 2014 年版,第 176 页。

③ 参见徐柳凡:《清末民初自开商埠探析》,载《南开学报》1996 年第 5 期。

埠章程的制定,到各种行政法规的权力行使,基本都掌握在中国地方政府手中。另诸如工程、巡捕等各项章程,也基本由中国议定,唯有"至约束洋商章程,由监督照会各国领事官酌定"①,中国可以在一定程度上保有商埠地的立法、司法主权。这样一来,中国既可以借商埠的开放发展商品经济,又能在一定程度上维护主权的完整性。而岳州作为自开商埠开放,其作用不仅体现在促进了当地贸易繁荣和经济发展上,更因其作为首批开放的自开商埠,有着模板典型的意义。同为首批开放的自开商埠,三都澳开关虽早,但贸易规模小,且开关后一年多厦门即开放了鼓浪屿为租界,三都澳商埠的地位随之下滑;而秦皇岛则由于中外关系的重大变故和义和团运动的影响,迟至1901年才正式设关,且没能取消土地永租制,因此也有秦皇岛名为自开商埠,实与租界无异的说法。

岳州作为首批开放的自开商埠,因缺少可供参照的蓝本,难免会有粗陋之处。张之洞当初选择城陵矶作为通商场,主要考虑的是政治因素,认为选择远离城区的位置既可以避免华洋杂处多生事端,又可以保持相对的政治独立。但也正因为这种城埠界限清晰的设置,反而不利于岳州对新事物的接纳,加剧了城乡发展的不平衡现象,延缓了岳州的近代化进程。岳州的商贸活动也在很大程度上受到了地理条件的影响,这种影响在长沙开埠之后更为严重,岳州的商业地位也不断下滑。且自开商埠的章程和约开商埠一样,仍然承认了领事裁判权的存在。如《岳州关巡捕总章程》规定:"洋商案件应照章送本国领事官办理,如该本国无领事官在此,即随洋商子请送归何国领事官代办。至洋商所用之华人案件,应请领事官会审。"②前文也有提到,领事裁判权是列强一切特权的中心权力,领事裁判权不废除,中方就难免受制于人,显然这一点各列强心里也很清楚,也绝不会让步。但这其实并不能算作自开商埠的局限性,究其根本,是时代和国力的局限性,覆巢之下无完卵,

① 庄兴成、吴强、李昆编纂,云南省档案馆、红河学院编:《滇越铁路史料汇编》(上),云南人民出版社2014年版,第173页。

② 庄兴成、吴强、李昆编纂,云南省档案馆、红河学院编:《滇越铁路史料汇编》(上),云南人民出版社2014年版,第173页。

一个半殖民地的国家自然不可能拥有完全意义上的独立自主,领事裁判权的保留实属必然,在当时的时代背景下想实现完全的主权独立和自主,已然是不可能的事情。

岳州各种章程的制定,虽然略显粗糙,但作为一个开端,为后来的各个自开商埠提供了可供参照的模板,后续的长沙、南宁甚至民国时期开辟的商埠的章程,基本都参照岳州制定,其意义不言而喻。以岳州为开端,清末掀起了一个自开商埠运动的高潮。[①]（见表2）

表2　清末自开商埠汇总

<table>
<tr><th>省份</th><th>商埠名</th><th>批准开埠时间</th></tr>
<tr><td rowspan="4">湖南</td><td>岳州</td><td>1898年4月24日</td></tr>
<tr><td>长沙</td><td>1902年7月</td></tr>
<tr><td>常德</td><td rowspan="2">1905年7月</td></tr>
<tr><td>湘潭</td></tr>
<tr><td>湖北</td><td>武昌</td><td>1900年11月18日</td></tr>
<tr><td rowspan="3">山东</td><td>济南</td><td rowspan="3">1904年5月15日</td></tr>
<tr><td>潍县</td></tr>
<tr><td>周村</td></tr>
<tr><td rowspan="2">福建</td><td>三都澳</td><td>1898年4月24日</td></tr>
<tr><td>鼓浪屿</td><td>1902年11月21日</td></tr>
<tr><td rowspan="2">广东</td><td>香洲</td><td>1908年5月24日</td></tr>
<tr><td>公益埠</td><td>1908年</td></tr>
<tr><td>广西</td><td>南宁</td><td>1899年1月30日</td></tr>
<tr><td>云南</td><td>昆明</td><td>1905年5月11日</td></tr>
</table>

① 参见张践:《晚清自开商埠述论》,载《近代史研究》1994年第5期。

续表

省份	商埠名	批准开埠时间
直隶	秦皇岛	1898年4月26日
奉天	凤凰城	1905年12月22日
	辽阳	
	新民屯	
	铁岭	
	通江子	
	法库门	
	葫芦岛	
吉林	长春	1905年12月22日
	吉林省城	
	哈尔滨	
	宁古塔	
	珲春	
	三姓	
黑龙江	齐齐哈尔	1905年12月22日
	海拉尔	
	瑷珲	
	满洲里	
辽宁	吴淞	1898年4月20日
	海州	1905年10月24日
	天生港	1906年7月
	浦口	1910年

长沙开埠后,第一年[光绪三十年(1904年)]的进出口贸易值就有关平银三百万两,此后更是不断增加。长沙作为省城,虽然一直是湖南的政治和文化中心,但经济地位并不算高,不比同省的湘潭。开放商埠使长沙的经济地位飞速上升,逐渐成为湖南的经济中心。不仅如此,长沙开埠之后入驻了多家轮船公司,开辟多条航线,逐渐形成了以长沙为中心,以湘江航线为主,可沟通湘、资、沅、澧四大水系和洞庭湖沿岸的航运网,长沙逐渐成为湖南的航运中心。同时,各国领事馆的入驻、邮政事业的发展、教会势力的进一步渗透,都刺激长沙的社会服务管理机构日益完善,推动了城市的现代化进程。

总结来说,长沙开埠之后,一方面列强借机增强了对长沙乃至湖南等内陆地区的政治、文化、经济的渗透;另一方面西方各国资本进入长沙,在促进长沙自然经济逐步解体的同时,也推动了长沙近代工业的发展,加强了长沙的对外联系,确立了长沙区域经济中心的地位,加速了长沙的近代化进程。经济的发展自然也就带动思想层面的变革,随着近代工业的发展,工人群体的数量不断增加,在过差的生产条件和过低的劳动待遇的压力下,工人阶级的权利意识也逐渐觉醒,平等观念逐渐增强;西方资本的进入导致华洋杂处,由此产生的许多矛盾和摩擦升级到华洋诉讼,中西法律制度不断碰撞交融,使市民们的法律意识和法治观念也不断加强;同时长沙市民的自我管理意识也开始萌芽,催生出了大量的社会团体,民主意识得到了广泛传播。

在岳州影响下开放的长沙商埠,虽然不是完全的自开商埠,但其章程制定也是中方积极抗争之后的成果。尽管后续的成效并不显著,甚至没能争取到“自开商埠”的名头,“并没有使外国人失去什么,也无法使中国人真正保住自己希望保住的东西”①,没能达到章程中约定的应然的效果,但在条约谈判的过程中中方所展现出来的谈判技巧和国际

① 杨天宏:《口岸开放与社会变革——近代中国自开商埠研究》,中华书局2002年版,第132页。

公法的意识,也是中国主动应对历史浪潮的有力证明。自开商埠,是世界经济整体化不断深入发展,中国半殖民化程度不断加深的背景下,清政府为了抵制列强侵略和殖民的脚步而采取的一种措施和政策。半殖民地半封建的社会性质,从根本上决定了它并不能也无力改变这种局面,甚至随着自开商埠的增多,在一定程度上便利了西方资本主义对中国经济侵略的扩大和加深。① 且清政府对自开商埠缺乏统一的、系统的和长远的打算,其构想与实际操作的措施和效果之间也存在差距,有许多商埠只是作为权宜之计开放,其后续发展也不尽如人意。但这些都不足以掩盖自开商埠的特殊价值。

综合评价,与约开商埠相比,无论是商品的流通效率、市场的管理质量还是对资源的合理配置,自开商埠都稍显逊色,但约开商埠的优势只是资本主义先进的生产和经营方式产生的暂时效应,虽然确实促进了当地的经济和社会发展,但利益都被各列强所攫取,繁荣的假象掩盖了主权破碎、民族产业凋零的伤疤,不过是为他人作嫁衣裳。虽然在当时的时代背景下,囿于种种客观因素,在岳州、长沙的实践效果都与一开始的美好设想之间存在差距,也始终并未实现完全意义上的"权自我操",但自开商埠明确的主权意识,是近代中国人民的市场意识被唤醒的标志。这种带有进取和创新色彩的治理模式一来调动了地方政府的积极性,在一定程度上缓冲了当时急转直下的局面,是一种临危自救的大胆尝试;二来在经济上有着相对更多的自主权利,维护了利权。我们不应过分地苛求自开商埠如何在半殖民地半封建的社会背景下隔出一片完全独立自主、繁荣发展的乌托邦,或是要"挽狂澜于既倒,扶大厦之将倾",更应该看到面对千年来从未有过的时代剧变,从政府到民间如何从麻木不觉到被动接受再到主动应对的发展过程,从约开商埠到自开商埠的治理模式创新的过程就是这一发展过程的一个缩影,"管中窥豹,可见一斑",清政府对于商埠治理模式的不断创新清晰地展示了其

① 参见张九洲:《论近代中国的"自开商埠"》,载《河南大学学报(社会科学版)》1996年第1期。

与世界联系的脉络，即使是在并不平等更遑论友好的国际环境中，在有限的空间里仍然不懈地做着探寻独立自主道路新方向的尝试，穿越百年之后才发现，竟是古今共同的命题。

近代德国在华领事裁判权的若干问题研究

杨殿林[*]　李　丹[**]

[**摘要**]在近代,列强通过不平等条约的形式在华获得了领事裁判权等特殊权利,破坏了中国主权的完整。德国也是侵略中国的列强之一,但德国在华领事裁判权有很强的特殊性。德国相比日本等国更注重经济利益的掠夺,关于领事裁判权的条约,德国大多是跟随他国而后签订,再者德国在华领事裁判权问题由于两次世界大战的缘故多有波澜,德国也是最早撤废在华领事裁判权的西方国家。德国在华领事裁判权的行使与存废,反映出近代中德关系的特殊性。

[**关键词**]德国;领事裁判权;争议

近代德国在华领事裁判权问题是中德关系的重要研究内容,当今学术界对于近代德国在华领事裁判权问题有一定的探讨,如马振犊和戚如高著作的《蒋介石与希特勒　民国时期中德关系研究》以当时国民党首脑蒋介石与纳粹德国元首希特勒之间的交流分析民国时期的中德关系,孙立新的《近代中德关系史论》则以中德之间的文化交流为切入点,探寻了近代中德两国的交流情况。在论文方面,关于近代中德关系也有一定研究成果,如赵晓芬的《德国对华政策与晚清变局中的荫昌》以及《德国影响下的晚清军事变革:以荫昌为线索》,杨卫华的《抗战时期中国对德意传教士的控制政策与地方实践》,王健、陈先春的《试析一战时中德关系的演变》等。在领事裁判权的问题上,多以列强总体作为研究对象,尚未将德国在华领事裁判权问题作为研究核心。德国在华领事裁判权问题在一些外国人的著作中也有所涉及,如德国人施丢克尔所撰述的《十九世纪的德国与中国》就涉及了近代德国在华领事裁判

---

* 杨殿林,辽宁大学法学院讲师。

** 李丹,辽宁大学法学院硕士研究生。

权问题，以及德国人余凯思所作的《在模范殖民地胶州湾的统治与抵抗》，基于原始史料，对德国侵占胶州湾地区10余年时间里的基础设施、军事和宗教等方面进行了细致的介绍，遗憾的是关于司法制度方面的介绍较少。

近代德国在华领事裁判权具有很强的特殊性，值得进一步探讨。首先，德国在华租借地主要涉及汉口、天津和胶澳租借地，德国在这些地区的在华领事裁判权的行使程序以及相应司法机关的创设都具有鲜明的特征。其次，德国是近代最早撤废在华领事裁判权的国家，在撤废的过程中，北洋政府显示出难得的以国家利益为上的原则，坚决拒绝德国领事裁判权的复活或者变相转移。

一、德国在华领事裁判权的始终

领事裁判权制度原指中世纪在德国汉堡等一些沿海贸易发达的港口地区，一些跨国公司的商人为了贸易方便，而在商业交易地设置外国领事，专门处理本国商人的纠纷案件的制度，在近代成为列强侵占其他国家主权的工具。关于领事裁判权与治外法权概念的区分，在清末已经有所定义，如"治外法权基于国际上相互尊重与便宜，而领事裁判权则以两国法律互异而生，其区别一也。治外法权为国际上固有之原则，领事裁判权为国际条约之例外，其区别二也。治外法权对于驻所在国之主权绝对不服从，领事裁判权仅对于本国人民诉讼之一部分，其区别三也。治外法权之范围广，领事裁判权之范围狭，因无免征催检查之权，其区别四也。"①而德国在华的领事裁判权多以在租界地设置领事的方式来实现，因此称为"领事裁判权"更为恰当。

德国在华领事裁判权的特殊性反映了近代中德关系的特殊性。首先，中德之间出现交流的时间较早。明清之际，中德之间已经有了频繁交流的记录，德国传教士汤若望、郭实腊等人进入中国传教，但此时的

① 《治外法权与领事裁判权之区别试卷》，中国第一历史档案馆档案，档案号16－02－007－000014－0013。

交流多是民间交流,真正意义上的官方交流出现在鸦片战争后。其次,德国是侵略中国较晚的国家,基本上是随着英法日等国的侵略而进行的。再次,德国对中国的掠夺主要涉及经济方面,侵略中国领土较少。不同于日本、沙俄等国家侵略中国大片领土,德国仅侵略山东的胶州湾地区,并且由于"一战"的爆发致使其在山东的权益很快就被日本篡夺。最后,德国在华领事裁判权的存在时间也比较短,是列强当中最早撤废在华领事裁判权的国家。

德国在华的领事裁判权问题由于两次世界大战的缘故多有波澜。1861年中德之间签署《中德通商条约》,德国获得了在华的领事裁判权。"一战"爆发后,中国作为协约国参与了对同盟国的作战,德国在华的特殊权益被废除,中德正式断交。1921年,中国与魏玛共和国签署了近代中国与西方国家的第一个平等条约《中德协约》,自此中德之间较早建立了平等的国家关系。民国时期,由于中德之间的特殊关系,领事裁判权被限制在国际法的范畴内。在日本侵华期间,中德之间保持了一段时间的良好关系。1940年汪伪政权成立之后,德国承认汪伪政权,并且于1938年承认伪满洲国的"合法"地位,国民党正式宣布与德国断交,1941年太平洋战争爆发,国民党对德宣战。德国在承认汪伪政权和伪满洲国合法地位后,先后设置大使馆,但是名义上德国与汪伪政府的"南京国民政府"以及伪满洲国都属于"平等"关系,德国所希望的在华领事裁判权没有复活。第二次世界大战之后,中德复交并建立平等的外交关系成为两国的唯一选择,由于历史上中德两国的友好关系,国民党政权希望与德国复交,但是此时德国正处于被英美苏等国家占领的状态,国民党政权也因内战爆发无暇顾及中德复交的问题。在新中国成立之后,中国先后与民主德国、联邦德国建立外交关系,中德关系也进入了新的纪元,领事裁判权问题也彻底归到了历史的尘埃中。

中德领事裁判权问题存在的始末。在1861年,由普鲁士(大布路斯)代表德意志国与清朝签署了《中德通商条约》,这个条约被视为单方面获胜的国家条约，意味着中国主权的部分丧失。① 条约明确规定了普鲁士以及德意志国拥有领事裁判权，体现在第 39 条"凡布国及德意志通商税务公会和约各国属民所有或人或产相涉案件，皆归本国官员查办。如本国属民与外国属民有争执情事，中国官亦不为之审理。"②并且在其他条约上也有类似的规定，此时的领事裁判权适用范围还比较狭窄，仅适用于通商各口岸，在通商各口岸设置"总领事一员，领事、副领事、署领事等官每口一员。前往办理本国商民交涉事件。"1880 年 3 月 31 日，在修约的过程中，通商口岸的范围被进一步扩大，延伸到安徽大通、安庆、江西湖口、湖广之武穴、陆溪口、沙市等处。德国在华的领事裁判权主要应用于作为租界的汉口、天津以及德国于 1897 侵占的山东胶州湾地区。

二、德国在汉口德租界领事裁判权的行使

1888 年，德国在汉口设立领事馆。此前，在汉德国侨民事宜由英国领事代管。③ 在汉口的司法机关设置上，设置政权机构——工部局，局址在汉口汉中街以西、福祉以南交角处，即今胜利街以西二曜路以南交角处市公安局户政处用房。工部局下设对中国人专政的警察机构——巡捕房，"有德国和中国巡捕 50 人，房址就在工部局内。"④总体来说，德国在汉口行使领事裁判权的机关设置还比较简单，这也是由于汉口的德国租界面积较小的缘故。

领事法庭是德国在汉口行使领事裁判权的主要机构，设立于德国驻汉口领事馆内，主要审理租界内被告为德国在华侨民的民事和刑事案件。但是仅获得本国在华侨民审判权并不能满足列强们的侵略野心，它们积极寻求权力扩张，谋求更多在华利益，中外混合法庭就是在

---

① Vgl. Friedrich Otte, *Die Chinesischen Staatsverträge*, ZfP 16 (1927), S. 69.

② 王铁崖：《中外旧约章汇编》（第 1 册），生活 · 读书 · 新知三联书店 1957 年版，第 169 页。

③ 参见王汗吾：《汉口租界志》，武汉出版社 2019 年版，第 249 页。

④ 武汉市政协文史资料委员会编：《武汉文史资料　第 46 楫　汉口资料》，武汉市政协文史资料委员会 1991 年版，第 75 页。

这样的背景下诞生的。

1894年,改原有的汉口巡查洋街委员公所为汉口洋务公所,由外国领事官和中方委员组成汉口会审公堂,审理各国租界内的涉及钱债、斗殴、窃盗和词讼的华洋诉讼。1895年10月3日德国与中国签署《汉口租界合同》,其中第9款规定"德租界内如遇华领事官管束之洋人并华人涉讼,应归中国官办理,派员在租界审谳。若领事官管束之洋人并德国人或各国人,因被华民欺凌、禀控以及华民在租界内违反章程,由中国官员会同德国领事或领事所派之员会审。"①观审制度转变为会审制度,并且颁布了《汉口会审公堂章程》来规范其管理:

> 凡遇案件牵涉洋人必应到案者,须领事官会同委员审问,或派洋官会审。
>
> 凡为外国服役,及洋人延请之华民有涉讼事件,先由该委员将该人所犯案情移知领事官立将应讯之人交案,不得庇匿。至讯案时,或由该领事官,或另派洋官来堂听审。
>
> 如系有领事管束之洋人,仍按约办理。倘系无领事管束之洋人则由委员自行审断,仍须邀一外国官陪审,一面详报该管道查核。②

汉口洋务公所的建立标志着领事裁判权的进一步扩大。首先,外国领事官成为会审公堂的成员,直接参与案件的审理,列强在一定程度上掌握了对华民的审判权。其次,外国领事官或者官员可以参与审理的范围扩大,原来只有作为原告国的领事官或者官员可以观审,现在只要属于被牵涉且必须到案的外国人的所属国领事官或者官员就可以参加审判。甚至在华民与无约国侨民之间或者无约国侨民之间的诉讼也需要一名有约国领事官或官员陪审。最后,即使是华民,但是与外国人形成服役或者延请关系的,在其成为被告时,也要告知领事官,表明这

① 王铁崖:《中外旧约章汇编》(第1册),生活·读书·新知三联书店1957年版,第633页。

② 《汉口租界志》编纂委员会编:《汉口租界志》,武汉出版社2003年版,第252页。

个时期领事裁判权保护的范围不仅限于本国公民,甚至开始包括一部分华民,当然这种保护与对本国公民的保护相比有非常大的差距。

但是这个时期,这种权力扩张还是有限的。在案件完全不涉及洋人时,由中方委员自行审讯;被告之华民在犯案重大,或至死罪、或至军流迁徙罪,或者出现命案的,由地方正印官审断,委员不得擅专;如果中方犯人逃到外国租界的,委员可以派遣人去租界抓人,不需要具票,也不需要经过巡捕房。

1911 年辛亥革命爆发之后,汉口洋务公所改名为汉口洋务会审公所,凡是租界内所涉及的中外诉讼,民事与刑事案件均可以审理,管理范围进一步扩大。在各个租界有派出机构,称为会审公廨,会审公廨每次开庭时,公所派中国官员与领事官等外国官员共同审理发生在租界的案件。①

领事公堂也是行使领事裁判权一个非常重要的机构。1902 年,在五国租界汉口内成立汉口领事裁判所,主要受理对租界内行政管理机关工部局所作出的行政处罚或处理决定不服的控告。租界内的公民对领事法庭所作出的判决不服时,可以向领事公堂申诉,领事公堂可以转请所在国领事法庭重新审判。②

三、德国在天津德租界领事裁判权的行使

1905 年以前,天津德租界内的司法事务是由德国驻津领事馆负责。1906 年,成立工部局,负责租界内的行政、治安和公务事业等。下设巡捕房,有巡捕 105 人,在成立之初,雇佣的主要是德国退伍军人,后来出于薪资和方便交流等方面的考虑改雇中国人。在 1917 年 5 月在北洋政府天津《警务处处长杨以德为接收德租界事呈内务部警政司》即将礼送出境的德国人当中,该界巡捕员石乃尔、黑里门二人未据列入,称"该巡

① 参见周德钧:《汉口的租界:一项历史社会学的考察》,天津教育出版社 2009 年版,第 100 页。

② 参见《汉口租界志》编纂委员会编:《汉口租界志》,武汉出版社 2003 年版,第 251 页。

捕员等竟久假不归,不惟占据楼房无意腾让,且遇事干涉,动辄行使其旧日巡捕官之职权,如分配警岗则阻拦之,收捐款项则把持之,审问案件则参预之,强硬干涉已非一次。虽历经向其质问,曾答以不再干涉,乃今日应允,明日又干涉如故。"①表现出当时德国警察在天津租界飞扬跋扈的一面,同时又能体现其司法机关的不完全。

(一)德国在胶澳租借地领事裁判权的行使

1897年11月1日,德皇威廉二世借口德国传教士被杀,出兵胶州湾,这也是德国少见的单独发起的侵略行动,暴露了德国的侵略野心。德国进逼胶州湾时,在与清朝官方的电文中,多次以"领事裁判权"为要挟内容,如在《总署收北洋大臣王文韶函》中,德国提督所贴告示中即提出"所有滋事匪徒,必照中国律例从严惩办。倘有凶徒敢将该处德人谋害者,即归德国军法严切审办。"②在德国占领胶州湾地区之后,中德双方就签署条约的内容进行多次磋商,德国公使海靖照会山东总督,称"大清国大皇帝欲将中德两国邦交联络,及坚立中国兵力,允许离胶澳海面潮平周遍一百里内,准德国官兵无论何时过调。惟自主之权仍全归中国,如有中国饬令设法等事,应先与德国商定。"③意图获得在胶州湾地区的治外法权。这些谈判最终以1898年3月6日德意志帝国与清朝签订条约结束。同年4月27日,德皇威廉二世发布旨意,将胶州湾置于其保护之下。

德国侵占胶州湾地区很大程度上是由于列强相互竞争,从而刺激德国的结果。乃"租界胶澳者,德人也,而所以酿成胶澳之租界者乃列强竞霸之趋势使然,非仅出于德意志一国之野心。"④

---

① 南开大学分校档案系编:《天津租界档案选编》,天津人民出版社1992年版,第181页。

② 中国第一历史档案馆编:《胶州湾事件档案史料汇编》,青岛出版社2015年版,第32页。

③ 中国第一历史档案馆编:《胶州湾事件档案史料汇编》,青岛出版社2015年版,第46页。

④ 赵琪修、袁荣叟纂:《胶澳志》,青岛华昌印刷局1928年版,第4页。

胶澳总督被赋予了掌管司法的权力，同时德国人意图将德国的法律移植到胶澳租借地。在1900年，德国在青岛颁布了《青岛巡捕章程》，设立青岛巡捕。并且修建胶澳“帝国”法院，该法院于1912年开工，1914年4月正式投入使用，不久后即被日本占领。[①]“审判权一部分由帝国法官作为单独法官行使，一部分由法官及2~4陪审员组成的‘帝国’法庭来行使。”“帝国”法庭主要审理欧洲人之间、欧洲人与中国人之间诉讼、中国人之间诉讼标的额较大的民事诉讼和犯罪情节特别严重的刑事诉讼。由此可见，“帝国”法庭的管辖范围与一般租界内的领事法庭相比要大得多。

1899年将胶澳租借地的城市居民区和农村居民区划分开来，分别设立区公所，将司法和行政权力下放，“区公所的行政长官——一位受过法律专业知识教育的德国见习翻译官——同时也兼任区法院的法官。”[②]负责当地的法律诉讼，主要包括华人之间比较轻微的民事和刑事案件[③]，也就是说区公所的行政长官独自就可以对所有情节较轻的案件作出判决，同时将“帝国”法官作为上诉第二审。

德国在租借地的法律适用还考察了中国本土的情况。如民事诉讼上，参照宗族首领和村长所提供的旧法以及传统习俗；在刑事诉讼上，废除了部分较为残酷的传统刑罚手段等。虽然，德国在胶澳租借地的司法制度因为优待欧洲人问题和歧视中国人问题而饱受争议和批评，但是，这些制度的确为殖民地的所有居民提供了一种有序、稳定的共存环境。

在“帝国”法院和区公所中，“帝国”法院的法官由皇帝任命，陪审员由法官任命、总督批准，而区公所的行政长官是受过法律专业知识教

---

① 参见李明：《德县路帝国法院：青岛殖民的司法史的见证》，载青岛日报官网2023年5月15日，https://www.dailyqd.com/arc/2014－09/17/content_129313.htm。

② 青岛市档案馆编：《青岛开埠十七年——〈胶澳发展备忘录〉全译》，中国档案出版社2007年版，第42页。

③ 参见青岛市档案馆编：《青岛开埠十七年——〈胶澳发展备忘录〉全译》，中国档案出版社2007年版，第42页。

育的德国见习翻译官,基本掌握该地区华民的审判权,德国实现了对胶澳租借地的司法管辖,严重侵害了中国的司法主权。

(二)德国在华领事裁判权的废除及后续

德国对胶州湾等地区的侵占持续到第一次世界大战爆发。“一战”爆发后,袁世凯当局宣称中立,然而日本、英国等国却不肯善罢甘休,而是蓄谋进攻德国在青岛等地的驻军,意图占领青岛、胶济铁路及其沿线车站。1917年,“一战”形势变化,当时的北洋政府于3月14日宣布与德断交。德国领事官试图保留德国在华领事裁判权的行使,北洋政府宣称“德领事裁判权凡普通刑事民事归荷兰代理,谋乱妨碍治安等罪归我办理,司法部已通电各省。”①荷兰公使照会北洋政府“对于接受德租界提出抗议,政府尚未置答。”②但是依然有一些德国人的案件,交予荷兰当局进行审判,如当时针对海关德人索姆斯吞并公款一案则在荷领事署由德副蒂泼而斯克氏审讯,蒂氏声称“应俟法庭之地位决定后再行开审,税务司威德君会到场,代表海关听审,惟并不作证,因法庭未经承认作证,乃不正当故也。”③

德国在山东的司法机关也不复存在。在巴黎和会上,顾维钧提出了《中国要求胶澳租界地胶济铁路暨德国所有他项关于山东省权利之直接归还》要求德国在山东胶澳租借地上的一切特殊权利都要收归中国所有。

在1921年中德复交之际,中德签署《中德协约》,这也是中国近代史上与西方国家签订的第一个平等条约。在此之后,德国在华领事裁判权问题也时常被提起,如在汪伪政权时期,与日本同为法西斯同盟的德国承认了汪伪政权的“合法”地位,纳粹德国就一直强调提高自己的地位,如德国特派大使在部办事汤良礼在递交汪伪政权外交部部长褚

① 《德领事裁判权凡普通刑事民事归荷国代理谋……》,载《时报》1917年3月30日,第2页。

② 《荷公使对于接收德租界提出抗议政府尚未置答》,载《时报》1917年4月6日,第2页。

③ 《德人吞款案在荷署审讯》,载《时报》1917年8月18日,第9页。

民谊的文件当中，明确称“虽德国在华地位殊难意，现德已战胜法国，形势完全改观，虽德国曾与中国订约放弃在华特权，不欲废除该约，亦无要求恢复该特权之意，但德国地位低于英法，绝难容忍，现德国仍继续对英作战，多半亦将战胜，欧洲问题不久即可解决，希望中国在欧洲未解决前，即能自行发动改善目前局势。”①但是这个时期，兴起了收回租界以及取消各国的治外法权运动，并且德国在青岛的权益已经被日本篡夺，致使德国想要恢复在山东特权的愿望沦为泡影。汪伪政权以“查废除各国在华治外法权一事，为中国政府历来之期望，曾与关系各国，一再交涉，并提议于国际会议，亦非止一次，迄未实现，皆因享有此特权之国，无放弃之诚意，或藉口中国法律尚未完备，或互相推诿，不愿首先放弃，此次国府还都，本部对于此事，仍当积极进行，以达目的，俟中日调整邦交后，当可次第实现。”②可见，此时德国依然面临1914年“一战”时期的局面，在中国的问题上鞭长莫及，难以与日本相竞争。此后，在与德国关于领事裁判权问题的交涉上，汪伪政府皆以1921年《中德协约》上已经取消领事裁判权为由拒绝了德国想要进一步扩大在华权益的想法。

1945年11月，在抗战胜利之后南京国民政府颁布《执行收回法权各约须知》，表明治外法权伴随着租界已经成为历史。在第一节表明对取消治外法权国家之人民实行管辖权，“所谓受中华民国政府之管辖。不仅指法院之审判，并包括一切行政官厅之管理及分，且政府所颁布之一切法令规章，凡与外国人民及公司有关者，概须遵守。”③同时对于已经执行已判案件，“除与我国公共秩序或善良风俗抵触者外，概须承认其法律上之效力。”同时对于一些未结案件又有所放松，即“原告人或告

① 中国第二历史档案馆编：《中德外交密档1927年－1947年》，广西师范大学出版社1994年版，第497页。

② 中国第二历史档案馆编：《中德外交密档1927年－1947年》，广西师范大学出版社1994年版，第500页。

③ 南开大学分校档案系编：《天津租界档案选编》，天津人民出版社1992年版，第617页。

诉人希望移交我国主管法院时,应即交由该法院从速进行处理。”某种程度上也表明了国民政府对待治外法权的不彻底性。

四、近代德国在华领事裁判权存废问题的交涉

近代德国在华领事裁判权的存废与交涉是中外签署不平等条约的重要组成部分,德国在华领事裁判权问题的解决也为中德两国正常的外交关系打下了基础。1921年中德协约的签署标志着中德之间率先取得了平等正常的外交关系,而且这种关系一直持续到“二战”全面爆发。

德国在华领事裁判权存废问题与英美日等国家存在明显的不同。首先,德国更注重掠夺中国的经济利益,条约中有很多纯粹剥削中国商业价值条款,存在明显的金融奴役现象。[①] 例如,1861年签署的《天津条约》,原称即为《和好、贸易、船只事宜和约章程》以及附属的《天津条约附海关进出口货物税则》《通商章程善后条约》和在此之后跟随英国签署的借款等条约都表明德国更加强调掠夺中国的经济利益。其次,德国在侵占胶州湾地区时也一定程度上尊重华人的传统习惯和风俗,如因为当时中国还未分离出专门的司法审判机关而针对华人建立司法行政合一的机构等措施。最后,在胶州湾地区建立了较早的领事法院。

虽然本质上是为了行使领事裁判权,维护德国在华的既得权益,但是某种程度上也影响了近代中国的司法改革,促进了中国尽早实现司法审判与行政之间的分离,有利于专门审判机构——法院的建立。

德国与中国的领事裁判权也能反映出近代中国政府维护国家主权,据理力争的一面。由于“一战”的缘故,德国最早撤废了在华的领事裁判权,一定程度上促进了中德两国平等外交关系的形成,也为与其他国家解决相似问题提供了参考方案。

如在1928年的《扬子江》杂志中就以《德国对华贸易发展,乃无领事裁判权之国》中指出“德国之对华贸易,与他国比较,显在被限制之地位,今则此等限制,均被除去。德之对华贸易,自1925年以来,较诸战前

① Vgl. Friedrich Otte, *Die Chinesischen Staatsverträge*, ZfP 16(1927), S. 69.

之任何时代，均示数字超过，昨年对华输入之货物价格、较1913年之合计，虽仅超越四成八分，然在本年上半期，既达于一千九百十三年之数字，又两年来德国对华输出入，输入一方，已既超越十成，此乃无治外法权之国也。”①同时也提出了当时各国不愿主动撤废在华领事裁判权的问题，“今日各国之不肯撤废不平等条约，反对我关税自主，延长领事裁判权者，其亦以德为鉴哉。”②表明想要以德国作为西方列强撤废领事裁判权的典范，但是由于民国政府势力较小，尚需依靠列强，在此之时并未达成撤废各国领事裁判权、完全维护司法主权的目标，但是依然为之后领事裁判权的废除提供了经验和参考。

北洋政府在欧战末期针对德国以及奥匈帝国领事裁判权的收回，还制定了一系列的办法，也希望以此对其他国家的领事裁判权的收回提供参考。如1917年8月，北洋政府的《管理敌国租界办法》中，在天津、汉口设市政管理局进行管辖，同时“凡德奥租界内敌国人民远设之议事机关应即停止其执行机关，为维持地方公益事务，继续进行起见，应由该局长就地方情形酌定办法。”并在管理局下设“主任局员、顾问、雇员、司书。”③表明北洋政府对于维护中国的司法主权已经做好了相应的准备。这都表明了中国政府在维护自身司法主权上所作的努力。

总之，近代德国在华领事裁判权的存废，还有很多内容值得深入研究。德国在华领事裁判权的确立与废除，也能反映出不同时期中德关系的变化。德国跟随英美法等国通过不平等条约的方式获得在华领事裁判权，又强占胶州湾地区，建立类似殖民地性质的租界，为行使领事裁判权建立了诸多司法机关。在“一战”爆发期间，胶州湾地区被日本

---

① 仲玉：《德国对华贸易发展，乃无领事裁判权之国》，载《扬子江》1928年12月18日，第3版。

② 仲玉：《德国对华贸易发展，乃无领事裁判权之国》，载《扬子江》1928年12月18日，第3版。

③ 《管理敌国租界办法》(1917年8月)，台北，“近代史研究所档案馆”档案，档案号03-36-130-04-026。

占领,汉口、天津租界也被北洋政府强行收回,后来德国虽然多次想要重新恢复在华领事裁判权等其他特殊权益,但是均未能得偿所愿,反映出近代以来中国维护国家主权,维护司法主权的意识越来越强。

西学东渐背景下清代禁烟国家法与民间法规范发展再检视

周佳敏*

［摘要］鸦片问题沉重困扰有清一代，禁烟法律规范不断变化。清代国家法起初以传统罪名和刑罚处罚运输、兴贩烟土者，并将适用范围不断扩大到走私和吸食。驰禁结束后清廷运用科学方法再度厉行禁烟，取得了成功。地方禁烟则很依靠乡绅的协助。清代民间法以禁烟会社类民间规约和禁烟类宗族法为主。禁烟会社类民间规约的早期发展端赖在华传教士和具有西学背景的有识之士，后也发展到普通人中。禁烟在宗族法规的地位从和其他陋习并列上升至单列专条，乃至发展成专门的禁烟族规。在国际上，清政府积极寻求互助，签订了《中英禁烟条约》，并在1909年的万国禁烟大会上取得了外交胜利，为国内禁烟创造了一定条件。

［关键词］西学东渐；清末；禁烟；国家法；民间法

鸦片在中国的历史约起于7世纪，由阿拉伯商人传入大唐，在宋元明时曾以正面形象出现在文学作品和医书中。① 明万历十七年（1589年）始，鸦片被列入关税表，可合法进口，使用者却当作致幻剂吸食，吸烟者和烟馆愈多。直至清代，中国人力、财力因之大为折损。为此，清雍正七年（1729年）开始禁烟。但帝国主义殖民者的走私行径十分狡猾，国内海关受贿纵容，鸦片禁令的成效一直时好时坏。咸丰八年（1858年）清政府正式松弛对鸦片的禁令，史称“驰禁”，导致了烟毒在民间公然泛滥。1890年前后，中国烟民人数约占总人口的10%，其中瘾民人数约占总人

---

* 周佳敏，华东政法大学法律学院硕士研究生。

① 宋代诗人谢迈著：“铅膏细细点花梢，道是春来雪未消，一斛千囊苍玉粟，东风吹作米长腰。茶粒齐圜剖粟子，作汤和蜜味尤宜，中年强饭却丹石，安用咄嗟成淖糜。”明王玺《医林集要》和李时珍《本草纲目》均有记载鸦片药性与制法。参见于恩德：《中国禁烟法令变迁史》，台北，文海出版社1934年版，第4～6页。

口的3% ~5%,即瘾民人数有1500万人左右。① 20世纪初,烟毒波及妇女儿童。在云南,"男妇童孺,类多吸烟"②。在这样的背景下,国家法和民间法对鸦片的规范手段、程度、目的都有很大的变化。

一、清代国家法禁烟规范之变

纵观清史,统治者对鸦片的态度,总体上经历了驰——禁——驰——禁这样的变化。起初承袭明代对鸦片的合法进口政策,在雍正七年(1729年)开始颁布鸦片的禁令,至咸丰八年(1858年)全面放开对毒品的行政和刑事管控,即驰禁,20世纪初又开始限制。其中,驰禁前后对鸦片问题的治理方式方法有较为明显的不同。因此,下文以驰禁为时间节点,论述前后不同时期的禁毒规范。

(一)驰禁前处理毒品的法律规范

针对鸦片问题的法令以雍正七年禁烟条例为首。彼时的法令规定,仍以传统的中华法系罪名、刑罚和刑罚适用原则处置兴贩、运输鸦片者。雍正七年(1729年)条例如此记载:

> 兴贩鸦片烟照收买违禁货物例,枷号一个月,发边卫充军。若私开鸦片烟馆,引诱良家子弟者,照邪教惑众律拟绞监候。为从杖一百流三千里。船户低保邻右人等,俱杖一百,徒三年。如兵役人等借端需索,计藏照枉法律治罪。失察之汛口地方文物各官,并不行监察之海关监督,均交部严加议处。③

收买违禁货物例当时是《户律》下"把持行市"条的条例,④雍正七

① 张永汀:《浅议清末新政时期禁毒的举措与成效》,载《石河子大学学报(哲学社会科学版)》2006年第3期。

② 张永汀:《浅议清末新政时期禁毒的举措与成效》,载《石河子大学学报(哲学社会科学版)》2006年第3期。

③ 参见于恩德:《中国禁烟法令变迁史》,台北,文海出版社1934年版,第16页。

④ "会同馆内外四邻军民人等,代替外国人收买违禁货物者,问罪,枷号一个月、发近边卫充军。"参见田涛、郑秦点校:《大清律例》卷十五,《户律·市廛·把持行市·条例》,法律出版社1999年版,第269页。

年(1729年)时兴贩鸦片烟的犯人照此处罚,其行为被定位成扰乱市场交易秩序。为什么当时并不禁止鸦片进口,却将"鸦片烟"作为违禁货物?这是因为,在1729年,鸦片和"鸦片烟"并不是一回事。鸦片是允许贸易的一种特效药材,"鸦片烟"是烟草与鸦片的成瘾性拌合物,是二者的合称。"鸦片烟"与鸦片混为一谈是乾隆中后期以后的事。[①] 所以当时清廷一面允许海关进口鸦片,一面又在国内查禁"鸦片烟",这与收买违禁货物例是不矛盾的。私开鸦片烟馆者以《礼律》下"禁止师巫邪术"[②]条的条例论处,"师巫邪术"主要是利用各种"左道异端"之术(如书符、咒水、扶鸾、祷圣等)煽惑人的行为。大概意在与神灵世界发生非法联系(不管这种联系是真实的还是假想的)。将鸦片烟馆与异端煽惑牵上关系,是因为鸦片烟馆当时是炮制鸦片与烟草混合物的场所,时人形而上学地认为这种行为类似"烧炼丹药"的异端之术,也就如此定为条例了。按说雍正初年,中外对鸦片的毒性都已经有具体的认识。"(爪哇人过度依赖鸦片,以至于)使这个民族都浑浑噩噩的,商业和军队都很颓废"[③],仍拟照毫不相干的旧律定罪,只能说明清代立法者习惯性地适用《大清律例》的现有规定解释"断罪无正条"的新型社会问题,有意或无意地忽视了毒品之于社会管理秩序和国民卫生健康的特殊危害。

至于实际行刑方面,道光年间,兴贩鸦片者不仅要枷号一个月和发近边充军,还不允许亲老丁单者存留养亲。《刑案汇览》载道光十年(1830年)"种烟熬烟贩卖容留加严治罪"一案中,拟按照雍正七年条例

---

① 参见(清)萧令裕:《粤东市舶论》,载《海国图志》卷七;(清)包世臣:《齐民四术》卷十一,载《安吴四种》卷三十五。

② "各处官吏军民僧道人等,来京妄称谙晓扶鸾祷圣,书符咒水,一切左道异端邪术煽惑人民,为从者;及称烧炼丹药出入内外官家,或擅入皇城,夤缘作弊,希求进用,属军卫者,发边卫充军,属有司者,发边外为民。若容留潜在,及荐举引用,邻甲知情不举,并皇城各门守卫官军不行关防搜拿者,各参究治罪。"参见田涛、郑秦点校:《大清律例》卷十六,《礼律·祭祀·禁止师巫邪术·条例》,法律出版社1999年版,第277页。

③ 连东:《鸦片罂粟通史:欲望、利益与正义的战争》,上海社会科学院出版社2018年版,第71页。

以收买违禁货物例充军的犯人邓八供明亲老丁单,企图留养。应对如此要求,道光皇帝认为:

> 惟鸦片烟贻害生民,屡经严禁,而奸徒仍敢藐法贩卖,罪既无可复加,若再以亲老丁单准其留养,殊不足以儆藐玩。……嗣后遇有兴贩鸦片烟之犯,供明亲老单丁者,着将此案声叙请旨。①

旻宁作为一位虽不高明,却恪守贤主之道的皇帝,一向厉行禁烟。尽管面对广东洋商的走私行径时他心有余而力不足,但对于国人的处罚还是应严尽严。存留养亲制度是律中施"法外之仁"的特款,凡犯死罪"非常赦所不原"②者,可以奏请上裁减免收赎。基于对孝的保护,清律将明律的留养限制又放松。排除谋反、谋大逆、谋叛种种不准留养的苛刻条件后,兴贩鸦片烟的邓八仍不可留养免刑,可见,统治者把禁烟的重要性提升到维持政权稳定的高度上。除了普通民人,宗室、觉罗皇族吸烟的也照惩无纵。邓八贩烟案发同年,宗室吉万等开场窝赌亦案发,该案中,宗室吉万伙同他人开设赌场并携带鸦片自行吸食。吉万被查拿后,比照的条款正是嘉庆十八年(1813年)禁止买食鸦片例"军民人等买食鸦片烟者,俱杖一百,枷号一个月"。③ 道光十九年(1839年)《查禁鸦片章程三十九条》颁布,规定宗室觉罗吸烟者,发往盛京严加管束;如系职官及王公,均革职革爵,发往盛京,永不叙用,不能在一年六个月内戒除烟瘾的,处以和民人同等的绞监候。相比之前的皇族犯管

---

① 参见(清)祝庆祺等编:《刑案汇览三编》,北京古籍出版社2004年版,第426页。

② 明律的"常赦所不原"专条规定是:"凡犯十恶,杀人,盗系官财物,及强盗,窃盗,放火,发冢,受枉法、不枉法赃,诈伪,犯奸,略人,略卖,和诱人口,若奸党及谗言左使杀人,故出入人罪,若知情故纵,听行藏匿,引送,说事过钱之类一应实犯,虽会赦并不原宥。其过误犯罪,及因人连累致罪,若官吏有犯公罪,并从赦宥。其赦书临时定罪名特免及减降从轻者,不在此限。"清早期承袭该规定,未有改动,执行一如既往。

③ (清)宗人府左司:《为正蓝旗宗室吉万等开场窝赌一案刑部办理完结行文各该处事》(道光十年八月三十日),《宗人府说堂稿》(旧整),中国第一历史档案馆档案,档案号06-01-002-000120-0110。

杖徒流等正刑可换刑折罚,发盛京管束不在正刑之内,超越了折罚的适用范围,加大了对皇族吸食鸦片烟的惩治力度。在地方上,禁烟一般表现为官府的行政行为。如林则徐在武昌和虎门禁烟时,首先收缴烟土、烟膏、烟枪和一切枪具,并遍贴告示,以明政策,鼓励自行投首,"呈缴者姑许自新,隐匿者力加搜捕,不究既往,严儆将来。"①鸦片的查禁对于无事并不滋扰民众的小政府来说,显然是当时地方工作的大头。

洋商和港脚商人在当时的澳门、虎门以及伶仃洋上运输鸦片,再在无官兵监管的私人港口交易给行商,行商再出售给烟馆或个人,这就是鸦片贸易的闭环。清廷清楚地认识到这是广东、福建等沿海地区大部分鸦片的来源,因此将毒品犯罪的打击范围扩大到近海地区。道光十九年(1839 年)中英鸦片战争前后,在林则徐等人的大力吁请下,清政府再度下令禁烟,尤禁夷人洋船进口夹带鸦片,违者,不分华、夷,罪至斩决。这些禁令曾有八条之多,作为条例,收入律例。及至1840 年鸦片战争中国失败,也不曾从律例中撤出。战后,许乃济、邓廷桢这等驰禁派也并非立即占据上风,御史袁玉麟、鸿胪寺卿黄爵滋以及多省的督抚将军痛心于烟毒对清国和臣民们的贻害无穷,仍旧呼吁禁烟。然而,清廷的财政问题日渐严重,正应了那番预言——"中原……无可以充饷之银"。以至于预言者——鼎鼎大名的主禁派大臣林则徐迫于白银外流,竟支持内地栽种罂粟。② 加之鸦片洋商和驰禁派极力说明鸦片开禁有如何的经济利益,咸丰七年(1857 年),始对吸食鸦片烟实行禁官不禁民的政策。

(二)驰禁后处理毒品的法律规范

自 1858 年鸦片驰禁以降,到 1911 年帝制政府倒台,清代对毒品的态度呈现了由驰到禁的变化。这"驰"的外因是受制于国力孱弱,洋商使鸦片无孔不入;内因是经济上的压力使清政府不得不就税收另辟蹊

① 中国人民政治协商会议武汉市武昌区委员会编:《武昌文史》(第 8 辑),中国文史出版社 1992 年版,第 67 页。

② 参见(清)林则徐:《复署江南抚州府文钞》,载《林则徐全集》(第 8 册),海峡文艺出版社 2002 年版,第 116 页。

径。而“禁”是清末新政后,一直以来的禁烟需求再度燃起,国际上兴起的进步主义思潮也为国内禁烟创造了良好的环境条件。

1. 鸦片通行条例与“寓禁于征”

咸丰初年,民生凋敝。太平天国运动使地方控制力又下降,还有军饷要贴补,加之禁烟已几乎成为了不可能的任务,清廷只好采纳许乃济等人的办法,“寓禁于征”。因此,在雍正年间禁止兴贩、售卖鸦片的定例仍保留在律例的情况下,清政府于咸丰九年(1859年)放宽了对鸦片通行的限制。新规定要求,不许官员、兵丁、太监涉烟,不许民人聚众吸烟。① 后又在“私出境外”及“违禁下海”条下增添有关鸦片的六条通行条例,强调不准开设烟馆(此时烟馆已经从炼鸦片烟的场所变为瘾君子吞云吐雾的地方)。② 但这些有限的限制形同虚设。前述道光年间关于鸦片的八条禁令,也在同治九年(1870年)清廷最后一次正式修订律例时删除。国家表面上的禁烟文章也作不成了。光绪二十五年(1899年)修订《大清会典事例》时,虽然恢复了八条禁令,但六条通行条例仍没有收入。个中缘由,恐怕不论鸦片的自产自销如何能减轻经济的压力,鸦片种植、贩卖、吸食已是社会公认之恶事。清政府虽堪堪维持国政,亦明白鸦片通行可耻,因而不敢使之入典、律。

在“寓禁于征”的阶段,对鸦片的管制重点主要在“抽厘”方面。咸丰七年(1857年)就有过在内地抽取烟厘,以充江南军饷之议。当时讨

① 《清会典事例》议准:“所有官员、兵丁、太监兴贩、收买、吸食洋药……俱仍照定例办理。如系民人,聚集人数至五名以上者,按照赌博例问拟。”参见《清会典事例》(第9册),中华书局1991年版,第1019页。

② 这些通行条例有如下内容:(1)重申咸丰九年(1859年)京师步军统领衙门、崇文门商税事务衙门奏准的特许京城三十六家洋货商人售卖鸦片,但要改称“洋药”,并且一定要向税务部门报税。(2)对“洋药”买卖中的商人漏税、差役索诈、胥吏走私、土棍包揽等不法行为要严惩。(3)特别禁止开设吸食烟馆,怕的是“廛之间,三五成群,俾昼作夜,荡家失业,人尽卧游,非特聚集匪类,亦恐引诱善良,殊不足以彰教化而维风俗”。(4)既然不准开馆吸食,开店售卖是否可放开一点,不只限于三十六家?同治二年(1863年)刑部认为似可允准,只要税务衙门认为“无关碍税课”就可以了。参见郑秦:《清代法律制度研究》,中国政法大学出版社2000年版,第65~66页。

论的结果是鸦片每百斤抽收银二十两,但实际操作时有抽收侵吞入己情弊。因此,时任两江总督何桂清上言,与其使一班贪官污吏侵吞其利,不如开放烟禁,由中国政府与英人直接在通商税则里议定。因此,1858年订立的《中英通商章程》第5款商定了"洋药"每百斤纳税银三十两;还规定《天津条约》的相关规定都不能适用于鸦片,内地关税还听中国自己另行决定;之后如修改税则,也不能按照其他货物决定鸦片的税率。税则议定,外洋及内地客商,在各省关口贸易者均照上海一律输税。依酌定税则上海一口议定每百斤税银三十两。至崇文门及各省由旱路转达者,则每百斤纳税二十两,减十两作为脚费。一切缉私章程均照各关税口定例。为了防止中饱私囊,清政府还规定所征此项税课不必归入各关税额报部,而自接到部文之日为始,每三个月报部解库,各省不准留用,以免夜长梦多。[①] 当然,洋商的利润空间不会因为关税而压缩太多,因此这个举措不能阻止鸦片的大批输入。然而内地厘税取自本国人民。一经成瘾,吸烟者为了购买昂贵的鸦片,则不得不倾家荡产、卖儿鬻女。所以"寓禁于征"政策的重点在"征"不在"禁"。允许鸦片通行,只是加速了吸烟者的家破人亡,实乃自欺欺人,利令智昏。此后中英关于鸦片的问题,多在中国不能随意抽税和税率的商定上。在这陷溺甚深的时局下,朝廷和民间尚有一些禁烟活动,但收效困难。

2. 进步主义思潮与清末禁烟新规

近代以来,西人对鸦片多有接触,对其认识也从效用极佳的药物逐渐变得科学。在英国,最先作出反应的是医疗行业。1868年,英国议会认识到了鸦片的危险性,并颁布《毒品药店法案》(The Pharmacy Act)[②] 以规范贩卖鸦片等麻醉制剂的法律主体,但特意强调不适用于"从大不

---

① 参见于恩德编著,姚建龙校勘:《中国禁烟法令变迁史》,中国人民公安大学出版社2021年版,第86~94页。

② 全称为《规范毒品销售法案与1852年〈药店法〉的修订案》(An Act to Regulate the Sale of Poisons and Alter and Amend the Pharmacy Act)。

列颠出口这些毒品的经销商"①。但随后,英国政府关于对华鸦片贸易的政策有所转变。这一是因为19世纪80年代以后,中国的鸦片市场这种土烟的比例逐渐增大,英国对华鸦片贸易输入量逐年减少,利润降低。二是因为各国传教士同情中国民众处境,在英国对中国毒品泛滥的情况大加宣传。英国传教士格里菲斯·约翰(Griffith John)曾在中国生活35年,调查到中英鸦片贸易"使贫穷渗透到这个国家(指中国——引者语),并迅速影响着这个国家的后劲,它把这个世界上最勤劳的人民变成一个无助的闲人"②,于1891年公开发表文章一篇,其名即为《中国的诅咒与英国的罪恶》(*China's Curse and Britain's Guilt*)。1906年5月,自由党赢得英国大选,并建议结束鸦片贸易,中国鸦片输入的压力减小。同时,中国国内的民族主义浪潮也不断兴盛,民间禁烟热情较高,禁烟得到了绝佳窗口期。当年清廷即颁布时隔将近半个世纪的禁烟法令——《禁烟章程》:

> 自鸦片驰禁以来,流毒几遍中国,吸食之人,废时失业,病身败家,数十年来日形贫弱实由于此,言之可为痛恨。今朝廷锐意图强,亟应申儆国人,咸知振拔,俾祛沉痼而蹈康和。著定限十年以内,将洋土药之害一律革除净尽。其应如何分别严禁吸食,并禁种罂粟之处,政务处妥议章程具奏,钦此。③

这样一个纲领性的禁烟文件开启了清政府禁烟的新阶段。1908年,清政府专门任命禁烟大臣,设立禁烟所。随后禁烟大臣制定了专门查验和禁止各级官员吸食鸦片的法律,如《禁烟查验章程》《续拟禁烟办

---

① George Kettilby Rickards, *The Statute of the United Kingdom of Great Britain and Ireland*, 31 &32 *victoria*, 1867 – 8, *cl21*. *CAp. CXXI. An Act to Regulate the Sale of Poisons and Alter and Amend the Pharmacy Act*, 1852, George E. Eyre and William Spottiswo, 1868, p. 585 – 586.

② Griffith John, *China's Curse and Britain's Guilt*, in Bristol Selceted Pamphlets, No. 8, University of Bristol Library, 1891, p. 3.

③ 于恩德:《中国禁烟法令变迁史》,台北,文海出版社1934年版,第124页。

法》《续拟严定禁烟查验章程》等，并在中央和地方设立禁烟公所，以监督各级官员的行为。光绪皇帝亦为昭示禁烟的决心，对6个月戒断期限已到而不悔改的吸烟官员分别处置："降旨将无视禁烟令的睿亲王魁斌、庄亲王载功、左都御史陆宝忠、副督御史陈名侃等暂行开缺"①，杀一儆百；其他各地官员再延期3个月，凡期限已满未戒断毒瘾或者在查验中弄虚作假的，立即革职；毒瘾戒断后在抽查、复检中，被查出戒断后又复吸的，也立即革职。② 官员中的禁毒措施取得了良好的效果。

对烟土的严禁已势不可挡，志在兴国或政治敏感的地方官员一旦接到命令，往往会采取更严厉的禁烟举措。又基于千百年来的政治习惯，20世纪初的中国基层官员仍然需要借助地方乡绅的力量才能影响到"皇权不下县"的小农社会。光绪十五年(1889年)，温州瑞安二十一都绅耆禀请知县示禁烟、赌等陋习的碑刻，就是官绅合作以移风易俗的很好例证。据该县二十一都绅耆禀县称，其地上湖地方，"近有不法之徒开设烟馆，客留匪类，乘间肆窃，并敢开设赌场，引诱良家子弟，以致废时失业。"知县杨文斌示禁云：

> 仰该处居民人等知悉：尔等须知开设烟馆，窝留匪类，引诱赌博，贻害良民……均于例禁。自示之后，务各痛改前非。倘敢不遵禁令，仍蹈旧辙，一经访闻，或被告发，定即提案从重究办，决不宽贷，其各凛遵毋违。③

禁烟的执法措施逐步发展，比树碑示禁更加具有强制力了，这在某种程度上可能反映了特殊的社会背景下清代统治阶级对强化社会控制的渴望。瑞安士绅张棡在其1909年的日记中记录了一条知县下乡所

① 崔敏主编：《毒品犯罪发展趋势与遏制对策》，警官教育出版社1999年版，第186页。

② 参见张洪成：《毒品犯罪刑事政策之反思与修正》，中国政法大学出版社2017年版，第50页。

③ 尤育号：《因地制宜：晚清温州士绅社会研究》，上海三联书店2019年版，第153～154页。

传拔除烟苗示谕:"限尔乡农五日内自行拔种,如再违抗,五日后带兵锄苗,园田充公,本人办罪。"①但地方的禁毒并非如此就能一帆风顺。日渐强化的地方禁烟措施在实现官员个人仕途的同时也伴生着官民冲突的频发,甚至出现冲突规模的升级。如1910年《东方杂志》就曾报道了发生在瑞安的禁烟冲突:

> 温州府吴太守,去冬曾禁烟事巡历各属。乡民误会其意,以为官长不主张严禁,遂致纷纷补种。腊月间,瑞安县绅界创办禁烟公所,遵派妥员,分赴各乡查勘。居然烟田连阡,并访有不肖差保从中贿庇,据实禀县提办。吴令当将乡民提案,勒具禁绝甘结,从重罚锾,作为禁烟费用,类此者多至十余起。今正开印后,复率领差捕,并招募亲兵五十名,先到大小港地方,声言督毁烟田。所率兵差复向种烟村落按户派饭,每次须数十桌,并罚缴工金兵费,视种烟之多寡为率,自数十元或百余元不等。乡农慑于官威,敢怒不敢言,一连数日,兵差所至,怨毒日深,遂有联合各乡众驱逐之举。正月二十七、八等日,兵差方在某村搜索之际突闻炮声,纷纷四散逃避。百姓见兵差已遁,放胆鸣锣追袭,霎时万众响应,致当场枪毙亲兵二名重伤十余名。朱令即漏夜飞报本府,称为匪徒揭竿,电禀抚台要求派兵剿办云。②

事发后,温州知府率兵至瑞安弹压,"乡民之贫而种烟者,早经逃避,兵役等大有所获"。然而,"其已经拔除之家,咸迁怒协同劝导之士绅。官兵撤回后,凡劝导最力之家,群被劫毁,而以柴桥头王旦家为尤甚。因官吏到乡,实主其家,王又力助官吏,阻止乡人种烟,故众人恨之

① (清)张棡撰,余雄选编:《张棡日记》,上海社会科学院出版社2003年版,第149页。

② 尤育号:《因地制宜:晚清温州士绅社会研究》,上海三联书店2019年版,第155页。

切齿，至将其房屋捣毁，银钱服物，抢劫一空云。”①此案真实地展现了官、绅、民三种不同的群体在清末禁烟运动中的不同表现：地方官虽厉行禁烟，但又借禁烟肆意勒索，随意摊派；地方士绅则组织禁烟公所，介入禁烟事务，在地方禁烟中扮演了不可缺失的角色，是禁烟的积极倡导者；面对官府联合士绅的禁烟活动及勒索摊派，民众则合力反抗，并将矛头指向附和官府的地方士绅。晚清时期地方禁烟可被视为地方社会内生的社会组织与地方官府面对地方社会秩序的一种互相整合，互相协调。但禁烟的成效似乎不彰，又显示了在烟毒陋习上官府治理与士绅以及民间自治相互动的传统治理模式的困惑与无奈。②

二、清末民间法禁毒规范之变

（一）禁烟社类民间规约的变化

民间规约是指某一特定地域、组织或人群，按照当地风土民情和社会生产与生活习惯，由一定的组织、人群共同商议制定，某一特定地域、组织或人群在一定时间和范围内共同遵守的自我管理、自我服务、自我约束之共同规则与约定。③ 明清时期的民间规约内容丰富，类型复杂。既包括乡村的村规民约，也包括城市里的行业类规约；既有身体上互帮互助的会社类公约，也有宗教活动管理类的规约。在诸多的民间组织中，会社的成立是基于各路人士的共同意愿，相较于身份类规约比较自由，原本常以完粮纳税、借贷接济、丧葬之礼等方面的互助为宗旨。④ 但甲午战争失败后，中国国内掀起了救亡图存的民族主义浪潮。有识之士，无论乡里耆老还是年少书生，都有很强的禁烟热情。因此各地也出

---

① 《补记温州禁烟扰民事》，载《东方杂志》1910 年第 7 卷第 5 期。

② 参见尤育号：《因地制宜：晚清温州士绅社会研究》，上海三联书店 2019 年版，第 156 页。

③ 参见卞利：《明清徽州社会研究》，安徽大学出版社 2004 年版，第 262 页；刘笃才、祖伟：《民间规约与中国古代法律秩序》，社会科学文献出版社 2014 年版，第 25 页。

④ 关于中国古代会社组织的研究，参见宁可：《述“社邑”》，载《北京师院学报（社会科学版）》1985 年第 1 期。

现了不少以禁烟为宗旨的禁烟社,它们的组织规则在举国上下的禁烟思潮中充当了民间法主力军。

民间禁烟运动的开展最早可能受到了在华传教士的影响。兴起于维多利亚时期英格兰的道德模式戒毒办法,以宗教教诲、基于宗教的良心谴责和隔离忏悔为特征。[①] 西方传教士们来到中国时,也把天主教对鸦片的不妥协态度带到了中国社会中。加拿大医生启尔德在其书中写道:"传教士们充分利用合法影响发挥最大作用,并且期待在中国完全消除鸦片祸害……中国人民福音发展的最严重的障碍将被除掉。"[②]可见,来自天主教教义是促进清代早期民间禁烟的一个重要思想因素。1890年,各国传教士在上海召开大会,通过六条禁烟例案,表示反对鸦片贸易,并准备在中国成立一个统一的禁烟会,指导各地教会做禁烟工作。[③] 在传教士倡议禁烟之前,禁烟活动基本由官方推动。尽管一些宗族也有训诫族人不许吸烟的家法,但难以形成整个社会面意义上的禁令。尤其在1858年"禁官不禁民"后,民间抽鸦片的状况又更加恶化了,想让物质上和精神上皆以鸦片为生的中国人戒毒难上加难。各国传教士们的异乡人身份让他们少了一份乡土社会的家庭束缚,由他们成立的禁烟组织一定程度上启示和激励了中国民间的禁烟事业。

就禁烟社创立的早期历史来看,其国人举办者大多受西方思想影响深刻,部分人有留洋的背景。以郭嵩焘为例,他曾担任广东巡抚,对英人输入烟毒、戕害百姓的情况比较熟悉。1876年,郭被派往英国担任首任驻英大臣,成为中国首位外派常驻使臣,1878年又兼驻法大臣,对西方社会的直接接触影响了他对国家事务的看法。尽管次年郭即归国不仕,但仍然非常关心国家进程。1879年10月,郭嵩焘在湖南故里建立了禁烟公社,规定入社者必须不染烟毒,并且必须劝说亲友戒烟。禁

---

① 参见李晓凤主编:《禁毒社会工作的"精细化"标准研究——以珠江三角洲地区为例》,中国社会出版社2017年版,第41页。

② [加]启尔德:《治病救人》,戚亚男、戚乐译,天地出版社2020年版,第70页。

③ 参见张永汀:《浅议清末新政时期禁毒的举措与成效》,载《石河子大学学报(哲学社会科学版)》2006年第3期。

烟公社定期开会，宣讲禁烟道理，散发宣传材料。禁烟公社成立的第二年，郭的家乡便取缔了烟馆，种烟地亩也改种了粮食，取得一定的成效。徐勤是康有为最为信赖的弟子，曾在《知新报》刊登长篇论文《地球大势公论》，有坚定的资产阶级维新思想。1898 年春，徐集结志士，在日本横滨发起了戒鸦片烟会，并在当时的广州、上海、香港、澳门等地设立分会，编写印刷禁烟宣传材料，传示各地，并配制戒烟药剂药方散发给烟民，影响广泛。参赞许珏曾随薛福成出使英、法、意、比等国，在英期间受英国禁烟思想的影响，归国后也力倡禁烟，并拟具了详细的禁烟计划，因朝廷未予采纳，遂回到家乡无锡，于 1900 年成立了戒烟局，欲从改良家乡风气做起，将禁烟措施推广全国。他参用林则徐曾推行过的戒烟药方配制戒烟药丸，低价发售，并请来医生为烟民提供针对性的诊治。

随着时间的推移，民间禁烟组织的设立不限于有西学背景者，逐渐下沉到了市井群众。1904 年，福建商会亦自发组织了一个禁烟团体去毒社，参加者不限于商人，凡有志于禁烟的人士皆可入社。去毒社的规定是非常典型的民间规约，其要求凡有新染鸦片烟瘾及开设烟馆者，本人及其子弟不准入校学习；伙友、学徒、雇工中有新染鸦片烟瘾者，不准雇主收用；有房产者，不得租与人售烟；有田地者，不得租与人种烟。[①] 民间的禁烟社类规范逐渐影响到了和群众接触较多的官方机构。去毒社成立同年的 7 月，湖南学政也拟定了“学校禁烟办法”，童生责成廪保，生员责成教官，实力稽查，共相劝戒。使知生员中有烟癖者，必不得优等，童生中有烟癖者，必不得入学。这个办法得到了朝廷的认可，很快推广到了全国各省市。[②] 除了对学校的影响，1908 年三月《申报》的一篇报道也能佐证民间势力对官方禁烟的自发帮助：

> 温郡大小各烟间，于去年六年间经前任永嘉县丁维晋大令严申禁令，已一律闭歇，后尹澄甫大令到任，不甚注意，仍逐

① 参见蒋秋明、朱庆葆：《中国禁毒历程》，天津教育出版社 1996 年版，第 178 ~ 180 页。

② 参见于恩德：《中国禁烟法令变迁史》，台北，文海出版社 1934 年版，第 116 页。

> 渐复开,迩来,大街小巷到处皆是,较之往年为尤甚。绅士徐伯英等爰于前日纠集同志,议设调查禁烟社,以助官力之不及,其所订章程悉照杭州禁烟社办理。①

该报道提示了两条重要信息,温州各地烟馆从“一律闭歇”到“逐渐复开”,表明清末官绅禁烟的无奈与困局;温州设立“调查禁烟社”之类禁烟组织的设立,章程则依杭州禁烟社办理,也反映了清末地方禁烟的组织化发展。该“调查禁烟社”成立后与官府协同禁烟,颇有效果:

> 烟馆全部被关闭,大部分鸦片吸食者戒了……现在,鸦片吸食者必须向新成立的戒烟局申领有效期3个月的许可证,并且与消费量成比例地缴纳费用,申请者必须承诺减少吸食量。以这种方式惩戒鸦片吸食者,而且任何人被发现未经官方许可吸食鸦片,都要罚款。②

徐伯英有无留洋经历,不得而知,但他发起的民间会社能够自发相助官府禁毒,这说明20世纪初普通民人的主人翁意识和个人觉悟有一定提升,这是清末西学之风深入民间禁毒事业的证明。

(二)禁烟类宗族法的变化

宗族法形成于中国特有的宗法制和宗祧继承制之下,是对宗族内部具有强制约束力的民间法,在基层社会管理中发挥了重要的作用。在嘉庆以前,大部分宗族法对家族成员的规范无非在经济上的互助、修身养性和六礼等方面的内容。但在嘉庆以后,一定数量的禁烟罚则产生了。鸦片大量流入造成了很多家庭倾家荡产、沦为道旁饿殍的惨剧,而开设烟馆更是为害一方。为保家族在乱世中存续,强调远离洋烟是

---

① 尤育号:《因地制宜:晚清温州士绅社会研究》,上海三联书店2019年版,第154页。

② 《瓯海关十年报告(1902-1911)》,载赵肖为译编:《近代温州社会经济发展概况:瓯海关贸易报告与十年报告译编》,上海三联书店2014年版,第251页。

这一时期宗族法的重要主题。[①] 根据美国学者王刘慧珍对刻印于1912年至1936年的一百五十一种中国谱牒之统计情况来看,共有12部族规禁止族人吸食鸦片,其中有两部给出了明确的处罚。[②] 在清代宗族法的早期观点中,吸烟属于修身问题,多和赌博、酗酒同条规定,适用一样的责罚方式,很少单独出现,不过处罚力度还是比较大的。1884年《宁乡熊氏祠规》规定:"贪吃洋烟,吃斋茹素,该房长传亲属父兄捆送入祠,枷号一月。倘犹不改行,枷号三月,后必改悔乃止。"[③]1895年合江李氏制定的族规、族禁中"戒习染"一条,把吸烟与嫖娼、赌博、酗酒并列为"习俗之坏人子弟"之"显者",又将入会结盟、干预词讼、隶卒贱役作为恶习续列其后,"违者黜之勿齿"[④]。说明此时吸烟在宗族法制定者心中是有很大危害性的,但也只是和传统思想里的陋习和低贱职业等同,这和后来烟毒进犯中国男女老少的危害性显然是不匹配的,促使宗族法对吸烟问题的重视持续强化,一些宗族选择报官依国法处置,说明宗族法对子弟吸烟行为的处理开始和国家法保持一致立场,如1908年《秦州西厢里张五甲张氏宗谱》、1909年《湖南益阳龚氏九修支谱》均规定吸毒即学习洋烟者禀官严办。[⑤] 1909年《万载白良袁氏家规新增二条》已很好地解释了他们家族对待吸烟的态度变化及原因:

嘉、道之际,洋烟入中国者尚少,故我族《家规》十九条未曾悬以为戒。今则毒痛十八行省矣。偶尔一尝,精神焕发;一经上瘾,遂成废人。过瘾无资,遂成盗窃。呜呼,人皆可以为尧舜,乃自沦于废人盗窃也耶。今国家禁烟言切,中土不得栽

---

① 参见刘蔚:《清代家族法中的"礼"——以〈中国家谱资料选编〉为研究对象》,云南大学2019年硕士学位论文,第47页。

② 族谱的内容一般具有稳定性和传承性,这些民国时期的族谱刻本至少是自清代继承而来的。参见费成康主编:《中国的家法族规》,上海社会科学院出版社1998年版,第117~119页。

③ 费成康主编:《中国的家法族规》,上海社会科学院出版社1998年版,第312页。

④ 费成康主编:《中国的家法族规》,上海社会科学院出版社1998年版,第334页。

⑤ 参见王涛:《明清家族法罚则研究》,贵州大学2022年硕士学位论文,第33、35页。

罂粟,并约外洋不得以毒药相戕贼,将来土膏不继,吸烟者有死而已,何不及早回头,死中求活,日减釐而月减钱,以待来年而后已,可也。出地狱而登天堂,是所望于改过勇决者。①

宗族法在转型的过程中,出现了民间组织化的倾向。甲午战败后,前文提及徐勤创设之戒鸦片烟会得到了当时澳门爱国人士张寿波的积极响应。张不仅在组织澳门戒鸦片烟分会中发挥了重要作用,还向自己的宗族香山沙尾乡张氏发出了成立戒鸦片烟会的倡议,得到了全族一千多人的赞成,数日间就成立了戒鸦片烟会。此时清政府尚未重兴禁烟事业,民人吸烟和开设烟馆不受国家法律规范的处罚,但有识之士却能促使宗族对禁烟大加重视。《香山沙尾乡张氏大同戒鸦片烟会约章》的规定受到维新派戒鸦片烟会规约的影响,规范比较全面、成熟。其规定族中未曾沾染烟瘾之子弟若犯戒,不仅被勒令一年内戒断,还要受罚停胙,革胙时间甚至可以长达终生。对于已有烟瘾的子弟,诚心悔改的,族中可以发给戒烟丸药,否则加倍罚银。② 虽然执罚仍是革胙等家族法的传统方式,但该规范在组织参与上比传统的宗族法有更大的自由空间,这也反映了清末禁烟民间法从身份到契约的一个转变,是西学影响下社会秩序进步的体现。

三、中西合流:20世纪初的禁烟国际规范

(一)中英禁烟交涉与《中英禁烟条约》订立

相较于1858年驰禁以前的禁烟措施,清政府在新政时期禁烟取得很大成效。这一方面有国内禁烟热情高涨、禁烟运动迭起的原因;另一方面也得归因于《中英禁烟条约》的订立,否则禁烟措施将不会那么快见效。清代统治者在丧权辱国的半个世纪中逐渐习得了近代外交

① 上海图书馆编,陈建华、王鹤鸣主编:《中国家谱资料选编》,上海古籍出版社2013年版,第659页。

② 参见费成康主编:《中国的家法族规》,上海社会科学院出版社1998年版,第341~342页。

的方式。他们深知鸦片大多源于英国，想要禁绝国内烟毒，仅惩治国内种烟、贩烟、吸烟者是不行的，还要切断英国从印度输入烟膏的可能性，这就需要进行国际交涉，签订有法律拘束力的国际条约。如前所述，1906 年，英国向华输入鸦片的意愿下降，清政府抓住窗口期，于 1907 年开始中英禁烟交涉。外务部与英公使几经交涉，最终商定禁烟条约。

同时，英人声明上述条款只先试行三年，如果中国的栽种、吸食鸦片情况确实减少后才继续履约，足见西方社会对中国人禁烟事业的藐视态度。《中英禁烟条约》订立后的三年内，英人如约对中国逐年减少 10% 的鸦片输入，到 1911 年减少到 2800 担以下。[①] 清政府亦害怕若再次禁烟失败，失信于洋人，会受到国际社会的耻笑，所以屡屡颁布严格的法令雷厉风行地禁烟，对毒品从种植、贩卖、吸食整条产业线同步打击，种植端成效尤为明显，各省均定于宣统元年（1909 年）底一律禁绝种烟。三年试行期满后，英国对于中国减种罂粟成效卓著十分满意，同意继续在接下来七年内继续履行条约，又新定了《中英禁烟条约》十条及附件十条，其中最要之一条即第 3 条："无论何省土药已经绝种他省土药亦禁运入显有确据，则印药亦不准进入该省。惟严明广州上海二口应为最后之结束，务须俟中国政府行以上办法，始可将该口禁止印药入口。"单就我国禁烟法律而言，对于贩运吸食鸦片以及类似毒品，还有吸食的器具，都在刑律内规定专条严加制裁。对于种植以及监督人员，另定禁烟罂粟条列，分别赏罚，以省督课。尽管满族人的政权没有坚持到条约履行完毕的那一天，但条约还是如约在民国六年（1917 年）底完成了它的历史使命：一到十年之期，英国人抛弃鸦片贸易的大利，把印度烟药的运输按照约定停止。《中英禁烟条约》的签订和成功施行堪称清末中国利用国际法手段成功禁烟一大典例，也大大提升了中国的国

① 参见徐雪筠等译编：《上海近代社会经济发展概况（1882 ~ 1931）》，上海社会科学院出版社 1985 年版，第 141 页。

际形象。①

(二)万国禁烟大会与多国共识

20世纪初与禁毒有关的另一外交事项是1909年在上海召开的万国禁烟大会,这也是"禁毒外交"的一个重大突破。在会前的1908年秋季,各省为了迎接万国禁烟大会的召开,纷纷奏请缩期禁烟。② 从烟土缴纳的税款数额逐渐短缺可见鸦片的进口箱数一路走低,大会尚未开办即对禁烟官民产生很大的影响力。1909年农历正月十一日起,二月初七日止,在法租界汇中旅馆开设万国禁烟大会。外务部派刘玉麟、徐华清等五人为会议专员,又派两江总督端方为总代表,可见清廷对这场大会的重视程度。莅会诸国为中、美、英、德、法、俄、意、日、荷、奥、匍、波斯、暹罗等13个国家,先后展开了14次会议,所议定的草案由各国代表交其本国政府察阅,如认可则印刷通行之。最终大会通过了九项决议,记述如下:

(一)中国政府,以禁除全国鸦片烟出市行销之事,视为重大,实力施行,且舆情协助,得以日见进步。故本会会员承认中国之坚诚,虽各处成效不一,然已获益不浅矣。

(二)因中国政府,有实行禁阻吸烟之例,他国亦同有此举动,故本会敦请各代表,陈请该政府,于其本境或属地内,体察各国情形,逐渐推行吸烟之禁令。

(三)本会查得鸦片烟之用,除作医药外,在会各国,均视为禁物,有颁行严密条例,使之逐渐销灭。因此本会承认,各国情形虽有不同,惟应敦促各国政府,借鉴别国办理之经验,考订其取缔规则。

(四)查各国政府,均有严厉法律,其宗旨或直接或间接,

① 时人罗运炎记述道:"于是毒害人类的鸦片,几乎宣告肃清,而我中华民族,居然因此博得人的一致啧啧称赞。"参见罗运炎、姚建龙校勘:《中国鸦片问题》,中国人民公安大学出版社2021年版,第100页。

② 参见刘增合:《鸦片税收与清末新政》,北京三联书店2005年版,第298页。

以禁止鸦片烟,暨鸦片质提制之品,私运入国,用此本会会员声明,凡与会各国,均有责任订立相当之规例,以禁止鸦片烟,暨鸦片质提制之品,运往已颁上开禁例之他国。

(五)查吗啡之制售流布,漫无限制,早酿成巨患,吗啡痼疾,已露蔓延之象。因此本会甚愿力请各政府,制定严厉规则,于其本境或属地内,以取缔此项药物之制售流布,及由废片中提制杂合之品,研究其质。倘若妄用,与吗啡毒质药相近者,一律限禁。

(六)本会会员于组织上,确难按科学之理,研究鸦片烟,及戒烟药品之性质功用。然深悉此项研究,极为重要。故本会甚望各代表,将此项问题,陈诸各该国政府酌定办法。

(七)本会极力敦促,凡在中国有居留地,及租界之各国政府,倘于各该居留地,及租界之内,尚未实行关闭鸦片烟馆者,须仿照他国政府,已经施行之禁令,参酌情形,迅速举办。

(八)本会会员敦促,凡在中国有居留地,或租界之国各代表,须陈请各该国政府与中国议定条例,禁止制造贩卖内含鸦片烟质,或鸦片提制品之戒烟丸药。

(九)本会会员劝勉各国代表陈请各该国政府,凡在中国有居留地或租界者,施行商药专律于领事裁判权限之内,俾该国之民有所遵守。①

各国在会议上就停止鸦片贸易、颁行禁毒法令、严打新型毒品、协助中国禁毒等各方面达成了共识。尽管该会议的性质"纯为自由讨论,并无执行之权力"②,但依旧为《中英禁烟条约》后续的禁烟事业创造了一个良好的国际环境。参会的十三个国家自愿遵守,全部禁绝对中国的鸦片输入,而且催生出了世界第一个国际禁毒公约——1912 年《海牙国际公约》,与《中英禁烟条约》相辅相成,为民国时期的禁烟事业创造

---

① 陈荣广:《老上海》,泰东图书局 1924 年版,第 86 ~ 87 页。

② 于恩德:《中国禁烟法令变迁史》,台北,文海出版社 1934 年版,第 123 页。

了国际上的基础条件。

结 语

罂粟这丛艳丽的花,在百余年间见证了一个古老民族的艰难转型,晚清律法在欧风美雨的侵袭下一步步顺应现代的潮流。我们的法律从将炮制鸦片比作"烧炼仙丹邪药",再变到正确认识禁毒的国际合作;我们的禁毒措施从官府强制销毁鸦片、收缴烟枪,再变到民间自发成立禁烟会社、制定禁烟族规。中国人对毒品问题认识的深刻化,就见诸这些演进当中。禁烟事业并不止步于清王朝的尝试,而是在新中国成立后,乃至当今百年变局下,一直都是需要我们持续不断思考的问题。

专题论文

吉醒分文

论古罗马的“开埠”
——以奥斯提亚港口为例的考察

汪博雅*

[**摘要**]港口作为连接河流、海洋和陆地的枢纽,正是我们审视海洋与陆地、海权与陆权关系的绝佳切入点。以古罗马第一座人工港——奥斯提亚港为例,考察古罗马开埠通商的历史,可以发现修建港口的两项重要意义:保障生活物资供应,促进全球商品的跨区域流通,港口为罗马人面对海洋的诸多不确定性提供了落脚点。开辟航线与营建港口是两项相辅相成的工作,古罗马由海事后进国,逐渐发展为地中海世界“海陆两栖”的霸主,反映出古罗马认识和利用海洋不断深入的历程。此外,古罗马也会以法律的形式规制港口贸易中常见的问题,包括港口与航线的法律地位、港口中的行会、港口安全保障及海盗预防等。通过考察古罗马开埠通商的历程,提示我们在进行外法史研究时,应当时刻关注经济与地理在制度演化中扮演的重要角色。

[**关键词**]古罗马;港口;奥斯提亚;海上运输;开埠通商

一、古罗马的航线探索与港口开拓:海洋与陆地依存关系的缩影

布罗代尔曾以16世纪的地中海为整体研究对象,论述著名的“长时段”(longue durée)理论,提醒我们关注地理学对真实历史结构所做的支撑,及“总体的历史”(historie totale)①。他还指出,即使在16世纪,(在地中海航行的人)“也只是占领了大海边沿的点和线……航

* 汪博雅,厦门大学法学院民商法专业博士研究生。

① 赖国栋:《文明、经济与布罗代尔的现实情怀》,载《厦门大学学报(哲学社会科学版)》2015年第3期。

行沿着海岸……像螃蟹一样,从一块岩礁爬向另一块岩礁。"①布罗代尔的发现,为我们认识环地中海贸易的特殊性提供了重要的启迪:地中海文明是海洋的文明,也是海岸的文明。贸易、外交、探险、战争、劫掠等波澜壮阔的历史事件在海洋这方大舞台展开,而海洋功能的实现又无法脱离陆地,尤其是海岸的支点。海是一种"超物体"(hyper-object),是一个规模巨大的实体,而导航不是像人们通常所说的那样,是一种探路行为(wayfing),而是一种与这个超物体的商谈。② 海上航行虽然依赖航海者对海洋内部运动规律的把握和利用,但它还是以意外性和偶然性运动(contingent movement)为重要特征,如洋流与风向的多种排列组合干预船只航向,进而影响航程长短,这也是海运与陆地运输最本质的区别。③ 而海湾与港口作为锚地,为变动不居的海路列好了提纲,划定了框架④,尽其所能缓解航行中诸多不确定性所带来的危险。因此,不可忽视陆地在海上运输中的重要角色。

海洋与陆地的相互依存关系,正好能串联起航线开拓和港口建设这两项相辅相成的工作。意大利位于地中海的中心,但在长达数个世纪中在地中海展开贸易的主角是腓尼基人、埃特鲁斯人、希腊人、迦太基人,与这些以"海洋文明"著称的国家相比,以耕战起家的罗马是海上贸易的"后进国",未经许可不能"在地中海洗手",在漫长的历史时期

---

① ［法］费尔南·布罗代尔:《地中海与菲利普二世时代的地中海世界》,唐家龙、曾培歌、吴模信译,商务印书馆2013年版,第142页。

② See Peter B Campbell, *Contingent Movement*: *seafaring*, *Contracts and Law*, in Peter Candy & Emilia Mataix Ferrándiz ed., Roman Law and Maritime Commerce, Edinburgh university press, 2022, p. 26.

③ See Peter B Campbell, *Contingent Movement*: *seafaring*, *Contracts and Law*, in Peter Candy & Emilia Mataix Ferrándiz ed., Roman Law and Maritime Commerce, Edinburgh university press, 2022, p. 23.

④ 参见［德］罗德里希·普塔克:《海上丝绸之路》,史敏岳译,中国友谊出版公司2019年版,第23~26页。

均处在吸收和学习海洋相关技能的阶段①,对于争夺海上霸权并没有天然的实力和野心,较为深邃的腹地可以提供资源和庇护②,罗马法也主要呈现以陆地为依托的法律文明。直到古罗马通过三次与迦太基的生死鏖战,逐渐以陆权国家的身份战胜了海权国家③,在这个艰苦卓绝的过程中也逐渐意识到掌控地中海制海权的巨大价值,而古罗马最终得以独霸地中海,成为唯一的海军力量(naval power),是在公元前31年安东尼(Antonius)与屋大维(Octavius)对决的亚克兴海战(Battle of Actium)后,这场战役之后的两百年间地中海再无大型海战发生。④ 公元前27年元首制建立,古罗马将横跨欧亚非大陆的广阔疆土纳入了版图,基本实现了古罗马治下的和平(Pax Romana),古罗马的对外政策得以偃武修文,自此,古罗马具备了成规模开展海运航线开拓与港口基础设施建设的必要条件,即相对稳定、安全的外部环境⑤,古罗马在政治、经济、军事力量的良性互动之下,实现了陆权与海权的全面发展。

二、奥斯提亚港的兴衰:管窥古罗马港口的经济功能

(一)奥斯提亚港的营建历程

选择奥斯提亚港为研究对象,因为它是古罗马首个由国家出资建设的人工深海港口,在此之前,罗马的运输主要依靠陆运、河运和天然形成的海港,成本高,运量小,不稳定,奥斯提亚港的建设可以称为

① 参见[德]特奥多尔·蒙森:《罗马史》(第1册),李嫁年译,商务印书馆1994年版,第184~185页。

② See Geoffrey Rickman, *Plenary Address: Ports, Ships, and Power in the Roman World*, in Memoirs of the American Academy in Rome, Supplementary Volumes, Vol. 6, University of Michigan Press, 2008, p. 5-20.

③ 参见[德]卡尔·施密特:《陆地与海洋:古今之“法”变》,林国基、周敏译,华东师范大学出版社2006年版,第8页。

④ 关于亚克兴海战的经过和意义,参见 Carsten Hjort Lange, *The battle of Actium: A reconstruction*, The Classical Quarterly, Vol. 61:2, p. 608-623(2011)。

⑤ 关于“罗马治下的和平”如何促进国际贸易的发展,参见 Eva Matthews Sanford, *The Pax Romana and World Trade*, The Classical Outlook, Vol. 23:8, p. 77-78(1946)。

古罗马开埠的源头。Ostita 的拉丁词源为 os,即“口”,奥斯提亚意为“身处台伯河口”之港,最初距离罗马西南约 30 公里,李维在《自建城以来》中记载了罗马第四代王安库斯·马尔求斯(Ancus Martius)的诸多功绩时,提到了征服奥斯提亚并着手修建奥斯提亚(Ostia)港口以及在台伯河两岸开采盐井和盐田(Livy,1. 33. 9[①]),可知罗马在公元前7世纪就开启了奥斯提亚港的建设,且通过该港可以向罗马内地转运食盐,这极大地增加了古罗马经济的独立性[②];而到了公元前4世纪,奥斯提亚作为罗马的殖民地(colonia),承担军事港口的职能,奥斯提亚人曾与执政官就海军兵役的豁免问题发生了争执(Livy,36. 3[③])。在第一阶段,奥斯提亚港虽然得以开发,主要是海上军事用途,但也证明至少在公元前4世纪古罗马开始有意识地利用海上航线。

到了帝政时期,“学者皇帝”克劳狄乌斯(Claudius)是一位“以民为贵”的统治者,他有感于台伯河没有安全可靠的码头,罗马的粮食输入严重受制于季节[④],故根据现实紧迫的需要,力排众议,对奥斯提亚港进行全面的规划和修缮,选址修建了奥斯提亚港子港[⑤]以及北部的波尔图斯港(Portus,又名克劳狄乌斯港),官方及时的维护和修缮为奥斯提亚港带来了长达百年的繁荣。皇帝图拉真(Trajanus)和阿德里雅努斯·安东尼努斯·皮乌斯(Hadrianus Antoninus Pius)同样热衷于兴建港口,在他的时代奥斯提亚港口群正式落成,而波尔图斯港内港的扩建,使航

---

① See Livy, *History of Rome*, trans. by Rev. Canon Roberts, New York. E. p. Dutton and Co, 1912.

② 奥斯提亚开采出的食盐在尚无货币的年代发挥了一般等价物的功能,奥斯提亚盐田本为私有,之后被“亲民者”瓦莱里乌斯收归国有。参见《罗马人的故事Ⅰ:罗马不是一天建成的》,计丽屏译,中信出版社2012年版,第217页。

③ See Livy, *History of Rome*, trans. by Rev. Canon Roberts, New York. E. p. Dutton and Co, 1912.

④ 参见[爱尔兰]托马斯·凯特利:《罗马帝国史——从奥古斯都即位到西罗马帝国灭亡》,齐建晓、孙海燕译,华文出版社2022年版,第93页。

⑤ 参见[英]汤姆·霍兰:《王朝:凯撒家族的兴衰》,严华容译,社会科学文献出版社2020年版,第六章“农神节快乐”第987～993页。

行的安全性大大增加，逐渐取代了奥斯提亚的海上交通枢纽功能，奥斯提亚仍保留仓储功能。在君士坦丁大帝东迁君士坦丁堡之后①，奥斯提亚逐渐失去了原有的城市功能，加之台伯河口泥沙淤积严重，迫使居民大量迁出，最终沦为废墟。

古罗马时期港口建造方法，是先在海边的陆地上挖出巨大的圆形港池（harbor basin），再挖一条渠，将海水引入池子，同时用水合混凝土填入沉箱，推入大海，或直接填石入海的方式，在入海口建造两道防波堤，从而为数以百计的船只提供泊位。②

布罗代尔认为16世纪地中海沿岸的港口大多不具备发展成为成熟的商业城市的条件③，但古罗马时期的许多港口都依托地理优势，自然而然地发展为贸易型城市。随着奥斯提亚港的扩建，它逐渐由单纯的军事港口，发展为海运功能型城市，全盛时人口高达五万。④ 据考古，奥斯提亚古城中有码头、仓库、驿站、客栈等建筑物遗址，也有其他仿照罗马城建立的公共建筑，是一个结构完整的海运功能型城市。古罗马的港口兼有物流、住宿、餐饮、仓储、劳务供应（如货物搬运、船舶维修）等多重功能。此外，比起迦太基所采用的简易"沿岸交换"方式，罗马在海运贸易方面更重视基础设施的建设。沿地中海修建众多的码头和灯塔，保障往来商船的便捷和安全。有历史学者在对奥斯提亚城市功能和建筑布局进行分析之后，归纳出了以下特点：奥斯提亚港是典型的殖民城市，保留着核心区的军营式街道布局，但军事、政治职能不断淡化，城中有供贵族居住

---

① 关于罗马帝国迁都中的海运影响因素考察，波尔图斯港和君士坦丁附近金角湾的对比，参见［英］阿诺德·汤因比：《变动的城市》，倪凯译，上海人民出版社、光启书局2021年版，第54~55页。

② 参见［德］赫尔穆特·施耐德：《古希腊罗马技术史》，张巍译，上海三联书店2018年版，第123~124页。

③ 参见［法］费尔南·布罗代尔：《地中海与菲利普二世时代的地中海世界》，唐家龙、曾培歌、吴模信译，商务印书馆2013年版，第158页。

④ 关于奥斯提亚的人口数量考证，参见 Aldrete Gregory S，*Daily life in the Roman city：Rome，Pompeii，and Ostia*，Greenwood publishing croup，2004，p. 213 -215。

的公共住宅区,和供平民居住的私人住宅区。① 奥斯提亚并没有肥沃的土地,港口相关产业丰富,大量的财富在此流转,但并没能拥有独立的经济地位,最终还是一个以中产为主的城市(middle-class city),最后的衰落是由外部产业崩塌导致的内部秩序瓦解。② 由此可见,奥斯提亚港的兴衰都与罗马城的命运休戚与共,是罗马的一个小小"卫星城"。

(二)从港口城市兴起看古罗马开埠通商的意义

1.保证罗马城的生活资料供应

关于古罗马为何大量依赖外部供给以及何时出现粮食危机,与罗马疆域由临海内陆王国外扩为"环地中海而放射"的超级帝国以及国家形态、军事政策的变化都息息相关。首先,在罗马以亚平宁半岛为主要领土的时期,依靠台伯河展开内河航运和上游的森林资源即可满足供应,但当其疆域扩展到整个地中海盆地时,罗马也发展为人口百万级的超大型城市。其次,在雅努斯大门长期关闭之前,罗马的连年征战对传统的农业经济造成了巨大的破坏。青壮年劳动力在战争中流失严重,致使田园撂荒,此时又有豪强兼并土地,大量失地农民涌入城市,造成了城市人口急剧膨胀,原本能维持温饱的生活资料逐渐变得捉襟见肘。罗马自身农业也存在短板,即适宜大麦和小麦生长的土地并不多,与齐亚纳河谷(Val di Chiana)、尼罗河谷、西西里等地区相比,产量甚至不足1/10。③ 在土地肥力与承载力不高、又因战争长期贻误农时的情况下,海外行省与殖民地的"输血"似乎成为唯一解决办法,而海运是在庞大的帝国内部,在罗马城与海外实现资源的跨区域调度的最好方式,也是罗马帝国"殖民模式"的缩影。

如何让罗马人,尤其是罗马公民吃饱饭,成了悬在为政者心头的一件

---

① 关于奥斯提亚城市功能的分析,参见叶民:《古罗马奥斯提亚港》,载微信公众号"古典学术沙龙"2021年11月19日,http://mp.weixin.qq.com/s/6mGghbq8jAD52YshJuvD-g。如欲查阅奥斯提亚的更多资料,包括城中建筑物的分析,参见古奥斯提亚城考古官网,https://www.ostia-antica.org/。

② See Russell Meiggs, *Roman Ostia*, Clarendon Press, 1973, p. 77 – 78.

③ See G. E. Rickman, *The Grain Trade under the Roman Empire*, Memoirs of the American Academy in Rome, Vol. 36, p. 261 – 275(1980).

人事。基本的生活保障是罗马公民身份的表达和象征,而国家元首也将维持罗马城的供应作为职责,乃至功绩的一部分。在小普林尼的《图拉真颂》(Panegyricus Traiani)中赞扬了皇帝承担“annona”供应(food supply)的事迹[①],奥古斯都在《功绩录》(Res gestae)中也大肆渲染[②],还有专门的生活资料供应官(praefectus annonae)负责物资的调配和发放。

而annona一词在罗马法律文本中,指涉范围也逐渐扩大,反映出元首制时期国家照料公民责任相对于共和制时期的扩张。[③] 在粮食供应主要来自海外的背景下,海运不仅为贵族阶层带来了奢靡和享受,更重要的是保障了罗马境内生活必需品的供应,维系了庞大帝国的日常运转。

下面我们可以通过两种考古实物资料来了解“开埠”对于古罗马具有怎样“攸关国祚”的意义。第一样考古实物是罗马帝国在公元一、二世纪发行的银币(denarius),其中大量采用了阿诺娜女神(Dea Annona)的形象,反映出罗马帝国经济对海上运输的极度依赖,需要祈求神明庇护海运平安、顺利。第一排银币的发行年代约为147～148年,属于哈德里雅努斯·安东尼鲁斯·执政时期。阿诺娜女神站在船舷上,右手拿着两个玉米穗,下面放着作为量具的摩狄乌斯(modius,约等于8.73升),露出四束谷穗,左手则握着一只长锚。阿诺娜女神的形象在钱币中十分常见,大多带有谷物、量具和船舶元素。第二排银币同样发行于皮乌斯皇帝执政的156～157年(编号001 027 016),阿诺娜抬起的左脚踩在船头的甲板上。第三排银币发行于康茂德(Commodus)朝175～176年(编号001 027 011)。[④] (见图1)

---

① 参见《图拉真颂》拉－英对照版,https://www.loebclassics.com/view/pliny_younger-panegyricus/1969/pb_LCL059.387.xml。

② See Cfr. José Remesal Rodríguez, *Provvedimenti annonari: la baetica, l'olio per roma e il monte testaccio*, Roma universalis, Electa, 2018.

③ 关于annona词源的详细介绍以及古罗马如何通过法律的方式生活保障人民生活必需品的供应,参见徐国栋:《罗马经济法研究》,载《现代法学》2015年第1期。

④ 欲进一步了解钱币背后的图案与形象,可参见古钱币网,https://www.forumancientcoins.com/moonmoth/ancientcoins.html。

图1　罗马帝国银币上的阿诺娜女神

资料来源:https://www.forumancientcoins.com/moonmoth/ancientcoins.html。

第二样实物是位于罗马城南一座名为“陶片山”(Monte Testaccio)的小丘。这座山丘由大约5300万只双耳瓶的残骸组成,而这些双耳瓶的故乡大多是西班牙的贝提卡行省(Beatica),它们生前的任务是装载罗马人的烹饪必需品——橄榄油，通过海运抵达奥斯提亚等意大利海港，再经过台伯河转运至罗马。因为沾有油渍，双耳瓶一经使用就会被打破，分批运往此地堆放。从陶片山的遗迹可以管窥到行省的供应给罗马带来了富足的生活。①

从交通的角度分析，奥斯提亚港的重要意义在于，它是海上运粮航线的落脚点，更是实现海上运输与内河航运、公路运输的中转点。源自海外行省的大宗商品沿海路而来，在奥斯提亚港卸下，再转至轻便的小舟、驳船或货运车上，沿河道内网或罗马大道直接运往罗马，此外，比起迦太基所采用的简易“沿岸交换”方式②，罗马在海运贸易方面更重视基础设施的建设。沿地中海修建众多的码头和灯塔，保障往来商船的便捷和安全。关于古罗马主要港口功能，见表1。

表1　古罗马主要港口功能（生活物资类）

<table>
<tr><th>港口名</th><th>位置</th><th colspan="2">对应航线</th><th>特产与功能</th></tr>
<tr><td>Ostia 奥斯提亚</td><td>罗马台伯河口</td><td rowspan="3">奥斯提亚—迦太基；
奥斯提亚—埃及</td><td>奥斯提亚—那旁高卢；奥斯提亚—加德斯；奥斯提亚—撒丁</td><td>食盐运输，进口谷物承接转运</td></tr>
<tr><td>Carthage 迦太基港</td><td>北非</td><td></td><td>麦、橄榄油、水果出口</td></tr>
<tr><td>Alexandria 亚历山大</td><td>埃及</td><td>亚历山大—罗德岛；亚历山大—普提欧利</td><td>小麦出口</td></tr>
</table>

① See Cfr. José Remesal Rodríguez, *Provvedimenti annonari: la baetica, l'olio per roma e il monte testaccio*, Roma universalis, Electa, 2018.

② 参见［日］森本哲郎：《迦太基启示录：海洋帝国的崛起与覆亡》，刘敏译，重庆出版社 2020 年版，第 34～35 页。

续表

<table>
<tr><th>港口名</th><th>位置</th><th colspan="2">对应航线</th><th>特产与功能</th></tr>
<tr><td>Antiochia 安条克</td><td>叙利亚</td><td></td><td rowspan="2">布林迪西—安条克</td><td>皮毛、布料、小麦出口</td></tr>
<tr><td>Brindisium 布林迪西</td><td>意大利南部，亚得里亚海</td><td>布林迪西—希腊</td><td>军港，罗马军团卸甲地</td></tr>
</table>

资料来源：https://porteconomicsmanagement.org/pemp/contents/part2/changing-geography-of-seaports/main-ports-roman-empire-c125 – ce/Roman Ports and Mediterranean Connectivity; S. Keay ed., *Rome, Portus and the Mediterranean*, Archaeological Monographs of the British School at Rome, British School at Rome, 2012, p. 367 – 391。本表只挑选最有代表性的港口。关于罗马与非洲的贸易与港口建设，参见 David L. Stone, *Africa in the Roman Empire: Connectivity, the Economy, and Artificial Port Structures*, American Journal of Archaeology, Vol. 118: 4, p. 565 – 600 (2014)。

2. 全球商品流动的重要场所

在“罗马治下和平”实现的百年间，依托海上运输网络和海港建设的发达，罗马帝国开启了“商贸时代”，以全球化的视野将罗马城打造为世界商贸之都。开埠通商，在保障罗马城基本的生活物资供应之外，另一个重要的考量自然是促进商品的跨区域流动，助力不同经济文化背景的人民互通有无，增进理解。古罗马海商贸易史与罗马开疆拓土的历程同步发展，也反映出罗马政制和对外关系的变迁。随着传统海事强国相继被征服，海外行省与殖民地星罗棋布，它们也成为罗马与世界各地建立联系的桥梁与纽带。

以航行区域划分，古罗马开发的海外航线大致可以分为两类：第一类是围绕地中海这个“我们的海”(mare nostrum)展开的航运，主要为地中海地区的传统贸易，其中最为关键的是由埃及和北非输入意大利各大港口的运粮路线，据估算，在屋大维的时代，埃及每年有 2000 万摩狄乌斯的小麦运往罗马，北非则有 6000 万摩狄乌斯，可以满足罗马公民八个月的生存需求。① 第二类是随着罗马崛起而产生的旺盛的商品需

① 参见杨共乐：《罗马社会经济研究》，北京师范大学出版社 2010 年版，第 53 页。

求,继而催生了罗马与印度洋的贸易,因此,罗马商人参与的经济网络范围远超罗马政治影响的范围。① 从地中海出发,经由印度洋航行与东方各国建立贸易联系的路线。中国出口丝绸,印度出口香料、棉织品、珍珠等,罗马则出口玻璃器皿、首饰、香水、装饰品等。成书于公元1世纪中期的《厄立特里亚海周航录》(Periplus Maris Erythraei)是一本海上航线舆图,记载了“航行沿岸的市镇、港口及其特点、岛屿、暗礁、浅滩、海岸、河流入口等;不同地区间的距离;每个地区的特定地貌”。当然,也有学者通过研究穆泽里斯纸草,分析商品和货物清单,认为罗马与东方的贸易往来并非完全是奢侈品贸易。② 这条航线还被扩展到印度和斯里兰卡以外的苏门答腊和其他商业地区。而在同时期,汉武帝“凿空西域,放舶南海”,沿海上丝绸之路走向印度洋,间接实现了与罗马帝国的商贸往来,因此,罗马帝国与汉王朝无意之间联合起来完整地勾画出海上丝绸之路的全貌。③ 此时,港口的商业功能体现得更加淋漓尽致,无论是临海的集市还是货物的中转站和储藏地,都为商品交换和仓储提供了便捷、安稳的场所。④

三、与“开埠”相关的法律问题初探

在梳理了以奥斯提亚为代表的港口的经济、社会功能之后,我们转向与港口相关的法律问题探索。在与其他海洋强国“互动”的过程中,罗马人不断面临新的海事问题。无论是航海、造船、运输等技术还是与之配套的,用于提高效率和规避风险的海事法律工具,罗马人都积极借鉴,以邻为师,锐意创新。随着对外海事交往的深入,古罗马在陆地法

① 参见[英]菲利普·德·索萨:《极简海洋文明史:航海与世界历史5000年》,施诚、张珉璐译,中信出版社2016年版,第98~99页。

② 参见陈思伟:《古代希腊罗马的周航记及其功用》,载《史学集刊》2021年第1期。

③ 参见鲍展斌:《“海上丝绸之路”与中外货币文化交流》,中华书局2020年版,第6~7页。

④ 参见[美]M. 罗斯托夫采夫:《罗马帝国社会经济史》,马雍、厉以宁译,商务印书馆2017年版,第104~109页。

律文明之外又补上了海洋法律文明的那一块拼图。

(一)港口与航线的法律地位

众所周知,罗马人民处于市民法(ius civile)下,而在罗马人与其他古代文明民族互动的过程中,彼此共同遵循的规则、商事习惯与惯例被总结为万民法(ius gentium),而这些以共同法造就万民法的民族都是围绕着地中海盆地的①,许多是借助海洋与港口实现交流,外务裁判官(praetor peregrinus)也针对具体情形创造新的、适用于所有人的规则。由此可见,港口中法律关系复杂,是经济纠纷多发之地,也是法律与日常交易实践良性互动的场所。

而自然法超越了一时一地、一城一寨中主权者的意志。根据自然法,海洋是所有人的共同财产,是共有物(res commune);而港口在法律地位上与河流一样,同属于公共物(res publicum),是国家财产的一种形式(I. 2,1,2)。② 河流和港口,前者是天然形成,无人类劳动的附加成本;后者需要国家的开发,且后期维护成本高,却被赋予了同样的法律地位,似乎因为此处的文本主要是论证其中鱼类资源的归属和捕鱼权的性质问题;而法学家马尔西安则避免了全称命题,说"几乎(paene)所有河流与港口为公有物(D. 1,8,4,1)"③。另外,在《学说汇纂》中,还有几条保障港口功能顺利实现的条款,即禁止在海上建造任何可能妨碍港口、锚地或航道的建筑物(D. 18,12,17)。④

① 参见[意]朱塞佩·格罗索:《罗马法史》,黄风译,中国政法大学出版社1998年版,第13页。

② I. 2,1,2."而一切河流和港口都是公共的。因此,在港口或河流中的捕鱼权,为一切人共有。"参见徐国栋:《〈优士丁尼〉法学阶梯评注》,北京大学出版社2019年版,第178~179页。

③ D. 1,8,4,1.马尔西安《法学阶梯》(institutionum)第3卷:"而几乎所有的河流和港口都是公有的。"中文译文参见《学说汇纂》(第1卷),罗智敏译,中国政法大学出版社2018年版,第157页。

④ D. 18,12,17.乌尔比安《告示评注》(ad edictum)第68卷:如果要在海上建造任何东西,拉贝奥说以下禁令将适用:"不得在海上或同一海岸线上修建任何可能会阻碍港口、锚地或航行路线的设施。"

后世国际法学家在现代民族国家兴起的语境下讨论 ius gentium，围绕海上航线应当自由还是封锁，展开了激烈的讨论。[①] 而在罗马法体系中，并不存在利用霸权垄断航线、排除其他民族使用的情况。在罗马帝国的港口，商品的自由流动始终是第一原则；而在罗马人的世界中，海洋因不受个人支配，也自然不受罗马的管辖。当然，“海洋开放论”得以形成，也是因为在罗马国力一家独大的情形下，不存在如近代民族国家之间均势竞争之虞。

古罗马将航线完全开放，港口却未必如此。现代海商法将港口的法律地位分为开放港和不开放港，以是否准许外国船舶进入为区分标准，经考古发现了一份公元前 2 世纪罗马与迦太基的两座城市签订的港口自治契约，其中对于外国人能否自由停泊、停泊时间长短、双方享有的权利义务做出了严格的限定，而罗马人相对于迦太基人处在优势一方。[②] 因此，罗马的港口是否为“自贸港”不可一概而论，仍有待“多样本”考察。

（二）港口与行会

商业行会团体（collegia）是在商业城市中自发形成，又必须经过官方认证的组织。如上文所述，在奥斯提亚港中形成了完整的沿岸劳作（shore-based labor）的分工模式，能“一条龙”式满足海运产业链上各个环节的需求，因此，在诸行业内部形成“同事”自治、同行互助的氛围，是自然而然的。

奥斯提亚城也因地制宜，设立了职官制度，聚集着许多间小“办公

① 在荷兰和英国争夺海上霸权的背景下，对罗马万民法的解释成为论辩的资源。格劳秀斯在名文《海洋自由论》中写道，尽管罗马有帝国主义的目标和宣传，但他们实际上并没有试图调控海洋的使用权。根据万民法的要求，海洋和航线都无法成为特定国家的排他性财产，无论它们是通过占领、教皇捐赠、时效取得或习俗而取得的；与他国通商的权利不得基于任何理由被特定国家排他性占有，以反驳塞尔登《海洋封闭论》的观点。参见尹亮：《宾刻舒克海权思想研究》，华东师范大学 2014 年硕士学位论文。

② See Cifani Gabriele, *Aspects of the Origins of Roman Maritime Trade*, in Peter Candy, Emilia Mataix Ferrándiz. ed., Roman Law and Maritime Commerce, 2022, p. 15.

室”的行会广场是城市的中心。其中一个最具特色的经济组织,被称为粮食称量行会(mensores frumentarii),行会中的粮食称量官负责测量从海外而来、即将沿台伯河运往罗马公共粮仓的谷物。《狄奥多西法典》和《学说汇纂》中都有多处对这项职业的记载。首先,这是一项受雇于生活资料供应官的公职,有专门、集中的住处。其次,这份工作费时费力、冗杂琐碎,因此担任此职位的人与其他为罗马公共事务服务且家境贫寒的行会成员、手工业者①一样,享有监护豁免的权利(D. 27,1,26)②;最后,粮食称量官的工作需要被城市恩主(patronus)监督,并对其称职与否进行考核,以免其在履行公职期间徇私舞弊,弄虚作假(C. Th. 14,4,9)。③

在资本主义推动劳动力商品化之前,商业团体从私人组织变为国家服务机构,职业世袭制产生以及相伴而生的社会凝固状态就在所难免④,这在农业生产中(尤其是因失地而变为依附地主的佃农)十分常见。在手工业而在港口城市所形成的行会中,体现出的更多是自治和互惠性。商业贸易的发展还推动奥斯提亚形成了新的社会分层,在帝国早期,是传统的贵族阶层统治着奥斯提亚,而港口带来的巨大繁荣也刺激了人口迁移,许多外来人口迁入城市,成为新的显贵

① See S. Ivanov, *Immunities and Privileges of Collegia and Corpora for Public Utility According to Callistratus de Cognitionibus*, Ius Romanum, Vol. 2, p. 463 – 473 (2018).

② See D. 27,1,26. 保罗《论监护的豁免》(de excusationum):“根据一道由圣马库斯和安东尼向生活资料供应官下发的敕答,粮食测量官享有监护豁免权。”

③ C. Th. 14,4,9. 皇帝瓦伦提尼安和奥古斯都瓦伦斯向城市裁判官下达谕令:“为了消除筏工恩主的欺诈行为和港口粮食称量官的盗窃行为,整个行会应共同选择其中一位恩主,他将承担五年的港口仓库保管责任。他将秘密向同行们发送样品,以防卑劣的船舶经营人以隐蔽欺诈的行为改变任何供应品的品质。朕将授予这位恩主以奖励,如果他以最高的信誉履行这项公共服务的义务,在五年的管理期结束后将被授予第三等级侍从官(comitis)荣誉……”

④ 参见[意]朱塞佩·格罗索:《罗马法史》,黄风译,中国政法大学出版社2009年版,第292~294页。

(municipal nobles),他们中的许多是解放自由人(freedman)的后裔[1],而这种现象也是罗马帝国阶级流动的缩影。[2] 港口城市中形成了一种矛盾又合理的阶层分化模式:在流动中固化,也在固化中流动。

(三)港口安全的维护义务

对于海运从业者来说,来自海盗的威胁正是心腹大患。海盗抢劫船只,洗劫港口,手段凶残,毫无顾忌规则的约束。[3] 罗马帝国作为地中海的主人,自然承担起港口交易秩序维护者与港口贸易安全护卫者的角色。而在罗马在称霸地中海之初,原本并无主动打理海洋贸易的意愿,直到海盗的滋扰严重妨害到供应物的输入,威胁贸易安全。奥斯提亚港就曾为海盗所苦,公元前68年,臭名昭著的西西里海盗登陆奥斯提亚港,烧毁了大量船只与货物;公元前67年,罗马城的谷物短缺问题再次让肃清海患的要求变得紧迫。在公元1世纪,罗马的元老院通过《关于驱逐海盗的加比尼亚法》(Lex Gabinia de piratis persequendis),授予庞培(Pompeius)空前的谕令权(imperium),以12万军队,270艘战舰分割海域,设立封锁,三个月内平息海患。[4] 为纪念庞培用短短三个月荡涤地中海海盗的功绩,发行了第纳尔银币,在正面雕刻庞培本人的塑像,而在背面刻下海神波塞冬(Neptunus)及随从的形象。[5] 罗马帝国虽然止战百余年,但仍然保持了他国难以望其项背的军事实力。而应对海盗的立法,多借鉴自希腊《罗德海法》,被优士丁尼时期的法学家

① See J. H. D'Arms, *Notes on Municipal Notables of Imperial Ostia*, The American Journal of Philology, Vol. 97:4, p. 387 – 411 (1976).

② 参见[美]M. 罗斯托夫采夫:《罗马帝国社会经济史》,马雍、厉以宁译,商务印书馆2017年版,第83页。

③ See Anna Tarwacka, *Piracy in Roman Law and the Beginnings of International Criminal Law*, Polish Review of International and European Law, Vol. 1, p. 57 – 74 (2012).

④ 关于庞培平定海患的经过,参见[英]约翰·沃利:《古典世界的战争》,孟驰译,江西人民出版社2018年版,第148~151页。

⑤ 参见[日]盐野七生:《罗马人的故事Ⅲ:胜者的迷思》,刘锐译,中信出版社2012年版,“银币的故事”第0页。

所吸收和总结,成为拜占庭法的重要部分,收录于《学说汇纂》第14卷中。①

余 论

以地理空间的要素、结构、发展变化为考察对象;以海运航线、港口的空间结构为切口重新诠释和理解海洋贸易法,可以清晰地看到商路的发达促进了社会的正向增长。港口是海与陆地的交汇点,是海上航运的枢纽;商品在港口与目的地、各个港口之间流转,随商业网络的建立,信息、文化与思想也得以走出特定的区域。然而,在积极影响之外,我们也不能忽视海运与开埠的背阴面。无论罗马治下的和平还是"我们的海",都否认了完全意义上的自由经济,反映出由罗马帝国主宰下地中海商业贸易的掠夺性。为维系罗马城运转,必定会对行省和殖民地人民进行剥削,这种"提出需求—满足需求"的经济模式,先侵吞(initial annexation),后破坏,逐渐瓦解了行省经济的自主性。因此也不难理解《启示录》中,灾异既降临给地上的众王,也降临到"船长和坐船往各处去的(人),并众水手,连所有靠海为业的(商人)"身上(17b－19)。"罗马巴比伦"以强大的海运能力统管众水,既以强权威慑又以经济利益迷惑列国,并自比于神。② 基督教对罗马帝国富贵奢靡、骄傲自大的抨击,也从侧面印证了罗马的海上运输是如何依靠法律的认同和商业的羁绊,将"各族各民各方各国"③联结为一体,非孔武有力、绝对自信者不能为也。

相比之下,与罗马帝国同时期的汉王朝是一个自足的经济体,土地

① 相关研究参见王小波:《〈罗德海商法〉研究》,中国政法大学出版社2011年版,第86~88页。

② 关于历史派学者如何解读启示录中的罗马海事运输,参见罗伟:《启示录注疏》(下卷)第18章及以下,上海三联书店2015年版,第926~937页。

③ 参见罗伟:《启示录注疏》(下卷)第18章及以下,上海三联书店2015年版,第934页。

辽阔肥沃，黄河和长江孕育出灿烂的农耕文明，完全有能力依靠农业生产养活庞大的人口，因而无论远航还是开埠、与周边国家的商业交往都不具有侵略性和剥削性。海上运输对于罗马而言是雪中送炭，而对于汉朝只是锦上添花。

论都铎王朝时期英格兰海商法的本土化

韩晨光 *

[摘要]海事法庭如何在16世纪实现英格兰海商法的本土化是学界长期争论的问题,目前学者们往往从本土化后实体规则的性质反推,而非正面分析海事法庭如何本土化海商法。"外国法"方面,海事法庭局部突破中世纪海事法典与欧陆民法,发展出关于无主物、拾得物所有权等新规则,又通过国家的整体把控、而非司法机关能动实现海商海事规则与习惯的统一,并由此出现不少"匪夷所思"的用于协调各类国际海洋纠纷的判决。国内法方面,海事司法审判对海事制定法存在偏向,王国法令与非正式海事制定法都具有优先效力,尽管其侧重点不尽相同,但都是为了尊重当事人基于传统习惯的各类主张,而非简单以成文法为绝对优先。国家、地区间条约方面,海事法庭会自主适用和平时期的多边公益条约和战争时期的单边私益条约,促成一种以会议为主、书信为辅的国际海事纠纷解决机制,海事法庭也由此成为英格兰外交的重要抓手,为英格兰增加并巩固海洋财富起到关键作用。

[关键词]都铎王朝;英格兰;海事法庭;海商法;本土化

欧洲各地在16世纪通过商事法院、海事法院实现商法、海商法的本土化是学界共识,英格兰也是如此。以霍兹沃斯(Holdsworth)为代表,他认为中世纪晚期欧陆各地商事法院、海事法院都在既有罗马法和海商法传统基础上,像英国普通法法院创造普通法那样,结合各国、各地区不同情况创造新的商事、海事规则,英格兰也是如此,且主要由海事法庭(Court of Admiralty)承担这一工作。① 那么,都铎时期英格兰海事法庭对哪些规则、习惯做了本土化适用?怎样适用?又确立了哪些

---

* 韩晨光,上海海事大学法学院讲师。

① See William Searle Holdsworth, *A History of English Law*, Vol. 5, Brown Little, p. 77 (1924).

本土化的规则、原则？

目前学者们往往从本土化后实体规则的性质反推英格兰海商法在16世纪的本土化过程。部分学者与霍兹沃斯一样，认为16世纪英格兰本土海商法的形成和普通法的相同，比如，爱德华·科克（Edward Coke）认为海事法庭也是一种普通法法院，海事判例中的规则也就是英格兰海商法。① 但也有学者认为16世纪英格兰本土海商法的形成过程是成文规则汇编，本土化后的英格兰海商法仍然以成文法为主，如普尼（Prynne）认为《海事黑皮书》中记载的《奥列隆法典》、《康索拉多海商法》、《奥斯特林海商法》以及《海洋习惯汇编》（The Customs of the Sea）等都既是海事将军与海事法官们的行政与司法手册，也是英格兰海商法②；威廉·西尼尔（William Senior）也认为，海事法庭适用欧陆民法是常识，至少都适用《奥列隆法典》以及地方海事习惯。③ 还有的学者则认为16世纪英格兰本土海商法是成文规则汇编与判例法的混合，因而更关注海商法本身的内容而非形成过程，比如，蒂莫西（Timothy）认为，16世纪英格兰本土海商法是海洋法（Law of the Sea），是英格兰将海洋纳入法律规制后出现的一种法律。④

学者们似乎混淆了海事判例、海商法典、海事习惯与英格兰本土海商法之间的复杂关系。不少学者将海事判决视为英格兰本土海商法，诚然，在普通法系的语境下，法官造法是顺理成章的，但一方面，时间在

---

① See Edward Coke, *The Fourth Part of the Institutes of the Laws of England Concerning the Jurisdiction of Courts*, printed by John Steater and 4 others, 1671, p. 134 – 146.

② See W. Prynne, *Brief Animadversions on, Amendments of, & Additional Explanatory Records to, the Fourth Part of the Institutes of the Lawes of England, concerning the Jurisdiction of Courts Compiled by the Late Famous Lawyer, Sir Edward Cooke, Knight...* printed by Thomas Ratcliffe and Thomas Daniel, 1669, p. 75 – 133, 339 – 413.

③ See William Senior, *Doctors' Commons and the Old Court of Admiralty: A Short History of the Civilians in England, London, Longmans*, Green and Co., 1922, p. 22.

④ See Timothy J. Runyan, *The Rolls of Oleron and the Admiralty Court in Fourteenth Century England*, American Journal of Legal History, Vol. 19, p. 95 – 111 (1975).

后的海事案例几乎没有引用过时间在前的同一类型判例,海事判例没有普通法判例那样的法律效果;另一方面,尽管海事法庭优先适用《奥列隆法典》和欧陆民法,海事法庭的判决却不完全服从当时的海商法典或海事法规——也就是说,海事判决确实表达了部分英格兰本土化的海商法规则,海商法典、成文立法、海事习惯中的其他规则也仍然有效。其实,无论适用对象是判例、习惯、制定法还是国际条约,都可以从中挖掘海事法庭以传统海事海商习惯为基础结合英格兰本地情况做出的一系列创新与协调,这些创新与协调或许就是海事法庭发展英格兰本土海商法的主要方式与内容。本文将从对海事法庭法律适用的一般认识出发,根据海事法庭所适用的具体法律、习惯,分别从"外国法"、国内法以及国际条约三方面分析海事法庭如何实现海商法的本土化。

一、对海事法典与欧陆民法等"外国法"的局部突破

爱德华六世及其大臣对法国使者称"《奥列隆法典》以及欧陆民法在英格兰拥有权威"①,这或许在一定程度上误导了学者们对这些"外国法"在海事法庭适用情况的判断,《奥列隆法典》以及欧陆民法确实有优先适用效力,但并不是每一条规则都如此。

(一)从"外国法"中发展出的新规则

都铎时期,海事法庭没有像不少学者认为的那样完全遵照适用"外国法",在海洋财富、船长与船员权利义务以及捕获三类规则有重大调整。

一是关于无主物、拾得物所有权的规则。都铎时期英格兰海事判例与"外国法"差异最大的是关于无主物、拾得物所有权的规定。《奥列隆法典》第34条规定:"如果有人碰巧在海上、岸边沙滩、洪水或河里找到了东西,无论是珍贵的石头、鱼还是其他任何海里的宝贝(Any Treasure of the Sea),它属于第一位发现者,而不是其他任何人的财

---

① William Senior, *Doctors' Commons and the Old Court of Admiralty: A Short History of the Civilians in England*, p. 15.

产”,第35条又规定:“如果有人在海滩找钓鱼的地方,或者找金银,并且确实找到了,应全部归还,没有任何私藏”①,《奥列隆法典》意在表明,海洋财富、无论是漂流物还是海滩上的物品,只要是无主的,就属于第一位发现者;而金银这一显然有主的物品应立即被归还。然而在海事法庭中,一方面,都铎时期的海事法庭建立起时效取得船难物品的非诉程序,无论何种海洋财富、无论是否有主,只要在程序开始后1年零1天内无人主张,拾得者就可以获得所有权;另一方面,在法典没有提及海盗货物性质的情况下,海事法庭没有使用司法原则调整法律适用,而是通过判决规定其所有权属于英格兰国王、海事将军有权使用。② 时效取得漂流物的非诉程序与海事法庭对海盗案件的判决既没有遵守发现者原始取得的规定,也没有遵守金银应立即被归还的规定,甚至与第30条应将在进港时罹难的船舶的残骸与货物拍卖并施舍给穷人或用于慈善的规定有一定冲突,违背道德良心原则。

二是关于船长与船员权利义务的规则。英格兰海事司法判例与《奥列隆法典》之间另一个较为重大的变化在于船长与船员的权利义务。《奥列隆法典》中关于船长与船员的内容集中在1~13条,主要涉及船长在海外根据需要贷款的权利、开航前、靠岸时、抛货时的一系列操作以及发生船难时的救货义务等。③ 除船长权限以外,几乎都是义务性规定,《奥列隆法典》也就偏重强调船长及其船员的航程义务。虽然从现在的眼光来看有些权责不对等,但直到中世纪晚期,出海行为也被定义为冒险,强调其义务的目的在于要求船长与船员尽一切可能按规定航行,保证船货人的安全;即使发生风险,只要执行这一系列操作,便视为船长与船员尽到义务,无须担责。

---

① *The Rules of Oleron* (*circa* 1266), Article 34. 载海事法指南网2022年10月6日, http://www.admiraltylawguide.com/documents/oleron.html。

② 参见1553年海事将军诉博纳案与1585年戴安娜号案。Reginald Godfrey Marsden ed., *Select Pleas in the Court of Admiralty*, Vol. 2, Bernard Quaritch, p. 84–86, 161 (1894).

③ See *The Rules of Oleron* (*circa* 1266), Article 1–13.

三是捕获规则。英格兰海事判例与其他海商法典、海事习惯之间最后一个差异较大的是捕获规则。中世纪,《康索拉多海商法》第273章与287章关于捕获的规定是当时流行于欧洲的捕获习惯,简单来说,捕获的成立要件包括在公海、和平控制敌国的船或货以及未出现合法取回的情况。① 虽然英格兰海事法庭认可上述要件,却也会擅自增加新要件、任意认定要件是否成立乃至规定捕获英格兰国王的船只有罪。如1589年,海事法庭规定合法捕获的要件之一是整批货物没有损害②;再如1555年格利斯堡诉托尔案(Glisburgh c. De La Torre),原告协助被告捕获一艘法国船,起诉要求协助捕获的报酬,海事法庭判决,根据超出记忆的习惯,如果在战争时期发生协同捕获,被捕获物应当在所有捕获人手中平分。③ 比如,1599年安德里亚斯案中对捕获女王船只行为的有罪判决。④ 为了推出部分新规,海事法庭故技重施,再次使用模糊法律渊源的办法。在1555年格利斯堡诉托尔案中,海事法庭称其适用一个"超出记忆的习惯"判决协助捕获的份额分配,与1553年贝尔诉伯德案中"超出记忆的先例或习惯"、1553年海事将军诉博纳案中"成文法、法律和习惯"的表述如出一辙。

这些调整都起到保障英格兰占有更多海洋财富、维护海上贸易市场发展的效果,符合都铎政府重商主义、拓展海外市场等政策的价值取向与目标。可能已经有人注意到,与这三大差异相关的案件中,都存在模糊化法律渊源的方式,那么除了这种方式,海事法庭还有其他本土化海事海商规则的方式吗?

---

① See Christopher Robinson, *A Translation of the Chapters CCLXXIII and CCLXXXVII of the Consolato del Mare Relating to Prize Law*, printed by W. Wilson, St. Peter's Hill, Doctor s' Common, 1800, p. 1 – 20.

② See Reginald Godfrey Marsden ed., *Select Pleas in the Court of Admiralty*, Vol. 2, p. xv – xix.

③ See Reginald Godfrey Marsden ed., *Select Pleas in the Court of Admiralty*, Vol. 2, p. 95.

④ See Reginald Godfrey Marsden ed., *Select Pleas in the Court of Admiralty*, Vol. 2, p. lxxv.

(二)英格兰海商海事规则与习惯的统一与本土化

可以将当时欧陆各地商事法院、海事法院开展统一与本土化本土商事习惯运动的方式总结为法律与法律适用及执行两个方面。

具体法律规则方面,欧洲各地一边制定或更新海商法典,一边通过判例调整未写入法典的其他习惯。海商法典方面,中世纪晚期欧洲各地制定多部海商法典,包括1258年《巴塞罗那海事规则》、1299年《奥斯特林海商法》、1597年《汉萨同盟法》(The Laws of the Hanse Towns)等,《奥列隆法典》则在16世纪有重大更新,欧洲各地意在通过海商法典表明当地与传统海事习惯海商的不同规则。① 未写入海商法典的习惯方面,欧陆则以判例确立新规则,以报复性救济习惯的变化为例,传统报复性救济的习惯为:A国国民被B国国民侵害后,如果A国国民不能在B国得到救济,那么就应该在A国找到所有B国国民的财产对其进行赔偿。中世纪晚期,这一习惯与商业发展之间的矛盾越发凸显,会严重损害遵纪守法商人的利益乃至国家之间的关系。因此,以意大利地区为首,各地区纷纷调整判例,改为判决B国国民承担损失,并由B国法院协助执行或由A国派驻在B国的领事执行。②

在法律适用及执行方面,欧陆主要通过海事职位、商事/海事法院以及派驻领事三大机制实现本土化商事习惯。其中,如热那亚设立加扎里(Gazarii)一职,其管辖范围包括所有关于船东、船员、商人等;比萨的海事职务(Curia Maris)也拥有类似的职能③;海事法院、商事法院负责创造本土海商法规则;各城镇对外派驻领事负责确保国际条约在异地的执行。最终,海事职务、领事、商事/海事法院三大机构共同推进海商海事习惯的统一、本土化、成文化。

英格兰继受与本土化《奥列隆法典》以及其他"外国法"的方式同样可以总结为这两大方面,但相比欧陆,其具体内涵有不少差异。

---

① See William Searle Holdsworth, *A History of English Law*, Vol. 5, p. 100.

② See William Searle Holdsworth, *A History of English Law*, Vol. 5, p. 74.

③ See William Searle Holdsworth, *A History of English Law*, Vol. 5, p. 74 – 76.

具体规则方面,英格兰没有自行制定新的海商法典,而是承认并适用《奥列隆法典》,而在通过判决调整未写入《奥列隆法典》的海事海商习惯时,其方法有一定局限。海商法典方面,英格兰没有在16世纪另行制定新法典,而是采纳并适用《奥列隆法典》。需要注意的是,两位英格兰人分别在1567年与1573分别翻译并出版的两版《奥列隆法典》均只有26条,①没有1520年皮埃尔·加瑟所编写法语版《奥列隆法典》的后21条,亦即没有关于海上无主物、捕鱼以及海岸拾得物的所有权规则等内容。一种可能性是,英格兰没有接受法语版的后21条,认为那是法国与其他地区的地方习惯,相关主题的内容均直接适用英格兰本土规则。但这两位英格兰人的翻译不是官方行为,也没有证据表明他们的翻译本被英格兰官方或海事法庭认可,因此,另一种可能性是英格兰采纳并适用法语版《奥列隆法典》的全部内容,毕竟时效取得漂流物的非诉程序以及海盗货物的归属规则也没有直接与《奥列隆法典》冲突。未写入海商法典的习惯方面,海事法庭与欧陆商事/海事法院一样,主要通过判例调整新的规则,但其方法似乎较为有限,海事法庭往往需要强调它所设立的新规有传统海事习惯的支持,因此似乎仅有模糊合法渊源这一种方式来创设新规。

在法律适用及执行方面,英格兰与欧陆十分类似,也有海事职务、领事以及海事法院三大机构,但是,仅英格兰海事职务与领事的职能与欧陆的相仿,海事法庭与欧陆商事/海事法院差异很大。英格兰也拥有欧陆那样的海商海事职务,比如,亨利七世于1485年9月授予约翰·维

① 分别为 Pierre Garcie, *The Rutter of the Sea, wyth the Hauens, Roades, Soundings, Kennings Wyndes, Flouds, and Ebbes, Daungers and Coastes of Diuers Regions with the Lawes of the Ile of Auleron, and the Iudgementes of the sea. with a Rutter of the North Added to the same London*, By me William Copland, 1567。以及 Pierre Garcie, *The Rutter of the Sea, wyth the Hauens, Roades, Soundings, Kennings Wyndes, Flouds, and Ebbes, Daungers and Coastes of Diuers Regions with the Lawes of the Ile of Auleron, and the Iudgementes of the sea. with a Rutter of the No[r]th Added to the same London*, By Iohn Awdeley, 1573。

尔海事将军一职[①];签订1487年《布洛涅协定》(Treaty of Boulogne)等商业条约设立领事等。但是,英格兰海事法庭和欧陆商事法院、海事法院有巨大差异,比如,法官不同,前者由英格兰海事将军担任或由国王、海事将军委任,后者由商人组成。再如,诉讼程序不同,前者拥有严格程序的令状制度,而后者则没有统一程序,可以自行确立方便快捷的程序。又如,适用的法律也越来越不同,随着各地商事法院、海事法院不断确立本地的新规则,曾经仅以海商法典为区分的海事习惯逐渐被本土化规则替代。

在以服务国家政策为导向的影响下,海事法庭成为发展英格兰海商法的主要抓手,拥有比咨议会和刑事法院更为重要且直接的作用[②],英格兰也由此走出一条与欧陆不同的统一与成文化海商法之路。

(三)海洋纠纷国际化与英格兰判例及习惯的协调

至此,海事法庭局部突破"外国法"的价值导向、方法、原因等已经基本清晰,但在与"外国法"有关的案例中,还有一类"匪夷所思"的案件,它的判决毫无逻辑,引发了学者的各类猜想,即海事法庭关于船长权限的规则及其判决。

16世纪,船长职业化,不再有权自行借款、开支,尽管有的法典可能仍保留船长在必要情况下修理船舶、购买物品的权利,他的所有行为仍要得到合伙人的同意,未经同意,则自费。[③] 但是,英格兰海商法并没有完全抛弃船长的自主性,他不仅可以根据船舶需要自行开支,合伙人还

---

① See *Calendar of the Patent Rolls Preserved in the Public Record Office*, Vol. 1, p. 22.

② See William Searle Holdsworth, *A History of English Law*, Vol. 5, p. 137.

③ 比如,1597年《汉萨同盟法》第3条规定:"除非船舶身处陌生国家,没有船东的同意,船长不应修理船舶、小船或绳索,违者应自费承担支出"。第4条也规定:"除非有1~2个合伙人同意,船长不应给他的船购买任何东西;而如果他未经同意购买,应惩罚他50索拉;无论是船长还是船东都不应给船舶购买任何东西,船舶的所有开支都会用准备好的款项来支付"。*The Laws of the Hanse Towns* (*circa* 1597), http://www.admiraltylawguide.com/documents/hanse.html,最后访问日期:2021年9月24日。

需对此承担连带责任,直到17世纪才被普通法法院改为不具有连带责任。[①] 1538年至1541年,海事法庭分别受理三起船长在国外借款后,债权人要求国内船东还款的案件,即乔治·达菲尔德号案(George Duffield)、奥斯特姆诉卡斯特林案(Austem c. Castelyn)以及韦伯诉卡斯特林案(Webb c. Castelyn),其中,乔治·达菲尔德号案持续3年之久。三起案件的案情十分相似,都是案涉船舶的船长分别向原告借款用于船舶开支,约定到港口归还,后来都没有完成航程,在某处遇难,船舶就此遗失,比如,乔治·达菲尔德号在圣迈克尔(St. Michael)遇难,且找不到残骸。三起案件的判决也十分相似,海事法官认为,为了船舶本身的良好运作,船长、船东、船舶经营人有权抵押运费、船壳、货物等一切物品贷款,因此,产生债务后,他们也应当对相关支出承担连带责任。[②]

虽然海事法庭最后给出了船长、船东、船舶经营人就船舶运作为目的的贷款承担连带责任的结论,支持原告的诉求,但其逻辑却相当"匪夷所思"。海事法官似乎认为,船长、船东、船舶经营人以船舶运作为核心结成合伙,都有权抵押船舶贷款、也就应承担连带责任。这显然违背常理,且不说彼时可能根本没有船长、船东、船舶经营人三者结成合伙的习惯,即使有,他们承担无限连带责任的同时,应获得一定的利润份额。但在海事法庭的推理中,既没有提及这一可能存在的习惯,也不能认为有权为了船舶运作贷款是一种利润份额,相反,抵押船舶贷款只是享有利润份额的合伙人的权力之一。

值得注意的是,在传统习惯中,船长在国外为了船舶需要贷款后,只有船舶安全抵达目的港,债权人才可以要求船长或船东偿还。所以,三起案件中,债权人均以船舶不适航为由主张船长故意丢失船舶逃避

① See William Searle Holdsworth, *A History of English Law*, Vol. 7, p. 248 – 249.

② See Reginald Godfrey Marsden ed., *Select Pleas in the Court of Admiralty*, Vol. 1, p. 106 – 110.

责任,进而主张,虽然没有完成航程,也应该还钱。[①] 因此,这一判决及其逻辑推理也是当事人始料未及的。

回归案例可以得出的一种解释是,海事法庭不是以英格兰特殊的经济社会情况作出不同规定,而是在传统海事习惯与地方统一习惯之间所做的协调。

继续以1538年至1541年的3起船长贷款案为例,当外国借款人向海事法庭寻求救济时,适用传统海事习惯虽然可以立即让船东承担连带责任,但船长毕竟不是合伙人,即使在船长的雇佣合同中授权他可以为了船舶需要贷款,现在船舶丢失,无法达成传统习惯中船舶安全抵达才需偿还贷款的条件,也就无法为外国债权人提供救济;而若适用欧陆的新规则似乎更为糟糕,英格兰船长、船员普遍较为穷苦,本就需要道德良心原则给予倾斜保护,如果海事法庭判决由船长自费,那么外国债权人因船长没有资产而无法执行的同时,也会使本就穷苦的船长陷入更为绝望的境地。因此,在坚持传统习惯中船东连带责任达到救济国外债权人的同时,不能完全适用新规则使船东有机会主张船长独自负担债务,于是,便出现了船长、船东、船舶经营人都有权就船舶运作抵押船舶、运费等贷款的同时也许对此债务承担连带责任的规定。

必须做出这样协调的原因在于,船长权限这一传统上一般发生于本土的海洋纠纷拥有越来越多的涉外因素,在统一与成文化本土海商法的背景下,这些纠纷成为国际海洋纠纷,需要海事法庭在救济国外债权人与适用国内道德良心原则时达到平衡。直到16世纪下半叶,英格兰本土商业和工业才真正开始发展[②],因此,都铎时期英格兰海商法的发展长期受外向型经济的过度影响,为了救济外国当事人的同时兼顾国内影响,海事法庭不得不创造出不符合常理的规则,或许正是这些“奇葩”规则过于不和人心,英格兰海商法才最终会在17世纪的法院斗

① See Reginald Godfrey Marsden ed., *Select Pleas in the Court of Admiralty*, Vol. 1, p. 106 – 110.

② See William Searle Holdsworth, *A History of English Law*, Vol. 5, p. 67.

争中败下阵来,被普通法吸收。

二、海事司法审判对海事制定法的偏向

可能由于《奥列隆法典》等“外国法”对欧洲的影响太大,学者们常常忽略英格兰王国法令、国王公告、海事法庭条令等海事制定法对英格兰本土化海商法的影响。其实,这些基于本土情况调整英格兰海事法庭法律适用的海事制定法才是最直接对英格兰海商法造成影响的规范。比如,1535年与1536年关于海事法庭适用普通法审理海盗、叛国等案件的规定①,不仅直接要求海事法庭适用普通法的程序、规则审理叛国罪、海盗等罪犯,而且改变海事法庭的审判方式,要求海事将军或海事法官与普通法法官组成特殊委员会审理,动摇海事法庭整个审判机制。那么,海事法庭如何适用海事制定法审理案件?有无像适用“外国法”那样的调整或协调?有没有创造出新的海商法规则?

(一)王国法令的优先效力

都铎时期关于海商海事的王国法令主要集中在管控进出口货物类型、管控船舶进出港以及海军士兵救济。包括:1554年,英格兰通过法令禁止任何船舶通过海洋运输给养和木材②;1562年至1563年,集中出台一系列管控货物进出口与船舶进出港的法令,如4年内本国国民可以出口本国国民捕捞的、由本国国民船只运输的海鱼;本国国民使用自己船只捕捞进口的海鱼不受约束、不收税;根据亨利八世三十三年法第33章收取船舶合伙的通行费,且不能出口咸鱼;对用外国船只运输法国酒的进口限制等③;1601年,颁布法令救济残疾海军士兵,要求当地官员支付抚恤金的同时,如果士兵没有收到,可以向当地海事法官寻求救济。④

这些法令几乎都在海事法庭得到严格执行,有的甚至打破海事法

---

① See *Statutes of the Realm*, 27 Hen. Ⅷ. c. 4,28 Hen. Ⅷ. c. 4. 15.

② See *Statutes of the Realm*,1 &2 Phil. &Mar. c. 5.

③ See *Statutes of the Realm*,5 Eliz. c. 5.

④ See *Statutes of the Realm*,43. Eliz. c. 12.

官判决的一般格式。关于货物进出口管控,比如,1564 年海事将军诉雅各布森案[①],这一判决将相关法令作为判决推理的大前提,打破海事法官不以三段论为判决逻辑的一般格式。再如,1541 年史密斯诉布莱耶案,该案中,被告非法出口,原告进行捕获,虽然被告认为原告涉嫌从官员处贿买自己的信息,但海事法庭认为仍然构成非法出口。[②] 1595 年,同样发生数起没有执照出口食物而被海事法庭逮捕、罚款的案件。[③] 关于船舶运输管控,1555 年吉莉施巴赫诉托尔案(Glisburgh c. De La Torre),该案中,佛莱明人和西班牙人共同在英格兰境内捕获一艘法国船,虽然是共同捕获,原告却没有获得协助捕获的报酬,故此提起诉讼。法庭最后判决双方平分捕获物。[④] 而关于海军士兵、尤其是残疾士兵的救济,虽然没有直接体现在海事法庭的判例中,但无论是道德良心原则还是船员薪资作为船舶优先权的地位,都是海事法庭执行这一政策的体现。

海事法庭在判决中不遗余力执行这些法令与政策的同时,也自行发展出了一些规则或手段进一步保障法令所指向的国家利益。比如,为了进一步保障已经收到的关税,海事法庭通过判例确立关税的绝对支付义务。在 1562 年凯恩诉法比安案(Caine c. Fabyan)中,被告向原告借钱没有归还,原告便申请扣押被告的货物;而在原告占有该批货物之前,原告被强迫支付 77 镑 6 便士 8 先令的关税,原告认为,该笔关税也应用于偿还自己的债权,于是在海事法庭就该笔关税起诉被告,要求

---

① 基本案情为:被告未经允许出口大麦和奶油,违反了玛丽与菲利普时期 1 ~ 2 年法第五章,海事法庭判决没收货物的同时进行顶格处罚,罚款 2 倍货物金额,其中 1.5 倍的金额给海事法庭,剩下 0.5 倍的金额奖励给发现该违法行为的人。See Reginald Godfrey Marsden ed., *Select Pleas in the Court of Admiralty*, Vol. 2, p. 127 – 128.

② See Reginald Godfrey Marsden ed., *Select Pleas in the Court of Admiralty*, Vol. 1, p. 100 – 101, 211 – 212.

③ See Reginald Godfrey Marsden ed., *Select Pleas in the Court of Admiralty*, Vol. 2, p. lxxiv.

④ See Reginald Godfrey Marsden ed., *Select Pleas in the Court of Admiralty*, Vol. 2, p. 95.

被告取回关税、偿还债务。但海事法庭没有支持原告的诉求,而是判决原告用自己的其他财产偿还①,可以看到,海事法庭认为支付关税的义务是绝对的,原货主、收货人还是其他任何占有货物的人都应缴纳关税,已经缴纳的关税也不得退还。

海事法庭对王国法令与对"外国法"的适用形成鲜明对比,对前者具有偏向性。此处的偏向性并不是指王国法令与"外国法"发生冲突时,海事法庭会适用前者,事实上,两者几乎没有发生冲突,而是指海事法庭会直接、严格地适用王国法令,并发挥能动性扩展保障国家利益的各种措施;而在适用"外国法"时,会首先考虑该法律能否直接适用,不能的时候会协调、调整乃至规避部分条款。从建构英格兰海商法这一目的来看,海事法庭似乎意在将王国法令直接纳入海商法范畴,而"外国法"则需通过海事法庭的转化才能适用。在统一与成文化英格兰海商法的过程中,以判例的形式转化欧陆传统海商海事规则固然重要,但也需要挖掘本土法律渊源②,搜集英格兰各地海事海商习惯或判例并不现实,因为海事法庭没有巡回法庭制度,高级海事法庭也并非最高海事司法机关,还有海事特别委员会作为上诉机关,因此,调整海商海事领域的王国法令成为重要切入点,既可以看到英格兰需要统一的海事规则,也可以通过判例统一海事规则,这或许也是海事法庭尝试确立关于关税、走私等行为的规则的原因。

(二)非正式海事制定法的优先效力

除王国法令,还有许多非正式的海事制定法,较为典型的包括:1490年,亨利七世以特许状的形式授权约克郡治安官发布《禁止包庇海盗以及购买海盗货物公告》(Proclamation against Harbouring Pirates, or Buying their Goods),要求各港口不得包庇、隐匿海盗,同时禁止买卖任

---

① See Reginald Godfrey Marsden ed., *Select Pleas in the Court of Admiralty*, Vol. 2, p. 123 – 124.

② See William Searle Holdsworth, *A History of English Law*, Vol. 5, p. 62 – 64.

何海盗出售的货物[①];1536 年,亨利八世以信件的形式发布《中立宣言》(Proclamation of Neutraluty),表明自己在教皇和法国国王纷争中的中立立场,英格兰将尽全力救济任何一方受损的国民或货物。[②] 海事法庭则在 1536 年发布《战时禁运公告》(Proclamation as to Contraband),任何英格兰人都可以带走从法国向苏格兰运送的食品、大炮等一切战争补给[③];在 1552 年发布《关于在泰晤士河捕捞鲑鱼和捕获小河船的条令》(Ordinayces as to Illegal Fishiing),为相关捕捞、捕获设定严格条件,起到限制泰晤士河上的船只数量、网的大小以及夜间行灯等海事规则。[④] 此外,还有不少来自咨议会、海事将军的命令、条例等,比如,1557 年,咨议会就敌方货物在友船与友方货物在敌船两种情况下的捕获是否合法的问题颁布专项命令,咨议会认为,由于法国认为这两种情况的捕获均为合法,司法实践也遵循这一规则,因此,英格兰也认可这两种情况的捕获都是合法的。[⑤] 再如 1568 年,爱德华·克林顿、塞西尔等签署议会命令,要求海事法庭在当年西班牙船舶在怀特岛被劫掠的系列案件中,判决都由相应被告承担赔偿责任[⑥];又如 1575 年,海事法官给康维尔以及其他地方的副海事将军发布命令要求释放一艘因外国授权而被捕获的船。[⑦]

---

① See Reginald Godfrey Marsden, *Documents Relating to Law and Custom of the Sea*, Vol. 1, p. 145 – 146.

② See Reginald Godfrey Marsden, *Documents Relating to Law and Custom of the Sea*, Vol. 1, p. 149 – 150.

③ See Reginald Godfrey Marsden, *Documents Relating to Law and Custom of the Sea*, Vol. 1, p. 150 – 151.

④ See Reginald Godfrey Marsden ed., *Select Pleas in the Court of Admiralty*, Vol. 2, p. 21 – 22.

⑤ See Reginald Godfrey Marsden ed., *Select Pleas in the Court of Admiralty*, Vol. 2, p. 22.

⑥ See Reginald Godfrey Marsden ed., *Select Pleas in the Court of Admiralty*, Vol. 2, p. lxx.

⑦ See Reginald Godfrey Marsden, *Documents Relating to Law and Custom of the Sea*, Vol. 1, p. 199 – 200.

海事法庭同样执行了这些公告、宣言以及命令。比如,1580年吉利图诉詹金斯案,原告起诉被告购买海盗货物,海事法庭判决每个购买者罚款200镑。[①] 如1541年罗姆尼和伍德案(Rumney and Wood),该案中,引航员操作失误导致船舶搁浅,随后他被逮捕入狱,原告要求其赔偿损失,海事法庭最后依据海洋法律(Laws of the Sea)和法庭条令(Ordinances of the Principal Court of the Admiralty)判决该引航员1年徒刑,虽然允许保释,但只有海事将军同意才可以重操旧业。[②] 再如1589年夏沫与巴克利案(In Re Somers and Buckley),该案中,夏沫协助巴克利捕获西班牙船,鉴于双方争议焦点是捕获物的份额分配,于是海事法庭采用仲裁的形式,由埃芬厄姆的霍华德(Howard)和其他人作为仲裁者作出裁决,为当事人划分了合理的捕获份额。[③]

之所以称公告、宣言等是非正式海事制定法,是因为它们虽然和王国法令一样由议会等官方机构做出,但海事法庭却没有严格适用,而是像适用"外国法"那样十分灵活。比如,关于《禁止包庇海盗以及买卖海盗货物公告》,在适用范围上,该公告本仅适用于约克郡,高级海事法庭却将其确立为英格兰本土习惯广泛使用于各地;在内容方面,公告禁止买卖海盗货物的行为,同时要求违者应返还原物或赔偿相应价金,否则有监禁或其他惩罚的可能,海事法庭在此基础上不仅通过1553年海事将军诉博纳案将海盗货物确认为国王财产[④],更是将买卖海盗货物违法扩张解释为占有、使用、买卖海盗货物均为违法行为,比如,在1575~1576年汉莫诉米德尔顿案(Hanmer c. Midleton),该案中,原告主张案

① See Reginald Godfrey Marsden ed., *Select Pleas in the Court of Admiralty*, Vol. 2, p. 153-155.

② See Reginald Godfrey Marsden ed., *Select Pleas in the Court of Admiralty*, Vol. 1, p. 102,213.

③ See Reginald Godfrey Marsden ed., *Select Pleas in the Court of Admiralty*, Vol. 2, p. 44.

④ See Reginald Godfrey Marsden ed., *Select Pleas in the Court of Admiralty*, Vol. 2, p. 84-86.

涉船舶所有权,要求被告返还,但由于船上有海盗货物,被告反而向海事法庭申诉要求给付相应金钱之后才能释放船舶。[①] 而在 1585 年梅因加德诉弗朗西斯·达克案(Mayngard c. Sir Francis Drake)中,原告起诉被告劫掠自己,而被告认为船上有海盗货物,因此不构成劫掠,海事法庭最终支持被告的主张。[②]

(三)都铎时期海事制定法的优先适用及其理解

虽然英格兰海事法庭从海事制定法中发展出不少本土海事海商规则,并且许多海事制定法及其发展出的新规则、习惯比《奥列隆法典》等"外国法"更能实现当事人的权利,但当事人似乎更为青睐用"外国法"主张自己的权利——而更为奇怪的是,当事人引用的往往是法典中未规定的内容。

比如,1555 年史密斯诉罗切斯特案(Smythe c. Rochester),该案中,原告要求被告返还被其占有的货物,被告辩称,货物在婚前就是她的,丈夫破产后又还给了她,根据《奥列隆法典》的相关规定,这批货物属于被告私人财产,原告无权取得。[③] 根据现有材料,当时的《奥列隆法典》里没有关于此种情况下可以获得货物的规定,反而《瓦伦西亚海事诉讼规则》(The Judicial Order of the Court of the Consuls of the Sea At Valencia)第 35 条有相关规定[④];而在英格兰海事法庭,以 1550 年奥特兰托诉被救助货物案为代表,已经有承认与执行婚前财产的判例[⑤],因此,虽然海事法庭最终支持被告的主张,但很可能不是以《奥列隆法

---

① See Reginald Godfrey Marsden ed., *Select Pleas in the Court of Admiralty*, Vol. 2, p. lxxi.

② See Reginald Godfrey Marsden ed., *Select Pleas in the Court of Admiralty*, Vol. 2, p. lxxii.

③ See Reginald Godfrey Marsden ed., *Select Pleas in the Court of Admiralty*, Vol. 2, p. 96 – 97.

④ See Travers Twiss, *Monumenta Juridica. The Black Book of the Admiralty*, *Apendix*, Vol. 3, p. 489.

⑤ See Reginald Godfrey Marsden ed., *Select Pleas in the Court of Admiralty*, Vol. 2, p. 13 – 14.

典》,而是以海事法庭自己的规则为依据。1564年索能顿诉伊丽莎白·博纳文特鲁号及其船东案(Thorneton c. Elizabeth Bonaventure & Jobson)可以从侧面支持这一猜想,该案中,涉案船舶由于天气原因被迫返程,船东要求支付薪资并且获得了支持。[①] 也就是说,海事法庭很可能很早就存在这样的规则,即托运人需要支付因不可抗力而未完成航程的运费或薪资。

当事人的"错误引用"或许和海事律师的缺乏有关。在16世纪的海事法庭,仅当法院认为存在无法解决的法律问题或者法院内部有观点分歧时,才允许当事人聘请律师,所以海事律师仅能解决法律问题、而非事实问题。[②] 一方面,都铎时期本就鲜有专门从事海事海商案件的律师,因为在海事法庭执业的律师大多也在其他适用罗马法的法院、如教会法院、大学法院执业,而16世纪海商海事规则、习惯多有变动,英格兰海事法院与欧陆法院的规则的不同之处越来越多,当事人便更难找到同时精通"外国法"与国内法的律师;另一方面,律师也似乎很少帮助海事法庭解决法律问题,反而容易使自己陷入不利境地,如1547年福瑞斯曼诉教会案(Furrysman c. Churche),该案中,律师曾协助当事人向王座法院就船舶所有权提起诉讼,该案也确实涉及法律问题,但由于海事法庭已在另案扣押涉案船舶,因此海事法庭发现该律师的行为后向枢密院报告,该律师最后被判决构成蔑视法庭。[③] 因此,海事案件当事人尤其是国内外商人仅依靠自己熟悉的、可能已经被淘汰的海事海商习惯、规则等寻求救济,便容易出错。

而海事法庭的"错误引用"则可能和法律适用界限有关。对海事法庭来说,由于海事将军本就熟悉国际海商海事规则,副海事将军大多是

① See Reginald Godfrey Marsden ed., *Select Pleas in the Court of Admiralty*, Vol. 2, p. 131 – 132.

② See William Searle Holdsworth, *A History of English Law*, Vol. 5, p. 83.

③ See Reginald Godfrey Marsden ed., *Select Pleas in the Court of Admiralty*, Vol. 2, p. 144 – 145.

出身精通罗马法的律师[①],又有《海事黑皮书》协助海事法官,因此,海事法庭不太可能犯错误引用法律这样的大"失误",这一行为的目的很可能仍然是为了救济当事人,只是不方便直接引用某些规则而用《奥列隆法典》代替。仍以1538年乔治号案为例,在传统海事海商习惯中,由于船长一般是合伙人之一,货物就是他的投资与收入,因此他必然会尽力照看货物。但随着船长地位的下降,不再享有合伙人地位,其尽力管货的责任心下降,便需要其他手段加重其管货义务。但是,由于传统海事海商习惯对此没有严格规定,彼时又缺乏监控等技术手段,在法律或事实上均难以加重这一义务,海事法庭便不得不创造新规则。于是,海事法庭再次使用和论证船长权限规则几乎一样的推理逻辑,为加重船长管货义务寻找对应的权利,即商人获得船员捕获物的权利。海事法庭无法直接适用这一属于特拉尼的规则[②],将其视为出自《奥列隆法典》的规则的原因,或许在于海事法庭认为《奥列隆法典》拥有北海—波罗等明示规则的同时,也拥有国际海事海商习惯这类"默示规则",因此宣称这一规则来自《奥列隆法典》。

三、海事法庭对国家、地区间条约的自主适用

最后一个对英格兰海商法本土化产生重要影响、却同样常常被学者忽略的是当时各类国际条约,它的重要作用在于,正如有学者指出的,虽然16世纪欧陆各地开始形成本土化的海事海商规则与习惯,但国际条约使各国海商法仍然保持极大的相似性。[③]

(一)和平时期海事法庭对多边公益条约的自主适用

在16世纪对英格兰海事海商领域产生重要影响的国际条约中,大多是在和平时期签订的贸易条约,而从都铎时期的案例来看,国际条约

---

① See William Senior, *Doctors' Commons and the Old Court of Admiralty: A Short History of the Civilians in England*, Longmans, Green and Co., 1922, p. 25.

② See Travers Twiss, *Monumenta Juridica, The Black Book of the Admiralty, with an Apendix*, Vol. 4, p. 531.

③ See William Searle Holdsworth, *A History of English Law*, Vol. 5, p. 102.

在海事法庭得到比王国法令更为直接、严格的适用。如1552年格尔德诉沃尔隆德案(Gelder v. Worelond),该案中,被告的船舶格雷亨德号(Greyhound)在查尔斯五世(Charles Ⅴ)和苏格兰的战争中被海盗捕获,后落入被告之手,原告故此要求被告返还该船。在判决中,海事法庭并未提及海盗捕获是否成立,而是确认原告是船舶所有人,因此被告应当返还船舶,如果船舶已经灭失,被告则应返还相应的钱款。虽然判决没有提及国际条约,但从后来的执行流程可以看到,这样判决的根本目的是执行英格兰在战后的和约安排,归还在战争中被海盗捕获的船舶。① 1552年格尔德诉沃尔隆德案与1573年梅诉霍金斯案形成鲜明对比,案情同样是原告船舶被海盗捕获,后落入被告之手,诉求同样是返还船舶②,但前者在国际条约的影响下,海事法庭不仅没有审查海盗捕获是否成立,也没有判断被告行为是否构成救助,而是出于执行和约的目的简单、直接地判决被告返还船舶,相比适用王国法令更为严格、直接。

此外,典型案例还有1550年西蒙内特诉马林案(Simonet v. Malyn),该案中,被告劫掠原告,由于原告的货物中有他国王室物品,枢密院基于1496年和平条约委任特别代表审理此案。③ 还有1571年汉萨公司诉雅各布斯案(Hanseatic Company v. Jacobson),该案中,汉萨公司控诉被告伪造商务介绍信,他明明是安特卫普人,却伪造信件称自己是布雷曼人,使自己能够享受汉萨商人在英格兰的特权。海事法庭最后查明事实,判决被告自行支付所有的经商费用。④ 这起案件与1554

① See Reginald Godfrey Marsden ed., *Select Pleas in the Court of Admiralty*, Vol. 2, p. 82.

② See Reginald Godfrey Marsden ed., *Select Pleas in the Court of Admiralty*, Vol. 2, p. 149.

③ See Reginald Godfrey Marsden ed., *Select Pleas in the Court of Admiralty*, Vol. 2, p. lxv.

④ See Reginald Godfrey Marsden ed., *Select Pleas in the Court of Admiralty*, Vol. 2, p. 145 – 146.

年 1 月英格兰基于与汉萨同盟之间和约而发布的一项命令有关，内容则是恢复汉萨同盟商人以前享有的全部特权。

如果将海事法庭扩展方式适用王国法令、灵活适用“外国法”等均视为其在适用法律时发挥了一定的能动性，那么海事法庭在适用国际条约时便没有这样的能动性，与现代适用国际条约的方式也有所不同，可以称之为“自主适用”。现在，大陆法系国家对国际条约的处理方式一般是将其转化为国内立法，或在诉讼法中要求法院在国际条约与国内法有冲突时优先适用国际条约①，无论是哪一种，都是将国际条约与国内实体法或程序法联系起来，进而由法院适用。但都铎时期英格兰海事法庭不是这样，尤其在 1552 年格尔德诉沃尔隆德案与 1573 年梅诉霍金斯案的比较中，可以看到如果国际条约对某项争议有明确规定，海事法庭便会在判决中确认与国际条约规定有关的事实，作出判决后以此为依据执行相关国际条约；但同时，判决中不会提及国际条约，也无需对国内法与国际条约的关系进行解释，只要最后结果符合国际条约的规定即可。这种“自主适用”的方式既没有从国际条约中发展出新规则的意思，也不是为了实现条约内容而扩展适用方式，相比“外国法”与海事制定法，是十分“中规中矩”的适用方式。

（二）战争时期海事法庭对单边私益条约的自主适用

国际条约一般都是在战争之后或其他和平时期签订，但在战争时期，英格兰曾发出与海事海商有关的单边私益条约。其中最为典型的是 1564 年高级海事法庭经国王授权发布的关于《不要和葡萄牙殖民地贸易、也不要劫掠葡萄牙船的公告》，大意为，目前英格兰和苏格兰交恶，大使们正在磋商，但还没有达成协议。在目前国际形势不明朗的情况下，由于葡萄牙和苏格兰贸易往来比较频繁，劫掠苏格兰的船货可能波及葡萄牙，而英格兰和葡萄牙的关系很好，所以，要求英格兰商人先

① 参见郑文辉：《中国法律和法律体系》，中山大学出版社 2017 年版，第 438 页。

暂停与苏格兰的贸易,也不要劫掠苏格兰的船。[①] 战争时期,英格兰本可以放任英格兰人对苏格兰船只恣意捕获,但这一公告从保护葡萄牙货物出发,遏制英格兰人无序侵占葡萄牙货物,因此,它虽不是直接给葡萄牙政治或经济上的优惠,却是为了他国利益而做出的单方面行为,因此将其称为单边私益条约。

由于16世纪尚未有明确而统一的战争法,如果在战争时期发生与交战国相关的案件,按常理,海事法官有相当大的自由裁量空间,甚至可以任意扣押各国船舶、货物。如1537年,就曾有英格兰人因自己的货物在法国和德国战争期间被捕获而向海事法庭寻求救济,但海事法庭无能为力。[②] 但是,与欧陆不同的是,在单边私益条约的影响下,虽然海事法庭在处理战争时期的相关案件时也对英格兰人有所偏向,但还是秉持对交好国的友善对待。

战争时期英格兰海事法庭适用法律时对英格兰人有显著偏袒,如1558年马修诉汤普孙的柜子案(Matthewe v. A Chest of Thompson's),该案中,原告因汤普孙的建议而在西班牙被不公平逮捕,后原告虽被释放,释放时却正巧遇到英国对法国宣战,导致原告刚被释放就又被法国人抓住并带到迪耶普(Dieppe)。原告要求汤普逊赔偿自己的损失,如今找到他的一个箱子,因此提起诉讼。海事法庭没有在判决中阐明原告损失与汤普逊行为之间是否有因果关系,而是直接判决原告在英法开战后立即被逮捕与汤普孙的行为有关,因此,为了补偿原告,没有其他办法而只能用汤普逊的箱子支付,因此判决该箱子归原告所有。[③] 而以1558年根那诉帕提逊案(Gonner v. Pattyson)为例,可以看到海事法庭在战争时期对交好国的友善对待。该案中,原告在海外捕获被告货

① See Reginald Godfrey Marsden ed., *Select Pleas in the Court of Admiralty*, Vol. 2, p. 29 – 31.

② See Reginald Godfrey Marsden ed., *Select Pleas in the Court of Admiralty*, Vol. 2, p. lxv.

③ See Reginald Godfrey Marsden ed., *Select Pleas in the Court of Admiralty*, Vol. 2, p. 104 – 105.

物,该货物属于当时与英格兰的交好国。原告向海事法庭起诉,要求将其捕获判定为合法的战争捕获,海事法官曾提醒原告,虽然可以判决其捕获成立,但由于货物并非属于敌对国家的人,因此会有一系列的人对合法捕获有争议,他们可能到伦敦及其毗邻地另行诉讼。① 虽然海事法庭在原告坚持占有捕获物的主张下判决其捕获有效,但仍可以看出,如果货物不是敌对国家的,即使在战争时期,英格兰人的捕获也不能得到广泛的支持。

从战争战略的角度来看,海事法庭秉持单边私益条约是必要的。虽然对16世纪英国海外拓展战略的一般认识,是英格兰人中途掠夺西班牙等国从海外运回的财宝②,但这种竞争战略与战争毕竟不同。英格兰人对西班牙、葡萄牙等国船舶的劫掠再多,也是个人行为,面对由此引发的纠纷,海事法庭可以支持、也可以反对,而无论支持还是反对都不会影响国家安全,即使招致相关国家、地区的不满,也多还以商业、经济或法律等方面的报复。但战争则不同,任何国家都无法保证自己一定会赢得战争,因此,在增强自己实力的同时,更要维护好非参战国的关系,让他们减少对敌对国的支援。那么应当如何减少?有时可以与其他国家结成军事联盟,有时可以敦促其他国家保持中立,但能够做到这两点也是不容易的;颁布单边私益条约也是一种方式,且容易做到,虽然这种方式可能没有像其他国家发表中立宣言那样有直接效果,但可以表明自己尊重其他与战争无关国家的财产的态度,争取他国同样尊重英格兰人,至少不要干预战争。

因此,单边私益条约及其司法实践或许可以被视为海事法庭以司法手段支持战争的一种表现,虽然这种方式远不能对战争结果起到决定性作用,但对战后签订条约以及尝试构建国际争端解决机制起到了积极作用。

---

① See Reginald Godfrey Marsden ed. , *Select Pleas in the Court of Admiralty*, Vol. 2, p. 106 - 108.

② 参见赵立行:《英国商人》,江西人民出版社1995年版,第88~89页。

(三)海事法庭对统一海事纠纷解决机制的促成

都铎时期,欧洲没有像现在国际法院一般解决国际海事纠纷的机制,仅有各自建立专门法院处理海盗案件这一共识。1509年3月,英法两国签订条约,约定每个国家都应当建立特殊法院来快速处理海盗案件,这一份条约没有提及建立怎样的法院①;1519年,英国与西班牙签订处理海盗问题的条约,约定各自建立"特殊法庭"处理海盗问题,并且它的程序应当快速、非正式,并根据善意(Merit)判决。② 可以看到,16世纪早期,英格兰似乎在极力促成某种以法院为载体的统一海事纠纷解决机制,而无论是海盗案件这一管辖范围还是根据善意判决的司法原则,似乎都在暗示这一纠纷解决机制与英格兰海事法庭之间的密切联系。

到都铎晚期,虽然不再有关于"建立专门法庭"的国际条约,欧洲各国国王以及地区长官之间关于处理海盗、捕获纠纷的会议、书信却大量增多,确实形成一种以会议为主、书信为辅的国际海事纠纷解决机制。16世纪,随着海上争霸愈演愈烈,如何确认合法捕获、非法劫掠、海盗以及报复性劫掠成为各国、各地区的焦点问题之一,英格兰也是如此,但与其他国家、地区有所不同,英格兰人往往是劫掠他人进而被投诉的一方;又由于纠纷过多,当时甚至出现不少城市拒绝英国商人进入的现象,如1597年10月8日,爱德蒙城(Edmeund)的长官威胁将与英国人断绝贸易;如1597年12月1日,斯勒斯韦齐(Sleswic)的地方官表示,一想到英国商人,他就十分懊恼不能脱离女王的法令控制。③ 为了缓解这一现象,英格兰多次派出大使前往其他国家与地区的城市进行谈判,如1597年10月31日,在爱德蒙城威胁与英国商人断绝关系的2个多月后,伊丽莎白一世女王表示将派出大使团集中解决此类问题,第一站

---

① See Reginald Godfrey Marsden ed., *Select Pleas in the Court of Admiralty*, Vol. 1, p. lvi.

② See Edward Stanley Roscoe, *Roscoe on the Admiralty Jurisdiction & Practice of the High Court of Justice*, Stevens and Sons., 1920, p. 100.

③ See Thomas Rymer, *Foedera*... Vol. 7, p. 195.

是格罗宁根(Groningen)。谈判成果斐然,格罗宁根很快便允许英国商人进入城市。此后爱德蒙、丹麦等城市或直接开放、或要求检验英国对英格兰人暴行的处理,甚至在港口城市迎接英国相关大使的来访。① 而最为特殊的,要属1564年高级海事法庭法官戴尔(Dale)博士到佛兰德斯参加在布鲁日召开的一项会议,这次会议中,戴尔博士向西班牙、佛兰德斯等地的代表解释英格兰海事法庭对当年英格兰人劫掠西班牙系列案件的判决。② 这些会议无疑对解决涉及国际海事纠纷尤其是捕获、海盗等纠纷起到了关键的作用。

同时,会议并非唯一方式,国王、大使之间的书信往来也对解决纠纷、指导司法起到了辅助作用。比如,1587年至1588年,伊丽莎白一世女王曾和瑞典国王就船舶逮捕事宜有书信往来,以此协调两国法院对两国船舶的扣押问题③;比如,1591年7月,丹麦国王克里斯汀四世(Christian Ⅳ)写信给伊丽莎白一世抱怨英国人对丹麦人的暴行,并警告会进行报复性劫掠。1591年至1595年,包括撒克逊(Saxon)国王、阿尔滨(Albin)地方官、波兰国王、汉堡港长官以及奥格斯堡的一些商人都曾写信给伊丽莎白一世控诉英国人的海上暴行,要求处理相关商人。④ 这些信件一定程度上使英格兰女王意识到英格兰人在海外的行为确有不妥,也为后来派出大使团集中处理这些投诉埋下伏笔。

单从政治、外交或商业发展的角度来看,这些条约、会议以及信件似乎没有什么关联,但如果从统一国际海事纠纷解决机制的角度来看,这些材料却串联起英格兰以海事法庭及其海商法为媒介积极促成国际海事纠纷解决机制的过程。英格兰海事法庭,可以将其视为英格兰率先践行它所倡议的统一纠纷解决机制的标志。

---

① See Thomas Rymer, *Foedera*... Vol. 7, p. 200.

② See Reginald Godfrey Marsden ed., *Select Pleas in the Court of Admiralty*, Vol. 2, p. lxix.

③ See Reginald Godfrey Marsden ed., *Select Pleas in the Court of Admiralty*, Vol. 2, p. lxxii.

④ See Thomas Rymer, *Foedera*... Vol. 7, p. 205.

一方面,海事法庭通过对捕获要件的弹性认定,缓冲其他国家可能对英格兰区别处理海盗的不满,而司法原则中对涉外案件中外国人、外国货物等的倾向性适用又使各国虽不愿赞同、却也难以否认英格兰处理海事案件的恰当性。这种做法的影响是深远的,直到现在,许多人仍会混淆16世纪至17世纪英格兰海盗、私掠船船员以及商人探险家等称谓,但在当时,却是让其他国家及其商人接受英格兰海事法庭做出的关于海盗、捕获等案件判决的必须之举。另一方面,在法律适用上,海事法庭几乎是英格兰唯一优先适用《奥列隆法典》以及国际海事海商习惯等"外国法"的法庭,虽然海事法庭对本土海商法多有发展,也突破了不少规则,但海事法庭仍然是各国商人都乐于寻求救济的地方;再加上单边私益条约等的良性影响,至少在机制层面,英格兰海事法庭不会过度偏向英格兰人,海事法庭也就成为英格兰对外传达自己尊重国际习惯、欧陆法律,进而促成欧洲统一纠纷解决机制的形成。

欧洲其他国家很可能广泛认同海事法庭的这一促成作用,因为,如果欧洲国家普遍不认同英格兰海事法庭的判决,也无意促成这一机制,就不会有耐心召开会议聆听英格兰海事法官解释海事法庭判决;而西班牙国王虽不满英格兰自诩海洋法官(Judges of the Seas),[①]但如果英格兰海事法庭没有国际影响力或者欧洲各国普遍没有国际海事纠纷解决机制的共识,恐怕他既不会参加会议,也不会做出这样表面讽刺、但实质较高的评价。

英格兰海事法庭已然成为英格兰外交的重要抓手,也为英格兰增加海洋财富、巩固海洋财富起到关键作用,但海事法庭对16世纪英格兰的影响不止于此,海事法庭在政治、经济、军事等各个方面都对形成英格兰绝对君主制起到重要作用。

① See Reginald Godfrey Marsden ed., *Select Pleas in the Court of Admiralty*, Vol. 2, p. lxix.

“私权”之前：专利权性质演进中的威尼斯实践

李沁怡*

［摘要］专利权的性质存在从“专利特权”到“专利权利”的转变过程，这一过程从 14 世纪的威尼斯发端，在 18 世纪的英国实现关键转型，并在 19 世纪的美国完成。然而，在“专利特权—专利权利”的二分法之下，威尼斯作为早期专利制度的实践者，并未得到充分公允的评价。这一结果存在两个原因：其一，威尼斯的专利制度在事实层面并未得到充分的考察，因此无从公允地开展规范层面的评价。其二，“专利特权—专利权利”的叙事存在解释和修正的空间，专利权性质的演进并不如这一模型概括的一般简明，威尼斯的专利实践显示出专利权性质演进的变动反复和不稳定性，“专利特权”与“专利权利”之间存在一幅以不同事实强度展开的光谱。

［关键词］威尼斯共和国；专利制度；专利特权；专利权利；知识产权法史

一、引论：知识产权法史的惯常叙事

知识产权法史上，在作为法律概念的“知识产权”（intellectual property）出现之前，专利法和著作权法就已经形成了规范这一概念项下具体行为的成文法案和系列判例。其中，威尼斯共和国 1474 年专利法（The Venetian Senate’s 1474 Act）被视为世界上第一部专利法，也被誉为现代专利法的“雏形”和“开端”；英国于 1624 年颁布的《垄断法》则往往被授予“第一部现代意义上的专利法”的称号。

由于英国在现代知识产权法史上稳固的起点地位，知识产权法史中的威尼斯专利法往往沦为佐证意义上的“前现代”法，使威尼斯的专

---

* 李沁怡，中国人民大学法学院法律史专业硕士研究生。

利制度本身难以得到充分的考察,学者们对其的看法展现出混乱的情况:在专注于长时段的专利史学者那里,威尼斯共和国的专利仅是一种伴随城市复兴而来的“现象”①,不足以被称为一种制度;在专注于威尼斯知识产权的著作中,威尼斯专利制度又扮演着专利史上过分全能的成熟角色。② 然而,威尼斯的专利制度到底如何形成,专利史上的两个“第一”之间到底存在何种差距,二者在专利权性质的“专利特权—专利权利”的叙事中得到何种评价,仍然需要探究。

本文拟探究两个问题,首要的问题是,威尼斯的专利制度到底呈现何种面貌?众所周知的是,威尼斯在1474年出台了世界上的第一部专利法,而此前一个多世纪有关发明的“特权授予”实践为其提供的前提却常常被忽视。实际上,14~16世纪发展起来的完整的威尼斯专利制度可以被拆解为对四个交错的发展阶段:首先是在威尼斯行会中逐渐形成一种对手工艺知识的专有态度,实现了心态上的变化并累积了行会的经验。其次是在知识专有心态形成的基础上,威尼斯社会中形成了一种专利特权的习惯实践。再次,在一种专利授予实践模式形成的前提下,受到政府、行会和发明者三方需求的推动,并且促成了一部一般专利法在1474年通过,实现了专利授予规则从个别到一般的转变。最后,在1474年专利法出台之后,继续进行的专利实践。直到1474年专利法颁行,发明人所享有的专利权已经与“专利特权”存在区别,呈现十分显著的“专利权利”氛围。然而,此后的专利实践与1474年文本之间存在的差距似乎又使此等“转向”沦为虚构。因此,与“专利特权”所能传达的意涵相比,14~16世纪威尼斯的专利制度所呈现的情况显然要更加复杂,也更加值得探究。

---

① 参见金海军:《知识产权私权论》,中国人民大学出版社2004年版,第39页。

② 例如,声称此后的所有专利法都没有突破1474年法的框架,1474年法孕育了英美和大陆两大法系的专利制度。See Bruce Willis Bugbee, *Genesis of American Patent and Copyright Law*, Public Affairs Press, 1967, p. 23; Christopher May, *The Venetian Moment: New Technologies, Legal Innovation and the Institutional Origins of Intellectual Property*, Prometheus: Critical Studies in Innovation, Vol. 20:2, p. 159 – 179 (2002).

在厘清威尼斯专利制度的面貌之后,本文还将追问的问题是,专利权性质的演进叙事本身是否是一种过于泛化的抽象和过于绝对的划分?在进入"专利权利"之前的"专利特权"时代,"专利权"是否呈现一成不变的样态?14~16 世纪威尼斯的专利制度中所显示出的反复性和复杂性为对这一问题的回答提出了新的可能。

二、早期威尼斯专利个别授予模式的形成

在 1474 年专利法出台之前,威尼斯已经开始对发明者个案地授予专利特权,并在实践中形成了一种习惯模式,为一般专利法的出台提供了前提。这一时期,专利特权的个别授予模式又经历了几个发展阶段:最初以行会经验为基础,形成了技术专有的心态;技术专有心态日渐由团体主义转向个人主义,技术保护机制由行会主导转向政府主导,并在威尼斯共和国政府、行会和发明者三者之间的利益平衡之下最终稳固,形成专利授予的非正式制度。

(一)习惯基础:14~15 世纪威尼斯的专利特权习惯实践

1. 技术专有心态的形成:从团体主义到个人主义

行会对手工艺技术专有心态的出现是专利特权习惯实践出现的前提。随着西欧经济的复苏,到 13 世纪后期,行会在城镇中普遍发展①,威尼斯自发展手工业以来,在玻璃加工技术、造船技术和航海技术、丝绸纺织技术等行业中取得了欧洲领先地位。② 先于制造业发展起来的繁荣商业使威尼斯人敏锐地意识到玻璃制造技术的商业价值,催生出对手工艺进行保密的最早尝试。

---

① 参见[英]M. 波斯坦:《剑桥欧洲经济史(第三卷):中世纪的经济政策和经济组织》,经济科学出版社 2002 年版,第 195~196 页。

② 威尼斯发达的玻璃制造业得益于一流的原料和技术。领先的贸易地位给威尼斯带来了优质的东方原料,从东方进口的叙利亚苏打灰使威尼斯制造的玻璃比欧洲其他地方制造的玻璃更加澄澈。

复杂玻璃制造工艺①本身是一种具有经验性的知识,因而在交流和传播时要求那些拥有它的人采取审慎的行动,通过面对面的交流来分享它②,局限在狭窄的范围内传播。心态上,工匠在教授、传播技术时常常抱持着对制造工艺故意隐瞒的动机,从而内在和主动地将工艺和技术知识视为具有商业价值的无形财产,隐含着一种对技术进行占有的愿望。由行会主导的手工艺保密制度很快体现出此等专有心态:行会禁止工匠在威尼斯之外的其他地方经营玻璃制造,玻璃制造工艺的传播被限制在工匠和学徒之间的一对一培训。同时,在团体主义意识主导下,手工艺知识开始被视为使威尼斯和玻璃行会共同受益的公有财产(communal property)。帕梅拉(Pamela Long)指出,"在促进对无体财产、工艺知识(craft knowledge)与物质产品分离的进程中,行会发展了'知识产权'(intellectual property)的概念,但从未这样称呼它。"③

与文艺复兴进程同步,具有创新精神的个人很快开始突破行会的体系,开始以个体的面貌出现在专利史中。在1421年的一份专利请愿

① 玻璃制作过程相当复杂,最终的玻璃制品受到原材料的种类、混合比例及组合方式,制作过程不同阶段炉温,着色配方,吹制玻璃的秘诀等多种因素的影响。每一个环节都关系到成品的澄澈度、成色和纯度,工艺知识密集地分布在复杂的玻璃制作过程中,由富有经验的工匠亲自掌握。

② 需要注意,工艺的低传播现象并不当然地等同于"手工艺保密"。二者的核心区别在于工匠的主观动机的差异当手工艺保密的概念真正出现时,掌握技术的工匠对工艺知识进行隐瞒的动机。所以古代行会的"手工艺保密制度"实则是将一个未受审查的概念套用到了古代的事实上,如果没有主动进行故意隐瞒的动机,"手工艺保密制度"是不成立的。See Stephan R. Epstein, *Property Rights to Technical Knowledge in Premodern Europe*, 1300 – 1800, The American Economic Review, Vol. 94:2 (2004), p. 382; Pamela O. Long, *Invention, Authorship, "Intellectual Property," and the Origin of Patents: Notes toward a Conceptual History*, Technology and Culture, Vol. 32:4, p. 858 – 860 (1991).

③ Pamela O. Long, *Invention, Authorship, "Intellectual Property," and the Origin of Patents: Notes toward a Conceptual History*, Technology and Culture, Vol. 32:4, p. 870 (1991).

书中,请愿人布鲁内莱斯基[①]就自己的一项发明向政府申请了包含垄断、免税在内的特权。在这份请愿书中,个人发明者对其将自己描述为"一个最聪明的人,既勤奋又有令人钦佩的发明。"他认为,这一发明不应归属于行会,而应归属于他个人。因此他拒绝将这样一台设备公之于众,"以免我天才和技能的成果未经我的意愿和同意而使他人获利。"这份请愿书一方面体现出团体主义专有态度已经十分显著地转向个人主义技术专有(individual authorship)态度;另一方面,也展示出技术工匠对技术保护制度提供者的倾向开始从行会转向了政府。更为重要的是,专利特权请愿书隐含着一个前提,即技术价值和物质载体在观念上的分离,物质载体在审查时仅作为技术的成果以技术有效性的论证,而不是实物所有权的确证,个人对技术的专有愿望被放置到请愿书的中心。

这一时期,对技术的专有心态在威尼斯行会中成长起来,经历了从经验性手工艺技术中的诞生和从团体主义到个人主义转向的历程。在威尼斯的手工艺实践中,技术知识与产品的分离趋势已经出现,对手工艺技能和知识的专有态度促进了人们对无形财产所有权的思维形成。个人主义和政府方法的出场,使发明人作为"行会—城市国家"结构下的第三主体崭露头角,政府开始提供与行会机制存在竞争替代关系的技术保护制度,一种新的惯例正在生成。

2. 技术保护机制的出现:由行会主导转向政府主导

在技术保护制度从行会主导到政府主导的转变过程中,行会的手工艺保密制度为威尼斯政府提供了宝贵的经验[②]。实际上,自13世纪晚期,威尼斯政府已经对手工艺技术保护机制有所参与。威尼斯大议

---

① 布鲁内莱斯基是佛罗伦萨著名的建筑家,设计了佛罗伦萨圣母百花大教堂的穹顶。See Archivio delle Riformaggioni di Firenze, Filza 113.

② 除了威尼斯,热那亚的纺织行会也能够展现行会规章对政府专利制度建立的影响。热那亚的情况参见 F. D Prager, *The Early Growth and Influence of Intellectual Property*, Journal of the Patent Office Society, Vol. 34:2, p. 131 – 132 (1952)。

事会在1297年颁布了一份与药品相关的法令①,尽管当时行会仍然在技术保护机制上占据上风,但政府的角色在技术保护领域变得日益重要起来。14~15世纪,威尼斯陆续出现了采矿权、技术设备相关特权和印刷特权等专利特权授予,至15世纪,威尼斯有档案记载的专利特权授予至少存在13项。② 在1474年法出台之前,15世纪的威尼斯就已经形成了专利授予的习惯实践。

除了行会经验的延续,15世纪威尼斯共和国所面临的独特情况也推动了专利特权模式的形成。一方面,威尼斯本土制造业的崛起迅速提升了对排水设备③和高效率磨坊的需求量,排水和磨坊技术设备的专利申请的数量激增;另一方面,战争引起了威尼斯财政上的连锁反应④,在威尼斯的重商主义实践中体现为共和国对技术发展的日益重视——技术发展为威尼斯提供了更多可流通的商品,共和国内外的交易和税收能够得到提升;技术发展也满足了战争物资的供给和兵工厂对造船技术、武器装备的需求。⑤ 因此,一系列的技术鼓励和保护措施相继出

① "如果一个医生根据自己的秘密制造药品,他必须只用最好的材料制造,所有的药品必须保存在行会中,所有行会会员必须发誓不得窥探。"这一法令已经介入此前由行会参见 Giulio Mandich, *Venetian Origins of Inventors' Rights*, Journal of the Patent Office Society, Vol. 42:6, p. 378 – 379 (1960)。

② 1416年授予了一项,1443年至1456年授予了六项,1460年授予了两项,1469年授予一项,15世纪70年代的前几年授予了三项。See Giulio Mandich, *Venetian Origins of Inventors' Rights*, Journal of the Patent Office Society, Vol. 42:6, p. 379 – 380 (1960).

③ 长久以来,威尼斯所处的潟湖地理使威尼斯人必须时刻警惕河道淤塞,因此排水成为威尼斯的一项重要事务。参见[英]克里斯托弗·达根:《剑桥意大利史》,邵嘉骏、沈慧慧译,新星出版社2017年版,第50页。

④ 战争的结果是威尼斯15世纪上半叶在意大利的扩张创造了领土广阔的国家,将科孚岛和包括帕多瓦在内的陆地城市收入囊中。而在与奥斯曼的战争中,最终的结果是到15世纪末,奥斯曼帝国超越了威尼斯在陆地上和海上的力量,威尼斯在欧洲的强权国家地位受到极大的冲击。参见[英]约翰·朱利叶斯·诺里奇:《威尼斯史:向海而生的城市共和国》,杨乐言译,译林出版社2021年版,第388~391页。

⑤ 政府同时可以对这些特权中技术设备的无偿取用。例如,1460年授予移民发明家 Jacobus de Valperga 的专利中,威尼斯政府声明其有权在各处兵工厂(Arsenal)使用这一技术来制造此类水泵。

台,鼓励外国工匠的进入,向技术持有者提供基金资助并授予其专利特权。①

向威尼斯政府提交的专利请愿书的数量日益增长,请愿书展现出这一时期专利授予的一般情况:首先,个别专利授予的流程确定。专利申请人向政府的特定部门递交专利申请书,由负责的官员审查后,作出是否给予专利申请人一项特权的决定;政府授予的特权内容各不相同,特权之间可能时长不一、涉及金钱数额不同,其具体内容由审查官员决定。其次,请愿书内容类似,在为了说服官员通过请愿时所使用的理由存在叙述上的模式化特征:第一,请愿人辛勤工作的发明成果能为威尼斯带来的"效用"(utility);第二,他为此投入了不少精力(he efforts bestowed on the work);第三,使没有对该工作有贡献的人从该工作中获益是不公正的(unjust);第四,此前威尼斯存在授予类似特权及其内容的"先例"(precedent set by prior)②。最后,政府对专利请愿的审查重点确定。审查重点建立在对共和国公共利益的考量之上,相比之下,新颖性及技术的来源是次要的,"一切按社会的命令办事"③。审查时,请愿人必须进行技术试验(experientia)以展示技术的实用性,审查程序往往通过交谈而非书面记录和说明的形式进行。④

---

① 财政资助和特权(包括垄断和免税)都是威尼斯政府在此期间使用的手段。战争对现金流的需求促使威尼斯改变了财政补贴的方式,转而采取发放(不包含补贴在内的)特权。参见[奥]伊利奇·考夫等:《专利制度经济学》,柯瑞豪译,北京大学出版社 2005 年版,第 6 页。

② See Giulio Mandich, *Venetian Patents* (1450 - 1550), Journal of the Patent Office Society, Vol. 30:3, p. 201 (1948).

③ "威尼斯发明专利证书有十分之九是为了解决本市的问题:疏通入海河流的航道;提水;开挖运河;改造沼泽地;在没有水力可资利用的平川地区寻找磨坊的动力;推动锯子和磨盘,粉碎鞣料和制造玻璃的原料。"参见[法]费尔南·布罗代尔:《日常生活的结构:可能和不可能:十五至十八世纪的物质文明、经济和资本主义》(第 1 卷),顾良、施康强译,商务印书馆 2017 年版,第 529 页。

④ 参见[德]福兰克·D. 普拉格:《知识产权史:1545 - 1787 年》,周琼译,载《私法》2007 年第 1 期。

总之,在一方面吸取了大量的行会经验,另一方面凝聚着威尼斯作为整体的利益考量的前提下,经过至少一个世纪的专利特权授予实践,15世纪的威尼斯形成了由政府主导的个别专利特权授予模式。

(二)转向一般法:“国家—行会—个人”利益平衡的新需求

个别专利授予在威尼斯形成了一种实践传统以及较为稳定成熟的运行机制,为一般专利立法奠定了基础。然而,专利授予实践基础与专利法出台之间并非一种必然关系。因为实际上,专利授予的习惯实践并非一种威尼斯独有的现象,意大利北部的几个城市共和国都存在类似的实践,却唯独只有威尼斯在1474年出台了一部成文的专利法①,在曼迪奇眼中,现代专利制度首次表现在15世纪的威尼斯简直是一种意外——“一个‘强国家—弱行会’的社会与专利‘理念’(idea)达到充分智力发展的结合的历史意外。”②

换言之,“专利”理念在威尼斯“强国家—弱行会”的社会背景下日渐成长,最终引发了成文专利法的出台。15世纪的威尼斯社会呈现“国家—行会—个人”的三分结构,政府、行会和个人发明者之间围绕着技术保护机制的供求呈现紧张关系:威尼斯的行会和个人发明者都对技术保护机制存在需求,针对这二者的需求,政府有能力供应专利制度;同时,政府内部存在利益集团去推动一部一般专利法的出台。因此,在专利制度的供给侧,政府是强的,而行会则是弱的。

1.需求:技术保护机制供求关系的变动

专利特权习惯实践模式形成之后,威尼斯的技术保护机制供求关系仍在变动之中:首先,对政府主导的个别专利授予模式需求增加,行会和个人发明者都有转向政府主导的个别专利授予模式的趋势。在行

① 一些学者在解释威尼斯专利制度的形成时所提出的原因很大程度上是意大利诸多城市共和国所共有的,而这些解释难以回答“为什么仅有威尼斯出台成文法”这一问题。

② Craig Allen Nard & Andrew P. Morriss, *Constitutionalizing Patents: From Venice to Philadelphia*, Case Western Reserve University School of Law Faculty Publications, p. 237 (2006).

会内部的技术创新[①]不断涌现的同时，威尼斯行会自身的保密机制无力维持行会的经济优势[②]，也无力自行授予和维持垄断。[③] 相比之下，意大利其他地方的行业协会更加强大，能够利用行业协会规则为成员的创新和知识产权的进口提供较为充分的保护。[④] 因此，威尼斯行会不得不考虑寻求外部的技术保护机制，转向由政府主导的专利授予机制。

另外，威尼斯形成了行会与个人发明者的技术竞争格局，行会在经济上的优势地位日渐受到后者的威胁。威尼斯政府的欢迎移民发明者的到来——“他们的技能在威尼斯受到欢迎，并且被这个城市相对丰富的物产和公正的声誉所吸引，移民们在每次战争和瘟疫来袭之后补充了人口。”[⑤]除了移民发明者，对于那些掌握了更先进技术的行会内部发明者，

---

① 与典型的中世纪欧洲行会不同，控制技术、阻碍进入和抑制创新的行为在威尼斯行会中并不常见。从组织形式上来看，威尼斯行会往往是以相关贸易为纽带建立起来的联合会（federations of related trades），与那些严格强调专业划分、工艺界限的典型行会不同，联合形式给予了威尼斯经济更大的灵活性。所以，从威尼斯行会的内部来看，技术创新是被行会允许甚至鼓励的，行会在其能力范围内尽量给予保护。参见 Richard Mackenney, *Tradesmen and Traders: The World of the Guilds in Venice and Europe*, *c.* 1250 – *c.* 1650, Croom Helm, 1987, p. 4. 而“18 世纪普鲁士的一个手工业行会管制是如此之严，以致其宣布了一条训令，即任何成员‘不得谋划、发明或使用任何新的东西。’”参见[美]乔尔·莫基尔等：《雅典娜的礼物：知识经济的历史起源》，段异兵、唐乐译，科学出版社 2011 年版，第 264 页。

② 威尼斯行会的主要作用不在于控制生产的细节，而是保护工艺的边界，允许各工艺种类中的工匠通过创新进行竞争，一种内部的创新意识自然地成长起来。因此在面对行会内部成员的创新时，行会自身提供的保密机制既不能提供充分的保护，也不能确保创新者的利益。

③ 参见 F. D Prager, *The Early Growth and Influence of Intellectual Property*, Journal of the Patent Office Society, Vol. 34:2, p. 131 (1952). 热那亚丝绸制造商协会中的规定和对规定的执行结果，参见 Bruce Willis Bugbee, *Genesis of American Patent and Copyright Law*, Public Affairs Press, 1967, p. 19.

④ 参见 Bruce Willis Bugbee, *Genesis of American Patent and Copyright Law*, Public Affairs Press, 1967, p. 19. 该书给出了热那亚丝绸制造商协会的例证，介绍了该行会的规定和对规定的执行情况。

⑤ Frederic C. Lane, *Venice, a Maritime Republic*, Johns Hopkins University Press, 1973, p. 201.

如果有行会之外的其他制度供应者能提供足够强的技术保护和经济激励,离开行会则是一个增加自身经济收益的选择。因此,对于行会而言,行会外的发明者,尤其是移民发明者的创新活动恰恰意味着对行会经济地位的威胁。“行会为保证其内部成员的利益而排斥外部人,这些外部人就包括发明者。发明者本人连同其新设备打乱了内部成员的既定经济地位。”①

对于行会来说,虽然1474年法授予发明者的特权不能直接实现行会维持经济优势的目的,但由政府公平地授予有限的垄断好过放任有力竞争者进一步侵蚀他们的地位。② 来自行会外的竞争压力导致行会作出了部分妥协,政府也可能将这种妥协视为减少行会反对移民发明者的一种方式。③

其次,既有的个别专利特权授予模式存在缺陷,请愿人对该模式存在更新的需求。既有的个别专利授予模式下,请愿人获得的专利特权个案差异大,可预期性弱。1416年到1472年现存的6份技术设备专利请愿书中,威尼斯政府授予垄断的时间长短不一,时长分布在5年到20年之间,给予垄断时长的标准难以确定。另外,专利申请流程中还存在政府自身人员变动造成的不安定性因素。在政府中任职的贵族因为轮换常常在同一岗位上仅工作几个月,请愿人刚刚结束与威尼斯官员的一次谈判,新一轮的选举就会带来一个随机的新官员,申请流程因此拖沓、甚至停滞,阻碍了创新者在专利申请上所欲的效率。

因此,对专利保护制度而言,供求关系变动和传统模式本身固有的缺陷致使发明者们渴求一种较此前更为稳定的获得专利特权的方式。

---

① [美]乔尔·莫基尔等:《雅典娜的礼物:知识经济的历史起源》,段异兵、唐乐译,科学出版社2011年版,第264页。

② 有学者指出,威尼斯参议院在1474年法出台过程中承诺给予本地行会成员以优先保护,并减少对外来技工的引进。参见Christopher May, *The Venetian Moment: New Technologies, Legal Innovation and the Institutional Origins of Intellectual Property*, Prometheus: Critical Studies in Innovation, Vol. 20:2, p. 159 – 179 (2002)。

③ See Christopher May, *The Venetian Moment: New Technologies, Legal Innovation and the Institutional Origins of Intellectual Property*, Prometheus: Critical Studies in Innovation, Vol. 20:2, p. 167 (2002).

一部一般性专利立法可能有满足这一需求的能力,亦即,若满足要件则授予发明人权利。

2. 动力:市民阶层在政府内部的推动

首先,威尼斯政府与行会之间的关系密切,二者的利益共识大于冲突。威尼斯的行会在共和国中扮演着一个特殊角色,"履行着行政管理和工匠协会的双重职能"①,行会成员往往在政府中担任职务②,而政府对行会的机构设置有所干涉,行会也履行着一部分政府的管理职能。此等互相嵌入的结构使威尼斯的行会与政府在增长共和国商业产值总量的考虑上一向能够达成共识。

其次,在利益共识的基础上,威尼斯政府内部存在利益集团推动一般专利立法。在出台成文法的过程中,担任政府高级公务员职务的契塔迪尼阶层原住民(the cittadini originarrii)③起到了关键的推动作用,他们往往有着商人④和高级公务员的双重身份,前者提供了这一阶层推进

① Richard Mackenney, *Tradesmen and Traders: The World of the Guilds in Venice and Europe, c.* 1250 – *c.* 1650, Barnes and Noble Books, 1987, p. 9.

② 行会受地方选举诞生的治安法官(Giustizia Vecchia)管理,下设 gastaldo,是最主要的行会职位,由行会成员选举产生,但受到治安法官及其批准的规章之限制,向治安法官负责。每年选举一次,在威尼斯至少居住 20 年。参见 Richard Mackenney, *Tradesmen and Traders: The World of the Guilds in Venice and Europe, c.* 1250 – *c.* 1650, Barnes and Noble Books, 1987, p. 21。

③ 威尼斯这个富裕的贸易社会被分为三个主要阶层:贵族(the patriciate)、契塔迪尼阶层原住民(the cittadini originarrii)以及波波罗(the popolo)。Cittadini 在意大利语中的意思是"市民",大约占到人口的 5%,大多从事商业活动,需要在威尼斯生活 25 年以上才能取得这一身份。能够担任高级公务员(各类小议会、委员会的文秘、助理人员)和中级公务员的只有契塔迪尼原住民(cittadini originari),而"城内市民"(cittadini de intus)和"城内外市民"(cittadini de intus et de extra)则最多只有担任下级公务员或享有某些贸易的特权。参见王绍光:《抽签与民主、共和》,中信出版集团股份有限公司 2018 年版,第 264 页。

④ 他们垄断了负有盛名的"大会堂"(scuola grandi)(威尼斯最大的五家行会)的要职,同时还控制了大约 500 家行会。社会流动依赖"市民阶层"这一中间阶级来完成,而是否成为"市民阶层"则要以财产多少为衡量标准。参见[英]克里斯托弗 · 达根:《剑桥意大利史》,邵嘉骏、沈慧慧译,新星出版社 2017 年版,第 50 页。

一般专利立法的动机,而后者则提供了插手威尼斯专利制度政治资本:一般专利立法比起传统专利授予模式,程序更固定,内容更清晰,运行效率更高,更能刺激生产环节新产品的出现,为作为商人的契塔迪尼阶层从商品交换中获利的机会。契塔迪尼阶层不仅能够参与共和国的专利制度变革之中,在后续一般法的实施环节中,他们漫长而安定的工作时间更是为威尼斯政府及其专利制度提供了至关重要的连续性①,也为专利申请流程的效率和稳定提供了基础。

三、1474年专利法的出台和运行

(一)1474年法的外观:保护私权的一般法

1474年3月19日,威尼斯共和国颁布了一项一般(general)专利法,由内阁(committees of Collegio)提案,并在元老院(Senato)以116票赞成、10票反对、3票弃权的结果最终通过,该法案公布在威尼斯总福利委员会(the General Welfare Board)的法令汇编(Greater Compendium)中。在序言中,1474年法②阐明了立法目的,即希望立法以促进天才创造精巧的技艺来帮助威尼斯共和国获利;正文则写明了

① 贵族的任期通常以月为单位,而契塔迪尼可能在同一个岗位上工作几十年。参见Robert Finlay, *Politics in Renaissance Venice*, Rutgers University Press, 1980, p. 45 – 46。

② 1474年专利法全文如下(自译):在这个城市共和国,有许多来自不同地方的人,他们被这个城市的卓越和美好所吸引,他们凭借聪明敏锐的头脑(*accutissimi ingeni*)发明和发现(*excogitar et trovar*)创造了精巧的技艺(*ingegniosi artificij*)。而且,如果能使其他目睹他们成果的人不能够仿效并制造同样的产品以增加荣誉,他们就会竭尽聪明才智来发现和制造具有实用性(*non picola utilita*)和有益于我们国家的设备。因此,本城政府规定,任何人在本城领土范围内做出了在本城前所未有的,新的且精巧的发明,一旦(该发明)完善并能够投入现实应用,就应当向本城的公共福利委员会(*provededori de Commun*)办公室登记(*darlo in nota*)。任何我们城市共和国内的其他人在10年内,未经作者(*auctor*)同意和书面许可(*consentimento et licentia*),不得(*siando prohibito*)在本城内制造相同或相似的设备。如果任何人违反上述规定,上述的作者和发明者(*auctor et inventor*)有权向本城办公室提出诉愿,侵权人将被罚款100杜卡特,并立即销毁仿造设备。本城政府可以(自由地)根据自身意愿使用和取得上述任何技术或设备(*arfiticij et instrumenti*),而除了作者之外的其他人则不能使用。

取得专利权的条件,从文义来解释,这些条件显示出与现代专利法惊人的相似的精神①:"前所未有的"揭示了新颖性(novelty),"精巧的发明"显示创造性(non-obviousness),要求设备"完善并能投入现实使用"则彰显出实用性(utility)。而且,该法还要求发明人向政府登记。满足上述要件并成功登记的发明人即可获得10年的"垄断权",还给出了侵权救济的措施和政府对专利享有的权利。

从申请流程来看,1474年法是对此前专利特权实践中申请流程的延续。专利申请人向政府的特定部门递交专利申请书,由负责的官员审查后作出决定,给予专利申请人一项专利权。与此前时长不一的垄断不同,其中包含的垄断时间被固定地设置为10年。请愿人需要通过演示试验(experientia)这一固定环节对申请对象的实用性进行证明,设备需要"完善并能够投入使用"才能通过这一审查,演示试验由总福利委员会负责审查。除了申请流程,该法还包含一个演示程序和一个罚款的侵权救济办法。另外,1474年以后颁发的许多专利在威尼斯帝国的广大范围内可以强制执行。② 从保护利益的持有人来看,1474年法的直接保护和奖励对象是个人发明者,而不是行会或者其他团体组织。从该法的序言中也可以看出威尼斯政府把发明家被作为一个单独的群体,给予他们个人天才的青睐和赞美,也给予他们的技术和利益以保护。

(二)1474年法的性质:"弱实效"的成文习惯法

到1474年法出台,威尼斯专利制度实现了制度供给方从行会变为政府,受保护利益的持有者从行会变为个人,专利的特别利益授予模式从个别到一般的转变。个别专利授予模式到1474年法出台的过程,就是从习惯实践到一般法的过程。个别的专利特权请愿和一部一般专利

① 这种将威尼斯1474年法与现代法对比之后给予的认可是常见的,国内的论著参见汤宗舜、文希凯:《专利法》,人民法院出版社1990年版,第6页;吴汉东、胡开忠:《无形财产权制度研究》,法律出版社2001年版,第436页。

② See Bruce Willis Bugbee, *Genesis of American Patent and Copyright Law*, Public Affairs Press, 1967, p. 25.

法的区别在于授予专利的规则是否具有稳定性、广泛性和共性,1474年法尝试着对专利授予适用一般规则,亦即申请满足一定条件就一般地给予同意,而不是针对个别请愿偶尔地给予同意。专利的授予不以申请人与政府的关系为基础,而是以申请人满足某些标准、申请内容符合某些特定的要件为基础。仅就文本来看,1474年法是一部合格的一般法,并且展现出现代专利法的诸多核心标准。

1474年法颁布之前,威尼斯形成的专利特权实践基本形成了一种习惯,发明者们从政府那里取得专利特权至少已经构成了一种"非正式制度",1474年法通过国家权威制定并颁布后,一部至少在外观上区别于个案授予的一般性专利法律投入了实践。从1474年法的文本来看,其一般性特征显著,一般专利法所要求的当事人一旦满足特定要件,即可取得相应的权利的逻辑结构确实存在。从文本中亦能看出1474年法作为一部一般法的抽象性和前瞻性,亦即如果发明人提交的申请(suplica)满足了"首创""新颖""实用"的要件并向政府登记,那么发明人可以获得对申请中的技术设备10年有时空限制的垄断。

然而,1474年法实施后的实际情况表明,这种贴近现代知识产权法①的文义解释并不符合当时的真实情况。1474年法颁布之后,威尼斯境内的专利数量快速增长,到1550年,威尼斯授予了116件专利,而1550~1600年授予了461件。② 专利授予数量的快速提升似乎显示了

① 形式上的具体与抽象、个别与一般是前现代法与现代法的重要区分标准。前现代法是具体化(subject specific)和回应性的(reactive),而现代知识产权法则是更为抽象(abstract)和具有前瞻性的(forward looking)。参见[澳]布拉德·谢尔曼、[英]莱昂内尔·本特利:《现代知识产权法的演进:英国的历程(1760-1911)》,金海军译,北京大学出版社2012年版,第4页。

② See Roberto Berveglieri, *Inventori stranieri a Venezia* (1474-1788): *Importazione di tecnologia e circolazione di tecnici artigiani inventori*, Istituto Veneto di Scienze Lettere e Arti, 1995, p. 21-22. Quoted from Joanna Kostylo, *From Gunpowder to Print*: *The Common Origins of Copyright and Patent*, in Ronan Deazley, Martin Kretschmer & Lionel Bently eds., *Privilege and Property*: *Essays on the History of Copyright*, Open Book Publishers, 2010, p. 24.

这部一般专利法良好的实施情况,但需注意,在多法源并行的时代,以专利授予的数量来评估一部成文法的实施效果显然并不准确,一般法之外的专利授予机制亦可以实现专利授予数量的增长。实际上,威尼斯 14~15 世纪形成的专利授予习惯实践具有稳固的根基,在 1474 年法出台之后与之形成了一种竞争关系。换言之,16 世纪的专利增长很可能是此前习惯实践的延续,而非一般专利法的实效结果。

1474 年法出台之后的专利特权请愿书显示,1474 年一般法颁布后的专利申请与 1474 年之前的请愿措辞仍保持着相同的叙述模式,发明人们普遍地提及"就像通常在类似情况下所做的那样"(as usually done in similar cases),并以此作为请求垄断和其他利益的正当性理由。为了说服威尼斯政府通过其申请,专利申请人选择了一种基于习惯实践的说辞,而不是援引 1474 年法的文本对自己的发明进行涵摄来证明其申请利益的正当性。这意味着 1474 年法作为分界点前后的专利授予机制可能是一种无缝的延续,可能存在的一个解释是,1474 年法本身就是对此前习惯实践的成文化编纂,权威性要素的加入没有使这部法律给予发明人除了申请效率之外实质利益的增加,因此发明人在专利请愿书中适用习惯实践模式下的叙述模式和适用 1474 年法的叙述模式并不存在差异。

但是,1474 年法出台后政府实际上授予的专利内容与成文法文本的偏离显示,这一解释其实并不适切:总体来看,法案文本中大多数的要件和程序都受到了申请人和政府双方的遵循,但是专利期限却频繁地发生变化。按照 1474 年法规定,专利期限被固定为 10 年,然而申请中发明人们往往提出 25~50 年的要求,负责审查的官员有三种处理方式:直接批准这些超出法案的请求,裁量减少申请人的请求期限以及严格按照 1474 年法的规定给予申请人的 10 年的期限。从实际情况来看,直接批准的处理方式更常见,10 年的固定期限几乎不曾出现,裁量减少期限的情况时有发生,但难以确定官员进行期限裁量时的依据,但能够确定的是,此等裁量脱离了 1474 年法文本中对固定期限的规定。因此,成文法和此前的习惯实践并非处在同一实效的位阶上,1474 年法面对习惯实践模式呈现"弱实效",一方面,威尼斯的专利制度运行仍然依赖此前形成的习惯实践模式;另一方面,行政权力仍然是专利制度运行的实质掌权者,专利授予过程中的权力在场的程度达到一部一般法所预期的骤降。诚如曼迪奇(Mandich)所言,1474年法"虽然采用了私法的形式,但实则是由行政实践塑造和发展起来的。"①

总之,从法律渊源和实效的视角来考察,1474年法的确具有一般法的外观,但在实施中并未达到预期的"抽象性",即便不是对专利申请进行个案的审查,在实践中也难以达到"一般"(general)所期望的程度。主要由习惯法塑造的威尼斯的专利制度的确在15~16世纪良好地运行着,为威尼斯商人去到的地方带去观念和制度的革新。然而若从性质上来看,必须承认的是,1474年法是习惯法的成文化,而且在该法案出台之后的专利制度运行实践中,习惯实践的专利申请模式仍然占据主导地位。

(三)小结

直到16世纪,威尼斯的专利制度已经运行了大约两个世纪,从最初的个别请愿专利授予到形成专利授予的习惯实践,再到一般专利法出台,威尼斯"结合所有新的技术、社会经济和政治模式"②,获得了令人惊奇的成功。尽管1474年法颁布后的实际情况最终证明这是一部"弱实效"的成文习惯法,威尼斯的专利制度的运行主要依靠习惯实践,但难以否认的是,威尼斯的专利制度中已经出现一般性的、现代知识产权法所具备的诸多特质。因此,在厘清威尼斯专利制度的发展和形成历程之后,应当将这一片段放回知识产权法史的更长时段中,尤其是专利权性质演进的线索中进行考察。

① Giulio Mandich, *Venetian Patents* (1450 – 1550), Journal of the Patent Office Society, Vol. 30:3, p. 201(1948).

② [美]威廉·麦克尼尔:《威尼斯:欧洲的枢纽》,许可欣译,上海人民出版社2021年版,第58页。

四、专利权性质的演进:从"专利特权"到"专利权利"的光谱

专利法史叙事的通常开端之所以被置于17~18世纪的英国,很大程度上受到专利权性质的演进这一典型观察视角的影响,通常观点认为英国的专利权具有私权性质,因而与前现代的"特权"专利区分开来。尽管存在学术上的分歧,①但在"专利特权—专利私权"的二分框架下,英国专利权是私权性质的观点显然占到上风,威尼斯所见专利权的性质在"特权—权利"②的结构中则无可争议地被学者们划定到"特权"的范畴。这一结论或许出于威尼斯专利制度在出现时序上的靠前,但也完全可能出于此前研究中威尼斯专利制度面貌的模糊。因此,在前文厘清威尼斯专利制度生长的基础上,有必要利用这段新的待检验材料对"专利权性质"重新进行检验。

(一)专利权性质演进的两个面向

将威尼斯划定到"专利特权"范畴是一个武断的结论,这是因为专

---

① 代表性观点如下:一种观点认为专利权利在16世纪到18世纪的英国得到确立并对其所处的社会结构产生作用,甚至触发了以技术发明为标志的工业革命。参见金海军:《知识产权私权论》,中国人民大学出版社2004年版,第40页。另一种观点则将16世纪中段到17世纪上半段划定为英国专利特权的王权自由裁量时期,将17世纪中段到18世纪末划定为专利特权的王权限制裁量时期,英国维持着专利特权模式,而从美国1790年专利法案开始才开启专利权利时代。参见胡洪:《权力与权利的分离:专利权产生机制的历史考察——兼论专利权效力纠纷的民事纠纷属性》,载《科技与法律》2016年第5期。另外还有以下代表观点:张新锋认为:1790年美国专利法开启了最早的专利权利模式,此前的专利制度是专利特权模式。参见张新锋:《专利权的财产权属性》,华中科技大学出版社2011年版,第148~149页。王昌亚认为:英国1852年专利法标志着专利特权模式向专利权利模式转换,但直到1902年才真正确立。参见王昌亚:《专利学基础》,湖北科学技术出版社1985年版,第5页。

② 有学者使用"专利特权—专利私权"这对范畴,另一些学者则倾向于使用"专利特权—专利权利"这一对范畴。从希望表达的意涵来看,这两对范畴没有实质性的差异,都想描述从由权力一体领导的"特权"(privilege)向由个人拥有、法律确认的"权利"(right)的变迁过程。然而"私权"往往与"公权"构成相反的一对范畴,因此本文选择使用"专利权利"一词。

利权性质的演进并非只存在一个单一的"性质转换"面向,而是存在以下两个面向:

第一,事实强度的变化。在"专利特权"向"专利权利"演进的过程中,二者之间的区别是专利权事实强度的区别。真实情况中,"特权"和"权利"的存在都并非全有或全无的二元状态,专利特权到专利权利之间是一个次序展开的光谱。换言之,专利权本身是一个定序变量,在抵达专利权利之前的专利实践并非一定处于其对立面"专利特权",而更大概率地处于这一光谱中的某一位置。并且,微观地看,事实的形态也并非一定线性地朝向"专利权利"一端演进,而是存在反复、曲折和失灵等复杂情况。

第二,专利权所属体系的变化。历史地看,在专利特权开始发展时,其所属体系为"特权",这是一种事实存在。这些散布的事实并不知道自己去向何处、终点又在何方,因而也不存在其抵达的"终点"是不是"权利"这样的问题。在"权利"的体系搭建起来之前,与专利相关的一系列事实都在"特权"的体系下发展,有时逸出这一轨道,有时又回到这一轨道。而在"权利"的体系获得自主性之后,这一体系在专利的事实集合中划定出"专利权利"的边界、将"专利特权"拒之门外。——这是站在光谱的一极对此前事实进行的重新评价,也正是专利权所属体系发生的变化。值得注意的是,这一最终的变化不一定是专利或专利特权本身所欲的,而完全可能是"权利"体系从外部对"专利"进行的一次接管。

需注意,之所以说是"权利"体系对"专利"的"接管",是因为"特权"本身是一种不具备普遍规范性的事实,"接管"发生在事实体系与概念体系之间,而非概念体系与概念体系之间。特权是一个事实的集合,而专利只是这一集合中的一个元素,该集合中还包含着诸多不可化约的元素。例如,自11世纪城市和商业复兴,技术发展、政治集中化和政府对经济事务的干预日益增长,为了刺激各地收入增长和经济发展,封建君主会签发一份被称为"开口信"(litterae patentes)①的公开文件,通过对进口特许(importation franchies)、发现专利和发明专利②授予特权的方式来实现工商业活动的增长③。可以看到,专利就是授予特权的其中一个原因(cause),这一时期存在无数"因专利而授予的特权"这样的事实,而这些事实正是"专利权利"将要接管的客体。因此,从"专利特权"到"专利权利"的转变过程,实际上是从以专利为原因的特权(特权体系)到专利权作为一种单独权利(权利体系)的转变过程。专利与特权的关系可以参见图1。

图1　专利与特权的关系

(二)面向一:专利权事实强度的变化

概念不分强度,而事实则存在强度,从事实到概念的过程亦存在强度。在"权利"体系形成并接管"专利"之前,特权和权利本身并无根本

① patentes意为"打开的",litterae意为"文件、信件",litterae patentes即"开着口的信",指那些盖了戳但是没封口的信函。这个说法最早来自英国,授权主体是封建君主,而在威尼斯则由共和国政府颁发。参见Edward C. Walterscheid, *The Early Evolution of the United States Patent Law: Antecedents (Part 1)*, Journal of the Patent and Trademark Office Society, Vol. 76:9, p. 700–702(1994)。

② 在与专利相关的语境中,这就是一份发明专利证书,或更确切地说,一种利用其发明的垄断性特权。参见[法]费尔南·布罗代尔:《日常生活的结构:可能和不可能:十五至十八世纪的物质文明、经济和资本主义》(第1卷),顾良、施康强译,商务印书馆2017年版,第529页。

③ 此等背景下,"专利""发明""进口特许"在重商主义政府的眼中并无区分之必要,因为政府的关注重点在于技术设备的有用性和随之而来的经济效益,技术设备从何而来在所不同。三种形式中,占比最小的是"发明专利",其只占到专利特权中很小一部分,其也最接近现代专利法中的"专利"含义。

差异,仅在强度上存在区别,切分内外的标准尚未建立,也就无须也无法以此判定所谓的“观念化”特质。换言之,专利权的性质本身是一个定序变量,在从“专利特权”到“专利权利”的光谱中以非稳定的形态存在。

虽然在“专利特权”和“专利权利”之间连续的光谱难以直接描述,但作为光谱两极的“专利特权”和“专利权利”各自的定类特征则比较清楚,这一定类特征存在两个维度:

第一,因专利所获利益的均质程度。事实层面上所获的利益可以是非均质的,然而无论是自然权利还是法定权利都体现出逻辑建构的前提所要求的均质性,亦即同样前提下满足同样条件则应当同样的权利。“特权”则是一个抽象化程度较低的集合概念,在这个集合中,所有的元素都展示出个性鲜明的不同样态,每一笔特权都可能包含着完全不同的内容。而处于另一极的“权利”则呈现抽象化、均质化的绝对形态。第二,专利申请过程中权力的在场强度。“特权”一极体现出与权力的一体性,掌权者在个案审查中不受统一的固定审查标准的约束,拥有几乎恣意的决定权。而“权利”一极则体现出与权力的分离,权利由一般法确认,权力在场程度受到一般法中成文、清晰的实质要件要求和程序要求稀释,大大降低了政府在专利发放过程中的任意性裁量。

因此,“威尼斯形成的专利制度属于专利特权模式”就成为一种低精度的概括性结论。事实上,如果从“专利特权—专利权利”的二元评价标准来看,威尼斯专利“特权”的性质在1474年前后呈现维持的状态。然而历史中的真实情况远远比“特权”二字所包含的内涵复杂得多,必须看到1474年法在制定中和其文本所传达的一般抽象的均质化权利特征的确存在,其又在实践中消亡。就威尼斯在14~16世纪形成的专利制度而言,其经历了从“特权”开始的一段复杂发展历程:

第一段历程始于早期的专利请愿个案,终于专利特权的习惯授予模式。早期专利制度从独立的个案出发。“个别”(individual)是早期的专利请愿中专利特权的首要特征,发明人们各有各的请求,政府对请愿书也有自己个案的裁量,并不存在统一的裁量标准。请愿人因专利所获的利益各自独立,显示出非均质性的特征,个案裁量的同时也显出较高的权力在场强度。14～15 世纪,专利制度开始"外部科学化"的历程,行政权力不断重复同一特权授予行为,专利授予逐渐形成一种实践习惯模式。在这一模式之下,专利请愿中类似的情形获得类似的好处,专利权的均质化程度提高,有从特权向权利转化的趋势。沿着经验主义的"经验 + 归纳"方法,专利制度初步构建起自身的框架。

第二段历程始于 1474 年法的筹划,终于其颁布后的"弱实效"实践。直至 1474 年法的筹划和出台,专利权的均质化程度提高,权力在场的强度则有所下降,即将颁行的 1474 年成文法提出了能够流畅、迅速地发放专利的一般法的愿景。1474 年法的文本中,"固有权利"的暗示很容易得到解读——"发明人拥有专利保护的固有权利(inherent right),而非仅是一种对'特权授予'(grant)的希望。"①权利的均质性提升和权力的在场性降低在 1474 年法的文本中得到了充分的表达。然而,专利权的事实强度很快显示出曲折和变动:1474 年法出台后的专利实践显示,审查官员对发明人"权利"的支配比起 1474 年法文本中规定的要件更加重要,专利权的均质性也并未如预期一般得到较大提升。行政实践压倒了私法形式,行政权力的在场程度没有降低到私权所需的预期,发明人所获的"权利"也未因经过了一道一般法程序而实现稳固和均质化。②

总之,14～16 世纪威尼斯的专利制度展示了在"专利特权"到"专

① F. D. Prager, *The Early Growth and Influence of Intellectual Property*, *Journal of the Patent Office Society*, Vol. 34:2, p. 133 (1952).

② 实践中对专利申请的初步审查十分宽松,发明人初步的想法和未调试至成熟以投入现实使用的技术设备就足以获得附条件的批准,在获批准后的一段时间内,发明人需要完成进一步试验(experientia)的审查,如果试验失败,专利即告作废。在初步审查到进一步试验完成的期间,发明人除了承担自身的风险,还面临着其他发明人的竞争。其他发明人如果掌握了类似的技术,而先递交申请的发明人尚未完成试验,那么后来的发明人有权向审查官员要求先申请的发明人以试验证明他们的成果。一旦试验失败,公共利益不显著,这些专利就会被撤销。因此,发明人因专利所获的"权利"是不稳固的,审查官员对发明人"权利"的把控比起 1474 年法文本中规定的要件更加重要。

利权利"的光谱中间,专利权的均质性和专利申请时权力在场程度的不稳定形态和非线形变动:权力在场强度大体呈现下降的态势,专利权的均质化程度有所提升但仍不稳定。虽然尚未抵达"专利权利"一极[①],但威尼斯的专利权显然已经带有"权利"的氛围,并在这一光谱的中间状态中进退反复地发展。

(三)面向二:专利权所属体系的变化

观察专利权所属体系的变化应当建立在明确"专利特权"与"专利权利"之间由光谱连接而非直接实现跳跃的前提之下,从"专利特权"一极演进到"专利权利"一极,看似是专利制度抵达了"权利",然而实则是"权利"体系对专利制度的接管,这一"接管"的过程经历了多个环节:

第一步,"权利"体系确立,18世纪晚期的英国确立了以"劳动"为标准的财产权标准,划定出"权利"的体系范围;第二步,"版权"被纳入以"劳动"为标准划定的"权利"体系,同时勾勒出"版权"的上位概念"智力成果财产"[②]的雏形,并将其纳入"权利"体系;第三步,在"智力成果财产"这一上位概念统摄之下的专利也就自然而然地由"权利"体系接手了。

1. 18世纪的英国:"智力成果"的权利证立

第一个环节是"专利权利"生产中最为基础也最为重要的环节。在威尼斯专利制度形成之后的几个世纪中,物质世界经历了快速发展,英国站在工业革命的前夕;智识工具不断更新,思想家对技术和创作的关

---

① 而在18世纪英国的专利实践中,尤其是在司法判例中,不同群体在专利语境中所使用的"权利""财产""财产保障"等术语,仍然尚未抵达"专利权利"的模式。参见黎华献:《专利权发展史研究——一种对商业因素话语权的探究》,中国人民大学2021年博士学位论文,第37页。在论及英国专利特权时代的情况时,"专利特权"内部又划定出了"王权自由裁量"和"王权限制裁量"两个时期,可能直到美国1790年法案才开启了专利权利时代。参见胡洪:《权力与权利的分离:专利权产生机制的历史考察——兼论专利权效力纠纷的民事纠纷属性》,载《科技与法律》2016年第5期。

② 必须注意,"知识产权"(intellectual property)作为一个法律概念和术语直到20世纪才出现。但作为专利和版权共同的上位概念,"智力成果财产"就是"知识产权"概念的雏形,以"智力成果"为依据取得正当性的财产权就对应到"知识产权"。

注日渐增长。"权利"体系的证立就发生在18世纪晚期的英国,这一形而上学的追问没有在专利制度内部发生,而正式发端于英国18世纪晚期由版权争议开启的一系列被称为"书商之战"①的诉讼。其中,汤森诉柯林斯案②(Tonson v. Collins,1760)为文学财产的讨论奠定了形而上学的基调,此后的一系列案件中,文学财产的支持者和反对者都围绕着作者作品或思想的"本质"问题展开辩论,亦即,文学财产到底是什么?又基于何种依据能够落入财产权的范畴?

文学财产的支持者们在试图回答这一问题时,"智力劳动"理论作为重要论据被突出强调。知识产权法领域的"智力成果说"是指,知识产权是人们对其智力创造成果所享有的权利。③ 在此之前,财产权依据在西方法律思想史上长期以罗马法中的"先占"(*occupatio*)为基础,到17世纪由格劳秀斯继承和发展,格劳秀斯认为,"人们成为目前处于无主物状态的物品的所有者的唯一必要条件是公开为占有行为"④。因

---

① 自1743年密德温特诉汉密尔顿(Midwinter v. Hamilton)始,书商们的阵地开始从衡平法院向普通法院场域内转移,拉开了接下来三十年"书商之战"的序幕。1749年的米勒诉金凯德案(Millar v. Kincaid)和1760年的汤森诉柯林斯案(Tonson v. Collins)将这场战役推向高潮,而两个更为重要的案件——1768年的米勒诉泰勒案(Millar v. Taylor)和1774年的唐纳森诉贝克特案(Donaldson v. Becket)则为这场为期三十年的"光荣的混乱"画上了句点。这系列案件的讨论之充分,始于曼斯菲尔德法官在米勒诉泰勒案中指出法庭辩论对这些持续的一般性争论有着重大意义:"我认为意见分歧是有利的,因为这是深入讨论整个问题的最佳时机,这是一个涉及广大人民的一般性问题,它将在现在和将来关系到整个王国。因此,不同的看法对于公众而言是有利的,这使这个问题的讨论更加详细和彻底。"参见 *Speeches or Arguments of the Judges of the Court of King's Bench in April* 1769; In the Cause of Andrew Millar against Taylor for printing Thomson's Seasons, to which are added Explanatory Notes, And an apendix, containing a short state of Literary Property, p. 106。

② See Tonson v. Collins, (1760) 96 ER 180.

③ 更晚一些的智力成果权范式就注意到了商标与"智力创造"范式之间存在障碍,于是改为"知识产权是基于创造性智力成果和工商业标记依法产生的权利。"参见刘春田主编:《知识产权法》,中国人民大学出版社2000年版,第3页。

④ [爱尔兰]J. M. 凯利:《西方法律思想简史》,王笑红译,法律出版社2002年版,第220页。

此,无法被占有的无体财产则失去了自然法对财产权的支持。

汤森案中,原告代理人布莱克斯通(William Blackstone)对这一以“先占”为核心的自然法观点进行了反击,指出除了占有,脑力和体力劳动①也是财产的来源。其论证基础来自洛克在《政府论》中提出的财产权劳动理论,亦即财产的自然根基来自发明和劳动(invention and labour)。因此,具有独创性特征的文学作品符合此等条件——独创意味着发明,作品则意味着勤勉和劳动。② 到唐纳森案宣判之前,财产权以何种方式产生的问题在理论上已经得到了确定,最终“先占说”被“劳动说”取代。③

至此,财产权的划定依据被确定为“劳动”。换言之,一个以“劳动产生”为标准建立起来的“权利”体系出现了,这一体系一方面毋庸置疑地证成了“版权”的正当性;另一方面确认了“智力劳动”能够产生一种独特的私有财产种类,同时勾勒出“知识产权”概念的轮廓。“知识产权”的体系化进程也随之开启,专利和版权这两个可以区分的子范畴④被纳入“智力成果”的权利体系,专利权的所属体系由此转变为“权利”,实现了“权利”体系对专利及其他智力成果的接管。

2.15世纪的威尼斯:赞美智力创造

值得注意的是,威尼斯的专利历程中早已出现对“智力劳动”的赞美。1474年法出台之前,在发明人向威尼斯政府提交的请愿书中已经

① 通过对劳动成果所有权的回报鼓励个人劳动。政治哲学上对于知识产权的证成参见Christopher May & Susan K. Sell, *Intellectual Property Rights: A Critical History*, Lynne Rienner Publication, 2005, p. 18-21。

② See Tonson v. Collins, (1760) 96 ER 180.

③ 此处的取代不能被看作一种推翻,而应视为一种更新,因为先占亦可以被解释到“劳动是解释私人财产合法性依据”的框架内。

④ 19世纪之前,专利(patent)和版权(Copyright)并非泾渭分明的范畴,二者有所区别但交织在一起发展,在事实层面呈现混淆的状态。“书商之战”中的另一个成果就是区分了作者对作品的权利和书商的复制权,将版权与印刷专利划定在不同的范畴。“在都铎王朝时期,新君主们授予图书印刷出版业的特许权(Letters Patent)成为近代英国版权制度的滥觞”,参见张乃和:《论近代英国版权制度的形成》,载《世界历史》2004年第4期。

能够看到请愿人以自己为发明技术而付出时间和劳动为获取特权的理由;在1474年法序言中,一般专利法所保护的对象被描述为"聪明敏锐的头脑发明和发现(excogitar et trovar)的产物",对个人天才智力创造的赞美也与"智力劳动"说在外观上展现出一种相似性。然而,相似的外观背后是完全不同的形成机理:

首先,二者在证成自身的必要性上存在差异。18世纪英国的"版权"依靠"权利"体系的划定来确定自身的正当性,而专利特权则依托于强大的政府权力,无需在法理上证立自身,只需要在请愿书中说服政府自己具有被授予特权的正当性。因此,在威尼斯所见的对个人天才智力创造的赞美仅是保护无体技术财产的动机或者原因,不是对"知识产权法"要面临的第一个问题——"如何证明自己具备法权形态的依据"①的回应。

其次,二者对待"无体财产"范畴时的精确化程度不同。15世纪的威尼斯在宽泛的"无体财产"类概念下完成专利制度的构建,赞美天才的头脑仅作为一种授予专利特权的正当"原因";直到18世纪的英国,"知识产权"性质的无体财产才在"无体财产"更大范围的类概念中清晰起来,成为一种独立的财产类型——由智力劳动创造的财产。相较于此前的"无体财产"观念,18世纪英国形成的"智力成果"范式取得了重大进展:

> 与无体财产相比,一种原始的区分思维前进了一步,它不满足于揭示权利对象与物权对象的差异(无体—有体),还想具体地回答一种无体财产的本性。于是知识产权的对象从"无体财产"这个宽泛的类概念中进一步独立了,区别于其他无体财产。而且,"智力"作为概念统一的基础,进一步远离了直观表象,不是诉诸于感官,而是试图通过思维把握财产的本质。②

① 李琛:《论知识产权法的体系化》,北京大学出版社2005年版,第121页。

② 李琛:《论知识产权法的体系化》,北京大学出版社2005年版,第122页。

(四)小结

专利权性质演进作为专利法史的重要线索,展现的历程绝非“特权”与“权利”之间一蹴而就的模式切换。现代法学对私权的关注致使被视为前现代产物的专利特权被置于边缘位置,因而在抵达“专利权利”之前的专利制度究竟如何形成发展往往也受到忽视。14~15世纪威尼斯专利制度的形成和发展历程则补充了“专利特权”阶段专利权所呈现的样态,尽管最终并未改变其自身“专利特权”的定类化特征,但是揭示出了早期专利权的复杂形态,将“专利特权”到“专利权利”的专利权性质演进完善为两个面向的演进历程:

专利权性质演进的第一个面向将专利权视作一个定序变量,从“专利特权”到“专利权利”的历程是光谱而非一次性的“性质转换”。事实强度变化的两个维度,即利益的均质化程度和权力的在场程度,在威尼斯几个世纪的专利制度实践中呈现不稳定状态,虽然尚未抵达“专利权利”一极,但1474年专利法已经蕴含了部分“专利权利”模式的尝试,并在“特权”与“权利”光谱的中间状态中进退反复地发展。

专利权性质演进的第二个面向则在第一个面向的基础上,在最接近“专利权利”一极考察“专利特权”最终如何被“权利”接管和容纳。这一面向的存在恰恰解释了威尼斯的专利制度在现代知识产权法学者眼中的无需多加考证的“前现代性”,“权利”体系的缺乏使威尼斯的专利实践仅能在第一个面向的光谱中反复进退,早期专利实践呈现碎片化的“权利”特质。第二个面向真正的讨论场域转向18世纪晚期的英国:版权领域的“书商之战”塑造出以“劳动”为标准的财产权边界,生产出“智力成果”作为一类独特的私有财产,将版权和专利一并纳入智力成果私有财产的“权利”体系,专利权性质最终变为“专利权利”。

五、余论:“专利权利”及“知识产权”法体系的形成

“那些常常被人视若当然或者看作自然构造的东西,事实上却是由

一组复杂而变化着的环境、实践和习惯共同作用的产物。"[①]知识产权或专利法的诞生并非历史发展当然的结果,14 ~ 16 世纪的威尼斯展现了知识产权早期形态生长起来的复杂过程,在一系列复杂的环境、实践和习惯的共同作用下,知识产权制度的雏形初具规模。同时,威尼斯的早期专利实践也将专利权性质的演进光谱提升到了更高的精度,展现出演进历程的复杂。

在"专利特权"到"专利权利"的光谱经历变动的同时,知识产权的体系化历程逐渐开启,私权化和体系化实际上是两个彼此交错的连锁反应。专利权所属体系"智力成果财产"变动为"权利",专利和版权作为智力成果被纳入同一个"权利"体系之中时,知识产权对象的闭合(closure)就完成了。[②] 与此同时,"知识产权"成为一个闭合而有条理的体系,这一体系不再,亦无须讨论权利证成或者自身的正当性,而是以实证的姿态存在。专利法和版权法构成了这一体系最初的搭建,后来又将商标法纳入自身,内部划分出专利、商标和著作权等一般性的子范畴(subsidiary categories)[③],成为"一个充满了自身逻辑与语法的独特的法律部门"[④],并且实现了从"前现代"向"现代"的转型。

然而,在专利权性质抵达"专利权利"之前,并不存在一个先验的逻辑提前搭建在"知识产权"法的发展历程中并将诸子范畴统筹在一起。专利、著作权和商标的诞生和发展并非齐头并进,甚至在事实和概念上

---

① [澳]布拉德·谢尔曼、[英]莱昂内尔·本特利:《现代知识产权法的演进:英国的历程(1760 - 1911)》,金海军译,北京大学出版社 2012 年版,第 7 页。

② 权利对象的闭合在 19 世纪后半期完成,而且实际上美国在 19 世纪更能体现知识产权法体系的形成。参见[澳]布拉德·谢尔曼、[英]莱昂内尔·本特利:《现代知识产权法的演进:英国的历程(1760 - 1911)》,金海军译,北京大学出版社 2012 年版,第 230 ~ 233 页。

③ 参见[澳]布拉德·谢尔曼、[英]莱昂内尔·本特利:《现代知识产权法的演进:英国的历程(1760 - 1911)》,金海军译,北京大学出版社 2012 年版,第 4 页。

④ 一般认为这个历程的完成大约在 19 世纪 50 年代。参见[澳]布拉德·谢尔曼、[英]莱昂内尔·本特利:《现代知识产权法的演进:英国的历程(1760 - 1911)》,金海军译,北京大学出版社 2012 年版,第 3 页。

呈现交错的形态。例如,专利制度比版权制度在威尼斯更早出现,二者同样被统摄在“特权”的事实系统之下,尚无分化的趋势。诚然,知识产权法“体系化”的历程似乎致使威尼斯再一次被置于“前现代法”“特权/事实”和“非体系化”的“他者”地位。但是作为知识产权法的早期形态,14~16世纪威尼斯的专利制度能够展现出的细节却远远超过以上几个简单的标签。

论中世纪英格兰城市特许状中的行会垄断*

段静暄** 康 宁***

[摘要]西欧城市的产生伴随着商业与经济的复兴,行会在此时相伴而生,并于12世纪后普遍获得了王权、领主与教会的承认。行会是中世纪城市重要的自治组织,在城市商业领域取得了普遍的垄断权利。城市特许状是行会获得市场垄断地位的重要法律依据,它首先赋予城市包括设立自由市场、收取税费及逃避税费的处罚措施等一系列商业特权,并规定了破坏商业特权的反制手段。继而进一步给予行会自由设立的权利、在市场上优先购买的权利和只有行会成员才能从事特定领域商业活动的权利,同时也将海外商人排除出本地市场。但是由于特许状大都针对特定事项且很大程度上会受到政治的影响,因此行会由特许状取得的垄断权利是不完整且不稳定的,有时也会在某些方面限制行会的垄断权利。

[关键词]行会垄断;特许状;商业特权;中世纪英格兰

引 言

10世纪以来西方走过黑暗时代,封建制度逐渐确定下来,城市经济开始复兴。一方面,随着西欧贸易的发展,琳琅满目的生活用品与奢侈品充斥于市场,王室对于奢侈品的需求逐渐增加。与此同时为了维护自己的统治,封建主也得不消耗大量的金钱供养军队。王室巨额的金钱消耗,使其需要采取措施壮大城市商业,促进经济发展。另一方面,

* 项目基金:本文为国家社科基金项目《中世纪英格兰行会垄断与市场治理研究》(22BSS051)中期成果。

** 段静暄,女,中国人民公安大学法学院硕士研究生。

*** 康宁,女,中国人民公安大学法学院副教授、博士生导师,中国人民公安大学理论法学教研室主任,数据法学研究院副院长。

随着市民阶级的壮大,劳动成为自由,城市手工业者与商人对于自由贸易的渴望使其具有积极争取自治权利与特权的强大驱动力。由此,王室与市民阶级达成共识,通过城市特许状,王室获得金钱,市民阶级获得了自治的权利。其中取得特许的行会,势力不断壮大,进而垄断了贸易市场。那么在这个过程中,作为权利交换凭证的特许状起到了何种作用？其发挥了何种垄断属性？又有何种限制？是本文想要研究的重点。

国外对于行会的研究领先于国内数十年,研究也更为深入,不过近年来国内学者也逐渐意识到了行会在西欧城市发展过程中的独特作用,对其的研究呈上升趋势。图尔明·史密斯(Toulmin Smith)编著的《英国行会》[①]、阿道弗斯·巴拉德(Adolphus Ballard)编著的《英国城市特许状,1042 – 1216》[②]、泰特(James Tait)与阿道弗斯·巴拉德(Adolphus Ballard)共同编著的《英国城市特许状,1216 – 1307》[③]、温鲍姆(Martin Weinbaum)编著的《英国城市特许状,1307 – 1660》[④]、乔治·雷纳德(Georges Renard)所著的《中世纪的行会》[⑤]、迈尔特·兰伯特(Malet Lambert)所著的《两千年行会史》[⑥]、乔治·昂温(George Unwin)的《伦敦的行会和公会》[⑦]、威廉·赫伯特(William Herbert)所著

---

① See Toulmin Smith ed. ,*English Gilds*: *The Original Ordinances of more than One Hundred Early English Gilds*, Published for the Early English text society, by N. Trübner & co. ,1870.

② See Adolphus Ballard eds. , *British Borough Charters*, 1042 – 1216, Cambridge University Press,1913.

③ See Adolphus Ballard & James Tait eds. , *British Borough Charters*, 1216 – 1307, Cambridge University Press,1923.

④ See Martin Weinbaum ed. , *British Borough Charters*, 1307 – 1660, Cambridge University Press,1943.

⑤ See Georges Renard, *Guilds in the Middle Ages*, G. Bell and Sons,1919.

⑥ See J. Malet Lambert, *Two Thousand Years of Gild Life*: *or an Outline of the History and Development of the Gild System from Early Times*, A. Brown & Sons,1891.

⑦ See George Unwin, *The Gilds and Companies of London*, Methuen,1908.

的《伦敦十二服制工会史》[①]等著作都是有关于行会的专著，其中既有对行会章程、法律文书等原始资料的私人汇编、对特许状的内容、特点以及商业特权等问题的深入研究，也有对行会起源、分类、组织结构、行会对城市影响和行会与王权的关系等内容的深入分析。

另外，行会史作为经济史下城市史的分支，在许多经济史与城市史的著作中都对行会有不同角度解读。皮雷纳所著《中世纪的城市》[②]从城市复兴的视角描述了行会的起源与发展；布瓦松纳的《中世纪欧洲生活和劳动》[③]对商人阶层如何逐渐发展并形成垄断地位进行了较为详细的叙述；马克斯·韦伯的《世界经济简史》[④]对行会具有独特的见解，他否定了行会的"庄园经济起源论"，并认为手工艺人逐渐脱离传统家庭与氏族，形成了手工业团体的地方专业化，并为自己的自由和城市特权而不断向上争夺。同时《剑桥欧洲经济史》[⑤]、汤普逊的《中世纪经济社会史》[⑥]、布里奈特尔(Richard H. Britnell)的《英国社会的商业化》[⑦]和德里克·基恩(Derek Keene)的《700－1700年的市镇和贸易》等著作[⑧]都对各种类型的行会发展做了基本的描述。

国内研究行会的专著相对较少，金志霖的《英国行会史》[⑨]是较早

---

① See William Herbert, *The History of the Twelve Great Livery Companies of London*, Vol. 1－2, Published by the author, 1836.

② 参见[比利时]亨利·皮雷纳：《中世纪的城市》，陈国梁译，商务印书馆2006年版。

③ 参见[法]P. 布瓦松纳：《中世纪欧洲生活和劳动(五至十五世纪)》，潘源来译，商务印书馆1985年版。

④ 参见[德]马克斯·韦伯：《世界经济简史》，李慧泉译，立信会计出版社2018年版。

⑤ 参见[英]M. M. 波斯坦等主编：《剑桥欧洲经济史》(第3卷)，王春法等译，北京经济科学出版社1963年版。

⑥ See E. Lipson, *The Economic History of England*, Vol. 1, A. & C. Black, 1929.

⑦ See Richard H. Britnell, *The Commercialisation of English Society*, 1000－1500, Manchester University Press, 1996.

⑧ 参见[英]德里克·基恩：《700－1700年的市镇和贸易》，载钱乘旦、高岱主编：《英国史新探》，北京大学出版社2011年版，第126页；Adolphus Ballard eds., *British Borough Charters*, 1042－1216。

⑨ 参见金志霖：《英国行会史》，上海社会科学院出版社1996年版。

对行会进行系统性论述的著作。康宁的《在身份与契约之间:法律文明进程中的欧洲中古世纪行会》①试图从“身份”与“契约”的张力关系角度,展开对行会的法律制度与法律属性的分析。论文方面,国内学者冯正好、赵立行、马克垚、黄春高和谢丰斋等在特许状对于城市经济的重要性问题上形成了较大的争议,并对该问题进行了较为深入的学术讨论。②

一、行会取得城市特许状的方式

中世纪西欧的城市特许状是由国王或大封建主颁发给城市和市民的法律意义上的权利认可证书,用以承认城市的自治权、规定城市的基本制度和基本权利。③ 行会通过请愿取得特许状,逐渐在城市商业中获得了垄断地位。

10世纪的西欧人口激增、商业复兴,越来越多的人离开土地从事商业活动,商人群体初具规模。商人在商业交换过程中看到了合作所带来的优势,并加强内部的聚合性,逐渐形成了可以管理自身事物的自治组织。王室宣称他们有权利允许或者禁止行会组织的成立,成立行会需要取得相应的特许状,并交纳一定的费用。商人行会获得特许状的一般方法首先是向国王或者封建领主递交设立行会的请愿书,表达他们的愿望与诉求。随后会有专门的官员对该设立行会的请愿是否可取来进行正式的询问。1301年考文垂的商人由于考文垂地理位置远离海

① 参见康宁:《在身份与契约之间:法律文明进程中的欧洲中古世纪行会》,社会科学文献出版社2023年版。

② 参见冯正好:《中世纪西欧的城市特许状》,载《西南大学学报(社会学学版)》2008年第34卷第1期;赵立行:《“限制”还是“促进”:特许状与欧洲中世纪商业》,载《历史研究》2009年第6期;马克垚:《英国封建社会研究》,北京大学出版社2016年版;黄春高:《西欧封建社会》,中国青年出版社1999年版;谢丰斋:《英国市场发育导论——12-14世纪的“扩张”时期》,世界知识出版社2005年版;谢丰斋:《12-14世纪英国小城镇兴起初探》,载《世界历史》2002年第4期。

③ 参见冯正好:《中世纪西欧的城市特许状》,载《西南大学学报(社会学学版)》2008年第34卷第1期。

洋,而希望设立一个商人行会以保障城市的贸易利益。国王指示了由其指定的、由陪审团设立的管理充公产业的官员(Escheator)进行调查,以考察该行会的设立是否会有损于王室的利益。① 最终该请愿被通过,考文垂商人行会得以设立,并被赋予了维持国王统治和制定管理条例的权利。

在行会发展史上有一点非常明显,无论是财富相对富集的商人行会还是较为"清贫"的贸易行会,都难逃被国王和封建领主征税的命运。由于没有合法征税的名目,国王便通过质疑行会合法性的方式来搜刮行会的财富,国王会给想要设立或自上一任国王在任时就存在的行会颁发特许状,并命令财政部向其征税,以缓解王室的焦虑并补充王室的金库。这些特许状被记载于"Pipe Rolls"②上,这是英国最古老、最长的公共记录系列,也是中世纪英国财政管理和行政管理历史的重要资料来源。该机构记载了对没有许可而设立的行会进行罚款的记录,没有取得国王许可而建立行会的行为被称作"Adulterine"。据记载,在亨利二世时期,即使这些行会没有任何违法行为,国王也会通过宣布他们违法或者"Adulterine"来要求他们上交罚款。亨利二世还通过立法指示警长调查行会工作,看他们是否持有特许状。③ 即使国王颁布特许状可能并不是为了促进行会的发展而是单纯出于充盈金库的需要,即使有时特许状会被一些反复无常的国王废除,但是有能力支付这些金钱的商人仍愿意为了更长远的利益而与国王达成利益交换。这个过程中行会不仅成为了城市商业的发展者,也成为了落实政府政策的管理者,进而

① See Frederick Armitage, *The Old Guilds of England*, Weare, 1918, p. 44.

② The New Encyclopedia Britannica, *Pipe Roll*, Britannica, https://www.britannica.com/topic/Pipe-Rolls. *Pipe Roll*,是最古老、最长的英国公共记录系列,也是中世纪英国财政和行政管理历史的重要资料来源。除了1130年的一次断档,自1156年,很少有间断地持续到1832年。这个名字可能来自这样一个事实:当羊皮卷存放在一起时,就像一个一个烟卷堆在一起。

③ 参见[比利时]亨利·皮雷纳:《中世纪的城市》,陈国梁译,商务印书馆2006年版,第81页。

促进了中世纪西欧城市的复兴与发展。

二、城市特许状帮助行会实现市场垄断

人身或自由或不自由的城市工匠若想要以商人的身份参加城市事务,则必定要负担各种租税。人们通过行会的形式联合起来,将这些负担转变为固定的货币支付,使行会作为一个整体来担负这些义务。与此同时,行会通过购买特权的方式为自己争取更多的自由权利,城市领主为了金钱利益也赋予了行会强制入会、垄断市场的权利。行会就在这样的过程中逐步占据了垄断地位。

对于城市特许状在行会取得垄断地位的过程中是如何发挥作用的,我们可以首先来观察行会为何要垄断与行会如何实现垄断这两个问题,再来观察特许状是如何帮助行会实现行业垄断的。

(一)行会起源中的垄断属性

行会浓厚的宗教色彩和其互助共济的共同体属性使其天然具有垄断属性。

对于行会的起源史学界有诸多不同观点,有些学者认为行会是由原始社会的社团或组织发展而来,有些学者认为行会起源于庄园经济,但不可忽视的是,行会的产生带有着强烈的宗教色彩和互相帮扶的意图。公元5世纪,西罗马奴隶制度开始逐渐瓦解,新兴的蛮夷统治者大都居住在乡下,许多城市土地被遗弃,城市帝国行政中心的地位一点点丧失。公元597年格列高利教皇派奥古斯丁带领40个罗马教士到坎特伯雷传教时起,罗马基督教又一次开始在英格兰传播,至7世纪,罗马基督教会已在英格兰普遍建立。[①] 接受过良好教育、具有管理经验又富于宗教威望的主教们成为了城市实际的管理者和捍卫者,城市的宗教属性从此时起得到了大幅增强。牧师为了更好地向民众传播基督教教义,于是依托于城镇中旧有的自治组织吸引民众的兴趣,组织中的人们

① 参见钱乘旦、许洁明:《英国通史》,上海社会科学院出版社2002年版,第21～23页。

不仅在教堂中接受出生的洗礼、举办婚礼和举办葬礼等宗教相关的事务,还将教堂视为社交和聚会的场所。在市政厅等公众场所出现之前,人们在教堂中召开会议、颁布公告和宣读法令,甚至在教堂中聊天、玩耍和约会。人们在教堂门口交税,在教堂前的广场上组织集市和市场。这些组织的组成者主要是从农村来到城市定居的手艺人,正如马克斯·韦伯所说,"如果没有他们,基督教是不可能得到传播的"①。基督教传播福音要通过宗教典籍,但是中世纪早期英格兰的市民阶级尤其是这些手艺人的文化程度很低,牧师便通过教堂墙壁、横梁和天花板的壁画向民众传播基督教义。其中专门负责带领民众理解教义的工作人员会被牧师组织起来,逐渐形成了一种"宗教行会(Religious Guilds)"。这种形式的宗教行会(Religious Guilds)很大程度上影响了之后产生的其他行会。

在英国济贫法(Poor-laws)颁布之前,行会组织基本上承担当地自助机构(an institution of local self-help)的职能,类似于现代的互助会(friendly or benefit society)。他们和现代的合伙组织(modern partnerships)和商业公司很不相同,是一个住在同一区域的人的联合,居民都有同样的禀赋和义务,秉持同样的道德观念和宗教信仰。这些行会的座右铭是"有福同享,有难同当"。每一个加入行会的成员会给组织呈上四便士形成一个行会的基金池,这样当成员出现意外损失时,就可以从基金池中得到补偿。② 他们每个月都会举行一次宴会,将剩余的食物送给穷人。如果有人去世,每个行会的成员(brother)都会贡献一条面包,并演唱五十首赞美诗或者付钱让别人去这么做。③

这些行会另一个重要的功能就是抵御外敌的侵害,由此形成了"Frith"或"Peace Guild"这种行会形式。"在一个仍像十一世纪时一样

① [德]马克斯·韦伯:《世界经济简史》,李慧泉译,立信会计出版社 2018 年版,第 114 页。

② See Edwin Robert, Anderson Seligman, *Two Chapters on the Medieval Guilds of England*, American economic association, 1887, p. 14.

③ See Edwin Robert, Anderson Seligman, *Two Chapters on the Medieval Guilds of England*, American economic association, 1887, p. 14.

野蛮的社会里,个人的创造性只有依靠联合才能成功。"①在阿塞尔斯坦时代,为了更加安全的生存环境所有的伦敦行会都联合了起来。受到汉萨同盟的启发,英格兰行会模仿德国商人的策略,取得了除非加入行会否则无法经商的权利。这些商人在各个城市之间游走,不仅需要联合起来抵御危险,还需要在市集和市场上发生争端时,可以找到在法庭上为他们辩护的证人或保人,以此在竞争中取得优势。②

以上大概可以描述中世纪行会在形成时所带有的一些垄断属性。一般来说,宗教具有较强的排他性,行会通过宗教仪式来达成身份认同,又由于其抵御外敌的互助属性,而成为内部高度统一的共同体,加之当时的手工艺的特征之一就是以代代相传的秘籍为基础③,不会传给外人,所以当行会开始在商业领域大展身手时,上述特点都使其天然具有了垄断的倾向。

(二)行会取得的商业特权与垄断权利

国王和封建领主通过城市特许状授予城市自治权,市民可以通过商业特权开展城市经济生活。城市特许状允许城市建立市场和市集进行自由贸易,还通过设置各种费用与税务保护本地市场,并规定了违反以上规定的反制措施。这些政策为行会的顺利发展奠定了很好的社会环境,在取得商业特权的基础上,行会继而通过城市特许状进一步赋予其的垄断权利,在城市的经济生活中乃至整个城市管理中取得了较大的话语权,以促进其本身的繁荣发展。

亨利二世时期林肯城的城市特许状记载道:

---

① [比利时]亨利·皮雷纳:《中世纪的城市》,陈国梁译,商务印书馆2006年版,第76页。

② 皮雷纳认为,中世纪早期的商业只有在以商队为特殊表现形式的那种原始形式下产生。只是由于商队在其成员建立的相互保证、商队规定给他们的纪律、商队使他们服从的规章,商业才有可能进行。船舶只有结成队才航行,同样商人只有结成邦才周游各地。只有以武力保证安全才有他们的安全,而武力是联合起来的结果。参见[比利时]亨利·皮雷纳:《中世纪的城市》,陈国梁译,商务印书馆2006年版,第76页。

③ 参见[德]马克斯·韦伯:《世界经济简史》,李慧泉译,立信会计出版社2018年版,第114页。

> ……城中人民以及本郡其他商人行会，亦将充分而自由地保有彼等在前述予之先王爱德华、威廉与亨利时代所享有之上项权利。凡居住于本城四区并参加本城市场之人，彼等与城市贡税以及法令之关系，一如彼等在英王爱德华、威廉与亨利之时代。①

对于行会通过城市特许状所获得的商业特权与垄断权利，从行会自身的章程中也可以获得印证，根据《骚桑普吞商人行会章程》：

> ……19、非商人基尔特会员或本城市民，皆不得在骚桑普敦城内购买任何物件再以之在本城出售。有违犯此项禁令之人一经查明属实，则其购买之物件即没收归于国王。此外，任何人，除非能证明其历年以来，即已列名基尔特或为本城市民，否则即应照章纳税，不得豁免。②

由上述两份原始资料，可以看出，行会在外通过城市特许状得到商业特权与垄断权利的授权，自内通过行会章程，将这些权利在内部确定下来，使这些权利不仅写于纸上，还可以真正地实施下去。但行会的垄断地位并不是铁板一块，小规模的自治权利并不能让行会在市场上排除竞争，相反，得到城市或者王室支持的无组织的消费者，可以对行会的垄断形成强有力的抵制。城市常常保留不考虑行会的决定而自由任命工艺师傅的权利，这是因为要改善对消费者的供给。③ 在这样的外部环境下行会为了保持垄断地位，就必须对自由竞争加以限制，而行会的特权就是通过特许状不断斗争而来的。

以下我们展开分析行会通过市民身份普遍获得的商业特权与行会独有的垄断权利：

---

① 郭守田：《世界通史资料选辑（中古部分）》，商务印书馆 1981 年版，第 134 页。

② 郭守田：《世界通史资料选辑（中古部分）》，商务印书馆 1981 年版，第 147～150 页。

③ 参见［德］马克斯·韦伯：《世界经济简史》，李慧泉译，立信会计出版社 2018 年版，第 116 页。

1. 城市有设立自由市场的特权

亨利一世在位时期授予了许多城市设立市场的权利。宗教仪式与开市的关联很大,受到宗教仪式的影响,市场经常设立于周末,但也有例外。1175年,授予了格拉斯哥市在周四设立市场的权力。① 1199~1214年因弗内斯市可以在周六组织自由市场。② 同时在1202~1207年的艾尔市、1214年的阿伯丁市,周六都可以设立自由市场。③ 在开市当天,市民往往会先在教堂做礼拜,之后便可以从事国王许可的商业活动。同时,除了每周固定的自由市场,有时还会在每年的大型宗教节日市设立短期的集市。例如,1200年,在布里奇沃特约翰国王在每年的十月设立了一个持续八天的集市,以庆祝约翰尼斯在十月受洗。④

2. 城市有设立各种税务和费用的特权

国王或城市领主会通过特许状设立各种税务和费用,以保护城市内的行会组织。根据1147~1183年卡迪夫城的自治宪章,想在市场中经营的商人,在税务方面一匹满载的马需要付税一便士、使用马车载铁的铁匠需要付税一先令、自己推车载铁的铁匠需要付税一先令、一头制培根的猪需要付税一先令、五只猪需要付税一先令、五只绵羊需要付税一便士、五只羊羔需要支付一便士。在费用方面三便士以及三便士以下的商品免交通行费,如果高于三便士,就需要向顾客征税;两个商人共同为一个摊位缴一先令摊位费。⑤ 王室通过特许状设立名目繁多的税费,市民通过缴费获得进入市场的权利,同时也将无力支付费用的、城市以外的商人排除在外,以维护城市商人的特权。

3. 城市有设立逃避税费的处罚的特权

国王或城市领主会通过特许状设立罚款,以使躲避税费的商人受到处罚,维护城市行会组织的商业特权。1155年,亨利二世在奇切斯特

① See Adolphus Ballard eds. ,*British Borough Charters*,1042 - 1216,p. 171.

② See Adolphus Ballard eds. ,*British Borough Charters*,1042 - 1216,p. 172.

③ See Adolphus Ballard eds. ,*British Borough Charters*,1042 - 1216,p. 171 - 175.

④ See Adolphus Ballard eds. ,*British Borough Charters*,1042 - 1216,p. 174.

⑤ See Adolphus Ballard eds. ,*British Borough Charters*,1042 - 1216,p. 171.

设立没收令，若有人逃避海关检查，带着货物离开奇切斯特城，其货物将会被没收。[①] 1202 年，约翰国王在艾尔市设立惩罚，规定不允许任何人逃避通行费和其他税费，否则将会没收其所有物品并鼓励城市中的所有男子将此类人群赶出城市。[②] 这些没收令、驱逐令很好地维护了城市的商业特权，不遵守特许状的市民将会面临罚款、没收甚至被剥夺市民资格，驱逐出城市。

4. 城市有采取针对破坏商业特权行为的反制手段的特权

王室或城市领主通过特许状设立破坏商业特权的反制手段，以报复破坏本市商业秩序的其他城市。1131 年，亨利一世在伦敦设立特许状，规定如果任何人向伦敦市民收取通行费或关税，伦敦市民将向收取通行费或关税的市镇收取相等金额的税费以及伦敦市民因此而损失的金额。[③] 1155 年，亨利二世设立特许状进一步规定，如果整个英格兰有任何人向伦敦人收取通行费或关税，若纠正后仍不改正，伦敦的治安官应为此在伦敦采取扣押措施。[④] 1188 年，亨利二世在布里斯托设立特许状，规定若有人在英格兰境内向布里斯托市民收取通行费或关税，要求归还不归还的，地方长官可以惩罚他并将其扣押迫使其退还所收税费。[⑤] 这些特许状都赋予了当地市民对于限制其商业自由的税费可以进行的报复的权利。

5. 特许状赋予行会的垄断权利

手工业行会和商人行会的贸易垄断，自 1087 年起就出现在了英国城市特许状中。[⑥] 1103 年，在莱斯特，亨利一世在特许状中提到允许莱斯特市的商人行会保有所有自威廉一世时期起就拥有的权利，参与市

---

① See Adolphus Ballard eds. , *British Borough Charters*, 1042 – 1216, 1913, p. 179.

② See Adolphus Ballard eds. , *British Borough Charters*, 1042 – 1216, p. 180.

③ See Adolphus Ballard eds. , *British Borough Charters*, 1042 – 1216, p. 195.

④ See Adolphus Ballard eds. , *British Borough Charters*, 1042 – 1216, p. 195.

⑤ See Adolphus Ballard eds. , *British Borough Charters*, 1042 – 1216, p. 196.

⑥ 参见金志霖：《试论英国行会的产生及其早期经济措施》，载《求是学刊》1990 年第 2 期。

场竞争。① 并要求商人行会努力经营以超过其父辈时期的规模,由此可以看出此时的王室对于商人行会的发展持支持态度,并希望其可以壮大,以带动城市经济的发展。到13世纪,在沃灵福德、约克、林肯、安多弗、彭布罗克、卡莱尔、珀斯、阿伯丁、布里斯托、都柏林等英格兰的大部分城市都设立了商人行会。②

比自由设立行会更进一步的是,特许状赋予了行会垄断城市商业活动的权利——非行会成员不得从事商业活动。商人和工匠之间总是存在一种竞争关系,商人通过特许状所赋予其的权利设立条例和规则,以禁止工匠销售行会制造的商品。在1155年,亨利一世颁布特许状,规定奇切斯特的任何人不得零售布匹,除非他是商人行会的成员。③1154年,亨利二世规定,任何陌生的自由商人不得以染色并零售其制作的衣物为目的住在林肯,除非他们加入城市行会并支付税费。④ 这里我们关注一个有趣的例子:布里斯托的零售商没有自己的船只,但是他们会买通到布里斯托尔港的外国船只的船长以销售自己的商品。而布里斯托的商人行会认为,不应该让零售商与海外商人进行交易,这种行为大大损害了行会的商业利益。因此,在1566年,针对布里斯托的零售商颁布了一项法案,禁止零售商与海外商人进行交易。但是在下一次城市选举时,支持该法案的市议员就被赶下台,削弱了商人行会的垄断地位。⑤ 由此可见,商人行会的垄断极大地受到政治的影响,是不稳定的。

特许状赋予行会的另一项垄断权利是优先购买权。《英国林城圣三-商人基尔特规章》规定:

……13、凡属于基尔特之任何会员购买任何物品,如尚未

---

① See Adolphus Ballard eds. ,*British Borough Charters*,1042 - 1216,1913,p. 202.

② See Adolphus Ballard eds. ,*British Borough Charters*,1042 - 1216,1913,p. 203 - 207.

③ See Adolphus Ballard eds. ,*British Borough Charters*,1042 - 1216,p. 209.

④ See Adolphus Ballard eds. ,*British Borough Charters*,1042 - 1216,p. 210.

⑤ See Frederick Armitage,*The Old Guilds of England*, 1918,p. 53.

成交时，适有另一会员前来，并参加议价，则成交后此人应为共同购买人，如愿购买人拒绝，应罚银半马克。①

这种优先购买权可以使商人行会获得原料的垄断，对行业上游进行控制，进一步排除零售商，加强对成本与整个行业及市场的控制。

特许状还赋予了行会在本地市场排除外国商人的特权。在中世纪如果外国商人销售的物品是本国可以制造的，那么将外国商人排除在外就是一种持续的政策，王室会形成一个禁止销售的物品清单。更进一步，1407 年在伦敦，一项特许状允许成立了一家“商人冒险公司”（Maechant Adventures Company），以垄断外贸。② 这种禁令会导致货物的价格高涨，但是由于市长或法官有权确定工匠出售其制成品的价格来进行宏观调控，因此此类结果并没有大规模的出现。

三、城市特许状对行会垄断的限制

尽管特许状授予了行会普遍的贸易自由与垄断权利，但是这种垄断权利的授予很大程度上是王室为了获取行会积累的财富，而非出于促进行会发展的意图。因此当这种垄断阻碍了王室利益的取得或者阻碍了其他市场的发展时，特许状又成为王室对行会垄断权利进行限制的一种主要法律手段。

1. 特许状所规定的特许经营具有时间的限制

国王通过特许状授予城市商人行会垄断本行业贸易的权利，但是这种权利并不是一经取得就一劳永逸的。首先，这种授予本身就有时间的限制，在爱德华一世的特权法令中提到，特许经营权作为一种特权是具有时效的，这种权利只能持续到理查德一世统治的时期。③ 而未经特许状授权的市场，即使是得到皇帝的特权，也不被承认。1220 年，就有人曾因得到亨利一世的特许设立市场，但并不被格洛斯特市的治安

---

① 郭守田：《世界通史资料选辑（中古部分）》，商务印书馆 1981 年版，第 146 页。

② See Frederick Armitage, *The Old Guilds of England*, 1918, p. 55.

③ See Adolphus Ballard eds., *British Borough Charters*, 1042 – 1216, 1913, p. 209.

官承认,并因无视皇家戒律而被追究责任。① 其次,行会从事贸易的时间也要受到特许状的限制。市场的开市时间和市集的具体时间在特许状中都被严格限制,多数被规定在周末进行礼拜后,行会没有权利随意开市。

2.“不能对其他市场造成损害”的限制

随着城市商业的发展,名目繁多的特许状通过王室授权给市民,越来越多的行会通过取得特许状而建立。为了明晰自治权的范围,在不少特许状中都出现了“不能对其他市场造成伤害的规定”。行会虽然有权垄断本行业的贸易,对本行业的原材料具有优先购买权,但是其权利并不是无限的。城市特许状的设立具有两个原则:第一,促进城市经济的发展。第二,不能损益皇室的利益。因此,对于何种行会可以设立、行会何时可以设立、行会的设立是否会影响其他已经存在的行会都取决于皇室的判断。如果一个新的市场吸引了传统市场在另一个市场进行的交易,就会皇室损害通行费收入和租金收入。“The nisi sit ad nocumentum”条款最早在1200年使用,并从那时起成为市场授权的标准用语。该条款所禁止的“损害”源于市场间的冲突。如果一个新的市场吸引了传统上在另一个市场进行的贸易,那么既有市场所上交的通行费收入和租金支付就会减少,从而损害了既有市场的利益。确定损害的标准在1250年以前的法律文献“Bracton”中讨论过,“Bracton”对有害市场进行了定义,即指在规定时间以外开市且设立在预先存在的市场的六又三分之二英里范围内的新市场。②

3.特许状授予的垄断权利具有不确定性

特许状虽然是中世纪城市发展中重要的法律形式,但是特许状并

① See James Masschaele, *Market Rights in Thirteenth-Century England*, The English Historical Review, Vol. 107, p. 80(1992).

② See James Masschaele, *Market Rights in Thirteenth-Century England*, The English Historical Review, Vol. 107, p. 80(1992).

不包括全部城市法。① 封建主之所以愿意将商业特权授权于市民与行会,主要是出于利益的角度。行会对市场的垄断在中世纪后期成为了城市经济的一大弊病,并为不少封建主深恶痛绝。到都铎王朝末期,出现了许多特许和专利垄断企业,其中一些企业将创新的法律要求延伸到了极限,以至于当这件事在议会中被提出时引起了普遍的不满。② 因此,一旦行会的存在会影响封建主的利益时,行会就面临被取缔的风险。1202 年,约翰国王时期通过特许状取消了伦敦职工行会:

> ……你们要知道,在伦敦市长和市民的请求下,我们已经同意并通过本宪章确认,织工行会从此不再存在于我们的伦敦市,无论如何也不会复活。但是,因为我们已经习惯于收到每年 18 马克的银从织工协会,上述公民支付给我们和我们的继承人每年 20 马克的银在圣迈克尔节在我们的国库。③

4. 特许状的执行完成度影响行会的垄断权

特许状虽然授予了行会一系列的商业特权,但是纸面上的权利要落实成为真正的权利,需要整个司法体系的有效运行。特许状大都是针对所情愿的诉求专门设立的,因此很难形成层次和体系,而其对于权利内容的规定也很难做到清晰明了。在这样的条件下,特许状中赋予行会的商业特权能否落实,很大程度上取决于市政人员的个人能力。若行会想要对于侵犯其的商业特权的人进行诉讼,市政是否有能力对其进行判决,需要通过其他法律规定来确定。

---

① 参见[比利时]亨利·皮雷纳:《中世纪的城市》,陈国梁译,商务印书馆 2006 年版,第 120 页。

② See John Baker, *An Introduction to English Legal History*, Oxford University Press, 2019, p. 482.

③ Frederick Armitage, *The Old Guilds of England*, 1918, p. 57.

结　语

中世纪的城市生活自11世纪逐渐稳定下来,市民阶级接受并承认王室和封建领主的统治和特权。但是随着商品交易、手工业和商业的复兴,他们呼唤摆脱对封建领主的人身依附。由此提出了人身自由、建立市场、维护治安等要求,最终要求广泛的政治自治和城市自治。城市特许状就是王室通过授予城市和市民特权,换取经济利益的权利交换凭证。行会是由城市商人、手工业从业者组成,在11世纪的英格兰普遍建立的一种社团组织,并于12世纪后普遍获得了王权、领主与教会的承认。城市特许状是行会获得市场垄断地位的重要法律依据,它不仅给予市场各种商业特权,也给予了行会垄断城市商业的地位。这种垄断不仅排除了零售商人、更排除了海外商人。但是城市特许状赋予行会的商业垄断权并非无限制的。其对于行会入市的资格、行会经营的时间地点都有严格的限制。由于城市特许状极大地受到政治的影响,其赋予行会的垄断权利也时常处于一种不稳定状态,而且非常依赖市政人员的个人能力。尽管如此,城市特许状仍然极大地促进了行会和城市的发展,是对于行会研究不可忽视的重要一环。

雅典城邦的陶片放逐法与中国先秦的流放

张　鑫*

[摘要] 雅典城邦设立陶片放逐法以维护民主制，中国先秦有舜流放四凶而天下咸服。流放作为古老的处罚方式，在古希腊神话和中国上古典籍中早已出现。与后世作为刑罚的流放不同，陶片放逐法和中国先秦的流放都是一种处罚而非刑罚。陶片放逐法专为权势精英而设，先秦流放仅作五刑辅助。相较于流刑和五刑，雅典陶片放逐和先秦流放都是宽宥之举。雅典遭陶片放逐者仍保留公民权和财产，而先秦遭流放者可免受五刑处罚。陶片放逐法和先秦流放使用频率都不高，前者七十余年仅放逐了十多人，后者也仅为临时处罚措施。然而，陶片放逐法同城邦民主制有本质关联，先秦流放只是作为边缘法，到北周时正式列入五刑后，同国家政制方有本质关联。

[关键词] 陶片放逐法；先秦流放；党争；民主制

一

古希腊历史上先后出现过 1000 多个城邦，在雅典民主制建立前后，曾有 19 个城邦实行过一定程度的民主统治，到古典时代（公元前 5～前 4 世纪），总计有 54 个希腊城邦建立过民主制。① 其中，雅典是典范。公元前 7～前 6 世纪，雅典经历了从贵族制到僭主制再到民主制的转变。为了维护民主制，人民领袖克里斯提尼（Kleisthenes）设立了陶片放逐法（Ostracism/ὀστρακισμός）。② 然而，该法设立后一直没有实施，

* 张鑫，重庆大学人文社会科学高等研究院"道德—政治—法律哲学"专业博士研究生。

① See Robinson, Eric W, *Democracy Beyond Athens: Popular Government in the Greek Classical Age*, Cambridge University Press, 2011, p. 183.

② 作者主要依据亚里士多德《雅典政制》，他认为陶片放逐法的设立者为克里斯提尼。关于陶片放逐法的设立者和设立时间的争论，参见晏绍祥：《雅典陶片放逐法考辨》，载《世界历史》2017 年第 1 期；胡骏：《公元前 5 世纪雅典陶片放逐法考略》，载《法学》2005 年第 6 期。

直到马拉松战役之后两年,人民取得更大的政治权力,于公元前488年才首次付诸实施。制定陶片放逐法是出于对当权者的疑虑,其目的是对付政治上掌握大权而意图建立僭主政治的政客。庇西斯忒拉图正是利用他担任人民领袖(热衷蛊惑人心之人)和将军的有利地位而自立为僭主的。陶片放逐法施行的前三年,连续放逐了与僭主有密切关系的人,他们依次是希帕耳库斯(Hipparchus)、麦加克勒斯(Megacles)以及一位不知名的"僭主之友",或许是卡利亚斯(Callias)①,抑或是大阿尔喀比亚德斯(the elder Alkibiades)②,该法就是为他们而实施。③

陶片放逐法赶走的第一个人是庇西斯忒拉图的亲戚希帕耳库斯,这是克里斯提尼制定此法的主要动机。也就是说,陶片放逐法是克里斯提尼专门针对希帕耳库斯而制定的。但是,希帕耳库斯一直得以幸免,源于雅典人民一贯的开明和包容态度,他们允许在混乱时期没有参与同僭主一起作恶的僭主朋友可以留居城邦,而希帕耳库斯正是这些人的领袖。④ 显然,克里斯提尼把起诉希帕耳库斯及其同伙的自由裁量权交给了人民,一旦他们威胁到公共安全就可以起诉他们。庇西斯忒拉图一派的领袖们自然领会了这一暗示,并保持沉默,因此得以安全留在雅典,直到马拉松战役期间,他们与希帕耳库斯以及波斯重新密谋,耗尽了民众长期以来的耐心。⑤

在驱逐希帕耳库斯之后的第二年,阿尔克迈翁家族(Alcmaeonides)

---

① 卡利亚斯在陶片上被称为"穿米底服装者",明显因亲波斯的态度被流放。参见晏绍祥:《古代希腊民主政治》,商务印书馆2019年版,第377页。

② See cf. Lys. xiv. 39 and [Andok.] iv. 34. See Hignett, Charles, *A History of the Athenian Constitution to the End of the Fifth Century BC*, Oxford University Press, 1952, p. 336.

③ See Harold B. Mattingly, *The practice of ostracism at Athens*, Antichthon, Vol. 252, p. 1 - 26(1991).

④ 参见[古希腊]亚里士多德:《雅典政制》,日知、力野译,商务印书馆2014年版,第27页。

⑤ See Hignett, Charles, p. 162.

的成员之一,民主政治家克里斯提尼的侄子麦伽克勒斯也遭陶片放逐了。至于他被放逐的原因,主要源于阿尔克迈翁家族与庇西斯忒拉图家族曾有过政治联姻,麦伽克勒斯不得不被人民怀疑有支持僭主的嫌疑。[①] 因此,本文认为,陶片放逐法最开始主要针对僭主家族而制定,而且以族群为单位,当家族一人被判处放逐时,不仅个体受到影响,整个家族或血缘群体都会受到牵连。然而,从陶片放逐法施行的第四年起,它不再只针对"僭主之友",而是开始用来"驱逐任何其他威势太大的人了"[②]。阿尔克迈翁家族的女婿克桑提普斯(Xanthippus),就是第一个与僭主无关而遭驱逐的人,他是继克里斯提尼之后的人民领袖[③],也是雅典"第一公民"伯里克利(Pericles)的父亲,他遭陶片放逐是因为阿尔克迈翁家族被认为有亲波斯倾向,而他明显受到了牵连。[④]

陶片放逐法从最初用来防备那些可能企图篡夺政权的僭主,到后来演变为驱逐任何权势过大的政治人物,表明雅典人对权力过度集中的反制措施进一步扩大化了。诚如亚里士多德所言,使才德著称的人远离本土,他们在城邦内的势力便会日渐消失。[⑤] 据普鲁塔克(Plutarch)记述:"被放逐者无权为自己辩护,须在十天内处理好自己的事务,然后离开城邦。放逐期间,遭放逐者的公民权和财产权保留,回

① 参见 Pind. *Pyth*. 7. 18 – 21。品达将麦伽克勒斯遭陶片放逐归因于,人们嫉妒阿尔克迈翁家族在战车竞赛中的胜利,他被扣上"养马者"的称呼,这是精英阶层的典型爱好。

② [古希腊]亚里士多德:《雅典政制》,日知、力野译,商务印书馆 2014 年版,第 27 页。

③ 参见[古希腊]亚里士多德:《雅典政制》,日知、力野译,商务印书馆 2014 年版,第 33 页。

④ 参见[古希腊]亚里士多德:《雅典政制》,冯金朋译,吉林出版集团有限责任公司 2013 年版,第 84 页。

⑤ 参见[古希腊]亚里士多德:《政治学》,吴寿彭译,商务印书馆 1965 年版,第 155 ~ 156 页。

到城邦后自动恢复。”[①]因放逐者未犯罪而经公民投票作最终裁决,自无权替自己辩护。可见,雅典全体公民的共同意志至高无上。另外,从施行的过程和期满后回到城邦自动恢复所有权利来看,陶片放逐是温和的流放处罚,且在城邦有需要时,可提前召回。例如,“在伯里克利提议下,雅典人通过法令召回客蒙(Kimon)”[②]。

据统计,1910～2005年在雅典凯拉美克斯(Kerameikos),一共发掘出9367块陶片,其中8611块有完整名字,剩余756块为文本或名字残片。8611块陶片中,累计出现80多个名字。[③] 这80多位“预放逐者”的名字,散见于8600余块陶片中,表明民主制建立之后,雅典公民的权力日益增大。因为,只有雅典公民广泛参与到城邦政治生活中,他们才能自主判断何人对城邦有威胁,何人应当被放逐。根据考古资料与文献记载相印证的结果显示,到公元前416年,遭到陶片放逐的雅典公民可以确定的共有16人。[④] 可见,若干雅典政治人物虽零星地出现于出土陶片上,但陶片放逐法在施行的70余年内,仅成功放逐十几人,这可以充分证明,陶片放逐法的施行是温和审慎的,而非一个滥用权力和惩罚个人的工具。

在先秦中国,流放也作为处罚权势人物的方式得到了运用。据记载“厉王虐,国人谤王……国人莫敢言,道路以目……三年,乃流王于彘”(《国语・周语上》)。以平民为主体发动的“国人暴动”,是下位者因上位者暴政,将之流放的自觉参政行为。周礼体系下“允许对君主的不义侵犯进行报复,弑君有理,逐君无罪”[⑤]。先秦时,君民之间的权利

---

① [古希腊]普鲁塔克:《希腊罗马名人传》,陆永庭等译,商务印书馆1999年版,第320页。

② [英]伯里:《希腊史》,陈思伟译,晏绍祥校,吉林出版有限责任公司2016年版,第430页。

③ See Stefan Brenne, Die Ostraka vom Kerameikos, Reichert Verlag, 2019, p. XII – XIII.

④ 参见黄俊杰:《古代希腊城邦与民主政治》(第3版),台北,学生书局1981年版,第127页。

⑤ 李若晖:《放逐君主:周礼权力结构解析》,载《政治思想史》2017年第2期。

和义务关系是双向而非单向的:“桀奔男巢,纣踣于京,厉流于彘,幽每于戏,皆是术也。夫君也者,民之川泽也。行而从之,美恶皆君之由,民何能为焉”(《国语·鲁语上》)。

不过,从先秦到北朝,流放并不是常设刑罚,仅作为五刑的补充。最早关于流放的记载见于《尚书·舜典》:“象以典刑,流宥五刑,鞭作官刑,扑作教刑,金作赎刑……流共工于幽洲,放驩兜于崇山,窜三苗于三危,殛鲧于羽山,四罪而天下咸服”。对四凶的四种处罚方式——流、放、窜、殛,都是诛之义,见“万章曰:‘舜流共工于幽州,放驩兜于崇山,杀三苗于三危,殛鲧于羽山,四罪而天下咸服,诛不仁也’”(《孟子·万章上》)。此处之“诛”不就是“诛杀”,也包括“讨伐”,“诛,讨也”(《说文解字·卷三·言部》),“讨”之义“凡杀戮、纠责皆是”(段玉裁《说文解字注》)。

舜既用“流”宽宥“五刑”,则“流”不是杀,所以“讨”在此处取“纠责”义。又见“放,逐也”(《说文解字·卷四·放部》)。因此,流、放、窜、殛不属五刑范畴,否则“流宥五刑”无法成立。另外,五刑种类繁多,“子曰:‘五刑之属三千,而罪莫大于不孝’”(《孝经·五刑》)。上古时,五刑各属具体数目为:“墨罚之属千,劓罚之属千,剕罚之属五百,宫罚之属三百,大辟之罚其属二百,五刑之属三千”(《尚书·吕刑》)。五刑既有三千,作为五刑辅助之流放,应有多种。流、放、窜、殛皆属流放,不过“流”“放”合用要到汉以后,“是以唐虞俊乂在官,四凶流放,天上咸服,以致雍熙”(《后汉书·杨震列传》)。其中“窜”可作“放逐”解:“三苗之徒以放逐兮,伊皋之伦以充庐”(《楚辞·愍命》)。另外,“放、逐、诛”连用之例:“人臣放逐受诛,虽复追加赏赐赙祭,不足以偿不訾之身”(《后汉书·伏侯宋蔡冯赵牟韦列传》)。另有“八月丁巳,悉复蠲除之,贺良及党与皆伏诛流放”(《前汉书·天文志》)。而“流”的本义是“水流”,体现在政治生活中,即降低或削去官职,被排斥在政治中心之外。如“流共工于幽洲”,幽洲在极北之地,“流于幽洲”意味着远离故土失去权势。同“诛”、“讨”之“纠责”义联系,可得出以下结论:舜以流刑作责罚之用,相较于五刑,自是宽宥。与此类似,陶片放逐法对遭放逐者表现出的温和审慎之态,亦是宽宥之举。

二

雅典陶片放逐法相较于流刑的宽宥以及先秦"流"之于五刑的宽宥,表明古人已认识到严刑峻法的不利后果。因此,统治者为表示公正司法而有如下典章规定:

> 墨辟疑赦,其罚百锾,阅实其罪。劓辟疑赦,其罚惟倍,阅实其罪。刖辟疑赦四,其罚倍差,阅实其罪。宫辟疑救,其罚六百锾,阅实其罪。大辟疑赦,其罚千锾,阅实其罪。(《尚书·吕刑》)

先秦五刑:墨、劓、剕、宫、大辟,残忍可怕,而古希腊流刑亦频遭滥用,多祸及无辜。希罗多德(Herodotus)曾记载,科林多(Corinth)的僭主库普赛洛斯(Cypselids)滥用流放权:"他放逐了许多科林多人,他剥夺了许多人的财产,更杀害了为数要多得多的人的生命。"①作为希腊上古政治的写照,在古希腊神话中已有大量流放叙事,如乌拉诺斯(Uranus)、克罗诺斯(Kronos)、提坦(Titan)均在奥林波斯王族权斗失败后被驱逐出天界,流放至冥府深渊之地塔耳塔罗斯(Tartarus)。自古风时代(公元前7~前6世纪)起,在古希腊城邦中,流放权之争一度成为城邦政治斗争的核心,如在米蒂利尼(Mytilene)、萨摩斯(Samos)、麦加拉(Megara)、科林多等城邦。② 流放权之所以如此重要是因为:掌握流放权即掌握城邦政权。雅典帝国最强盛时期,盟邦的流放权由雅典掌握。③ 雅典先通过厄律特拉法令(The Erythrae Decree)④,后通过卡尔基

① [古希腊]希罗多德:《历史》,王以铸译,商务印书馆2009年版,第456页。

② See Sara Forsdyke, *Exile, Ostracism, and Democracy the Politics of Expulsion in Ancient Greece*, Princeton University Press, 2005, p. 30.

③ See Sara Forsdyke, p. 206.

④ *IG* 1^3 14.

斯法令(The Chalcis Decree)①对盟邦的流放进行控制和限制。这意味着,盟邦何人当政何人失势,均在雅典的掌控之中。

古希腊流放有法律依据,或在城邦中或在盟邦中,而中国先秦并未对施行流放的条件予以规定。这说明,流放对于古希腊的重要性较中国先秦更甚。因此,我们可以理解,为什么在古希腊会出现陶片放逐法这类特殊的流放。同理,自上古已存在且广泛施行的五刑多达三千种,各种规定颇为详细。然而,中国先秦流放似乎仅作为一种临时措施,如“晚世之时,帝有桀、纣……于是汤乃以革车三百乘,伐桀于南巢,放之夏台”(《淮南子·本经训》)以及“帝太甲既立三年,不明,暴虐,不遵汤法,乱德,于是伊尹放之于桐宫”(《史记·殷本纪》)。屈原先后两次遭到楚王放逐,我们并不清楚究竟依据的哪条法律,仅有“屈原放逐,乃著离骚”(《史记·太史公自序》)。

所以,流放在古希腊政治及法律中的重要性,是陶片放逐法诞生的前提条件。而流放之所以重要又同城邦内部的党争密切相关。党争失败者不仅遭到流放,还可能被没收财产,例如,“最后,城邦决定……判处阿尔克迈尼德家族及那些与他们一同行动的公民犯下渎神罪,将他们永远流放,并剥夺其财产”②。可以想见,贵族间频繁的流放与被流放必定会严重扰乱国家秩序。因此,雅典人曾试图通过德拉古死刑法、反僭主法、梭伦立法来遏制精英间的激烈冲突,但都效果甚微。③ 不过,激烈的党争给平民参与城邦政治,参与精英间的党派斗争创造了机会,最终使城邦走出贵族相互流放的恶性循环。关于党争,据说梭伦曾通过一项法令“如果城邦出现党争,每一位公民必须支持其中一方,否则就会丧失公民权”④。不同于贵族党争下的流放,平民参与的陶片放逐法

---

① *IG* 1^3 40.

② [英]伯里:《希腊史》,陈思伟译,晏绍祥校,吉林出版有限责任公司 2016 年版,第 209 ~ 210 页。

③ See Sara Forsdyke, p. 279.

④ [英]伯里:《希腊史》,陈思伟译,晏绍祥校,吉林出版有限责任公司 2016 年版,第 217 页。

具有以下三个特点:一是放逐决定权在公民;二是放逐的对象是城邦领袖;三是被放逐者,并未触犯城邦刑法。雅典还明确规定了陶片放逐的时限、地域和距离。亚里士多德记载如下:"他们规定自此以后被流放的人应当居住的境界,禁止住在从革赖斯图斯(Geraestus)到斯库莱于谟(Scyllaeum)这条界限之内,违者将丧失公民权。"①

值得注意的是,作为特殊的流放类型,陶片放逐法同其他形式的流放并存,二者虽并存,但不可相提并论。作为克里斯提尼改革的重要组成部分:

> 在公元前510至前507年间,他有感于政治领袖之间的较量会分裂国家的切身经历:为了避免将来出现这种内乱,他首创一种程序,把一个政治领袖放逐(非刑事处罚的流放,亦不剥夺社会地位和财产)10年。②

叛国罪、杀人罪、渎神罪、渎职罪等罪行,经民主法庭审判后,都可能以流放作惩处。在民主制下,"流放是雅典人以委员、议员和陪审员的身份所采取的一系列惩罚措施之一"③。与流刑不同,陶片放逐法有其特定的放逐对象,施行条件亦颇为苛刻。首先,放逐候选人为城邦领袖。其次,每年第六届主席团任期内决定是否进行投票放逐,之后于第八届主席团任期内进行陶片放逐投票。最后,必须达到6000票的投票基数,否则不能放逐。同样,中国先秦流放的对象是权贵,平民百姓用五刑即可惩处。可见,无论邦国大小,用流放处置权势人物的确是首选。因为,流放相较于其他处罚有三个优势:第一,不易反弹;第二,成本较低;第三,效果显著。雅典设立陶片放逐法避免了僭主制复辟,舜流放四凶后"天下咸服"均证明了以上三点。

---

① 革赖斯图斯位于优卑亚南端;斯库莱于谟位于阿尔戈斯东南端。参见[古希腊]亚里士多德:《雅典政制》,日知、力野译,商务印书馆2014年版,第31页。

② [丹麦]摩根斯·赫尔曼·汉森:《德摩斯提尼时代的雅典民主》,何世健、欧阳旭东译,华东师范大学出版社2014年版,第46页。

③ Sara Forsdyke, p. 181.

三

然而,中国先秦不曾存在过同陶片放逐法一样的法令。国人驱逐周厉王,没有法律依据。周朝亦无明文记载,国人可流放暴君。既然流放作为五刑之辅得以应用,大多数时候只能作为一项临时措施。

> 《谷梁传》云:“放,犹屏也。”考察《尚书》《孟子》《春秋》《左传》《史记》《淮南子》《周礼》等书中有关“放”之记载,我们可以发现:其一,所涉及对象全为王公贵臣大夫一类;其二,周时“放”在五刑之外,仅作为一种辅助形式,即《尚书·舜典》所谓“流宥五刑”。①

由此可见,相较于流刑(司法流放),即经专门审判和量刑的流放,先秦流放和陶片放逐法都属于刑法之外的流放处罚。例如,屈原被流放,不是因为他触犯了某一条刑法。阿里斯泰德(Aristides)也没有触犯刑法,而是全体公民将之投票放逐出城邦。他们均遭受了流放处罚,而非流放刑罚。因此,可以看出,中国先秦流放和陶片放逐法对流放之人的惩处,其使用范围都在统治阶级内部,所针对对象具有一致性。前者将王侯贵胄犯法,或触怒当权者后不受五刑之辱而替之以流放,后者将城邦精英领袖以公民集体陶片放逐的形式流放于城邦之外。二者针对的是对国家或城邦有政治影响力的人,其目的是将政治对手或最有可能威胁政局稳定的权势精英驱逐出权力中心和共同体之外,一方面,这是对国家或城邦内部权力机制的一种调整,从而稳固国家或城邦;另一方面,无论流放权在君主还是在全体公民手中,不以刑杀的方式,而是将其“流”之远方,是一种依“礼”处罚的仁慈之举。《书》云:“‘流宥五刑’,谓不忍刑杀,宥之于远也。”诚然,当先秦这种流放演变成流刑,或陶片放逐法与流刑等同之时,那么,其适用范围及对象也就转移到了有罪的刑犯、士兵、奴隶身上了。

① 王强:《屈原“放逐”与“流放考辨”》,载《许昌学院学报》2017 年第 3 期。

雅典陶片放逐法和中国先秦流放虽同为流放处罚,但二者亦有诸多区别。首先,流放处罚的严厉程度不同。前者不是为了惩处流放者,而是为了维护城邦民主制的稳定。因此,对流放者的处罚并不严厉。后者虽然出于宽宥五刑之目的,仍然较为严厉。《尚书·舜典》中流放的四凶必定触犯了刑法,无论此刑法是成文法或非成文法。四凶原本要受到五刑处罚,但后来以流放替代。中国先秦流放虽然还未入刑,但从诞生时起,已然有刑法意味。后世将流放入刑,也就不奇怪了。与中国先秦流放不同,雅典陶片放逐法是从流放刑中剥离而出的特殊流放,从设立之日起就避免同流刑相混淆。其次,陶片放逐法同刑法内的流放并存,流放处罚和流放刑法二者并行得到运用,并承担不同的功能。在先秦,流放是五刑的辅助手段,仅存一类流放。最后,中国先秦流放和雅典陶片放逐法的最终目的并不一致。在古风及古典时代的古希腊城邦中盛行流放政治,贵族党争的目的是掌控流放权以流放其政敌,雅典亦不例外。所以,如果陶片放逐法的决定权在贵族手上,则同梭伦改革前没有本质区别,城邦仍然由贵族精英控制。因而驱逐僭主后,在克里斯提尼的主持下,贵族和普通公民达成了协议,将是否进行陶片放逐及放逐谁的决定权交在了公民集体手里。公民们于是获得了巨大权力,但与此同时必须承担参政义务。由此,陶片放逐法同民主制产生了本质关联。雅典民主制下的公民不仅享有公共事务的最终决定权,还须履行参政义务。据传,梭伦曾设立"内乱法"(law on stasis①),其内容为:当城邦发生党争时,公民必须参与其中一方,置身事外明哲保身或冷漠观望者会"失去公民权"(atimos②)。③ 在陶片放逐法创立之前,内乱法以一种较不正式的解决政治冲突的方式存在,它虽然没有明确的

① stasis 源自希腊词 στάσις,原义是"竖立的石柱或岗位",引申义为"闹分裂、另立派别;内讧、交哄"。

② atimos 源自希腊词 ἄ τιμος,被判处 ἄ τιμος 的人意味着失去其社会地位、尊严、权益以及公共生活中的参与权,任何人都可将其杀之而不受惩罚。

③ 参见[古希腊]亚里士多德:《雅典政制》,日知、力野译,商务印书馆2014年版,第20页。

法律程序,但公民们可以通过明确站队的方式,表达自己的意见和选择,从而影响决策的走向。内乱法可被视为陶片放逐法的一种较不正式的前身。① 此外,从某种意义上来说,民主革命后,雅典普通公民获得了旧精英才有的特权,即参政权。陶片放逐法是公民参政最为鲜明最为激烈的反应,因为其放逐对象是城邦领袖。由此可见,唯有在雅典特殊的历史背景下,才会出现这样奇特的法令,即流放或驱逐无罪的权势精英。据此可证明陶片放逐法同民主制的本质关联。而中国先秦的流放是统治阶级的刑罚手段或措施的产物,没有具体的刑罚依据,也明显不具备同国家政制有本质联系的特殊地位。

综上,本文对雅典陶片放逐法和中国先秦流放作总结比较。首先,二者虽然都是流放,但均不属于流刑。其次,二者都是对刑罚宽宥的结果。陶片放逐法是温和适度的流放,先秦流放源自"流宥五刑"。最后,陶片放逐法和先秦流放使用频率均不高。前者一年最多使用一次且仅流放一人,后者只是五刑之外的边缘法。然而,正如文章题目所示,雅典民主制下的陶片放逐法同民主制有本质联系,陶片放逐法从设立时便同司法流放区别开来,直到公元前416年最后一次施用,施行方式从未发生过转变。相比之下,中国先秦的流放只作"五刑"辅助和补充,同当时的政治经济等客观环境虽有关联,却没有制度性关联。从秦朝开始,首次将流放制度化;自北周以来,流放遂成为"新五刑"即"笞、杖、刑、流、死"之一种:也就是说,流放至此方才成为正式的刑罚,在整个国家政治制度设计中占有一席之地,即从流放处罚变成了流放刑罚,而中国唐宋时盛行的贬谪制,可视为中国古代流放或流刑在后世的变迁。

---

① See Winfried Schmitz, *Athen-Eine wehrhafte Demokratie*? Überlegungen zum Stasisgesetz Solons und zum Ostrakismos, Klio 93 (2011), S. 23–51.

“一带一路”背景下涉外律师多元化培养机制研究*

史永丽** 薛美玲*** 侯玉花****

[摘要]“一带一路”倡议提出至今已走过十年历程，它是一项既充满机遇又面临挑战的全新事业。“一带一路”高质量发展亟须优质高效的涉外法律服务提供法治保障。“一带一路”共建国家法律图景繁杂，存在多种法系、多种文化；同时，以“五通”为主要内容的“一带一路”建设存在多种法律风险、可能产生多类法律纠纷。涉外律师是为“一带一路”发展提供涉外法律服务的核心群体，多元化的涉外法律服务亟需多元化的涉外律师培养机制。目前，我国院校培养和在职培训协调发展的涉外律师多元培养机制已初见雏形，但仍存在建设时间短、政策不稳定、培养单位各自为政等问题，本文试对此问题进行梳理分析并在此基础上提出进一步加强涉外律师人才培养的顶层设计、完善高校协同培养机制、完善涉外律师在职协同培训机制、探索法学高等教育与在职培训相结合的衔接机制以及加强涉外律师的国际化水平等应对之策，以期为我国“一带一路”的高质量发展提供稳定持久高效的涉外法律服务。

[关键词]“一带一路”；涉外律师；多元化培养机制

前　言

从改革开放到加入世贸组织，从“一带一路”倡议的提出到实现更

---

* 本文是2020年度山西省教育厅回国留学人员科研资助项目“卓越法治人才培养中的法律职业伦理教育研究”、2022年度山西省高等学校教学改革创新项目“法律职业伦理教学模式的实践性研究”、2022年度山西省教育厅研究生教育创新项目“山西省涉外法律服务的地方立法研究”的阶段性研究成果。

** 史永丽，山西大学法学院副教授，主要从事法律史、法律职业伦理研究。

*** 薛美玲，山西大学法学院2021级法学理论专业硕士研究生。

**** 侯玉花，山西省社会科学院副研究员，主要从事法理学研究。

高水平对外开放,数十年来,我国涉外法治建设与对外开放进程一直相伴随行。涉外律师是涉外法律服务的主要提供者,涉外法律服务的不断发展与完善可以有力保障改革开放顺利推进,有效维护国家、公民、法人的合法权益。

改革开放之初,我国律师"涉外"业务主要体现在服务于"引进来"的国家大政方针,这一阶段,涉外律师执业范围较窄,未形成体系化的涉外律师队伍。1979 年 7 月,第五届全国人大二次会议审议通过了《中外合资经营企业法》,这是新中国第一部与外商投资有关的法律。随后,我国又陆续通过了《外资企业法》(1986)和《中外合作经营企业法》(1988),共同组成了"外资三法"。[①] "外资三法"为外商来华投资营造了良好的环境,同时也为我国律师服务于外商创造了条件。

入世后,根据深化改革扩大开放和履行入世承诺的需要,我国对涉外经贸法律法规进行了大规模的清理和修订。在此背景下,一部分涉外律师开始走向国际法律服务市场,但其重点仍主要是服务于国内涉外法律服务市场的不断开放,涉外律师参与国际法律服务市场的实践经验少,理论关注弱。

2013 年,我国提出了"一带一路"倡议。在此背景下,我国涉外法律服务的重要性越发凸显,涉外律师也面临着新的发展要求。2016 年 6 月,中共中央办公厅、国务院办公厅印发《关于深化律师制度改革的意见》,加强涉外法律服务工作成为充分发挥律师在全面依法治国中的重要作用的五大举措之一。同时,国家还进一步加强涉外法律服务工作,支持中国律师事务所设立境外分支机构。2019 年 7 月司法部印发《关于加快推进公共法律服务体系建设的意见》,要求加强与"一带一路"共建国家法律事务的交流与合作,完善涉外法律服务机构建设,培养一批在业务领域、服务能力方面具有较强国际竞争力的涉外法律服务机构。

2023 年是"一带一路"倡议提出的十周年,也是"一带一路"进入高

---

① 参见李成钢:《改革开放 40 年来利用外资法律制度的变迁与展望》,载《中国人大》2019 年第 5 期。

质量发展阶段的第五年。“一带一路”是由我国主导,其他各国积极参与的国际公共产品,它为我国提供了一个新的、多元化的国际性法律服务大市场。这个新型国际法律服务大市场不仅需要更多数量的涉外律师,还要求我国涉外律师具备新的素质,满足更多元化的跨境法律服务需求。但现有涉外律师的供给远远不能满足需求,供需矛盾尖锐,仅靠市场调节不能解决这一短板。因此,我国需要以顶层设计的方式推动涉外律师人才多元化培养机制的建设和完善,补足数量缺口,强化质量培养,同时需要国家通过供给侧结构性改革调整法律服务市场的资源分配体制,提高法律服务市场的国际化水平,促进其高效优质地发展,以满足“一带一路”建设中的实际所需。

一、优质多元的涉外法律服务是“一带一路”高质量发展的法治保障

习近平总书记指出,2023年是我国提出共建“一带一路”倡议10周年。提出这一倡议的初心,是借鉴古丝绸之路,以互联互通为主线,同各国加强政策沟通、设施联通、贸易畅通、资金融通、民心相通,为世界经济增长注入新动能,为全球发展开辟新空间,为国际经济合作打造新平台。10年来,我们坚守初心、携手同行,推动“一带一路”国际合作从无到有,蓬勃发展,取得丰硕成果。① “一带一路”倡议的落实和发展不仅为我国提供了新的经济增长点,也为共建国家提供了一种互利互惠的新型发展机遇,更促进了全球经济的均衡可持续发展。与此同时,“一带一路”也是一项充满风险与挑战的事业,需要法治的引领与防范,需要优质高效的涉外法律服务提供有力保障。因此,在“一带一路”的推进与实施中,涉外律师要充分发挥积极性,提供优质的法律服务,充当法律风险的防范者、法律问题的解决者,涉外企业、民商事主体的权益保障者,并在此基础上融入国际法律服务市场,提高我国的国际话语权。

① 参见《习近平出席第三届“一带一路”国际合作高峰论坛开幕式并发表主旨演讲(全文)》,载中国政府网,http://bo.mofcom.gov.cn/article/jmxw/202310/20231003446907.shtml。

（一）多元复杂的法律环境需要多元的涉外法律服务

“一带一路”倡议提出十年来，合作从亚欧大陆延伸到非洲和拉美，同150多个国家、30多个国际组织签署200余份共建“一带一路”合作文件，成立了20多个专业领域多边合作平台。[①] 这些国家的不同法治文化、法律体系及法律渊源造就了多元复杂的法治发展图景；不同的政治环境、经济发展水平形成了参差不齐的法治营商环境。

从所属法系来看，“一带一路”沿线各国至少涉及三大法系、七大法源。其中，三大法系即大陆法系、英美法系、伊斯兰法系（阿拉伯法系），七大法源即印度教法传统、佛教法传统、苏联法传统、东盟法圈、阿拉伯联盟法圈、欧盟法圈、WTO法圈。[②] 其中，大陆法系以成文法为主，将法律分为公法和私法，发生纠纷时多以法官为中心，奉行职权主义。英美法系又称普通法系，发生纠纷时强调当事人主义，遵循先例。伊斯兰教法系受宗教文化影响深，它的法律制度、诉讼程序等都与世俗法律有着很大的区别。印度教、佛教传统也是如此。东盟、欧盟、阿盟、WTO四大法圈是通过双边与多边的条约或协定联合起来的经济和政治共同体，这些法源的组成国家在适用某些法律时有着确定的解决方式，因此，与之交往的法律环境较为稳定。由于不同国家所属的法系不同，对规则治理的认同不一、对程序适用的规定不同，对在“一带一路”建设过程中“走出去”的许多中国企业而言面临较多的不确定性和法律风险，这就需要专业的法律服务人员参与其中以预防或解决争议。

从经济发展来看，“一带一路”共建国家既有像日本、奥地利、韩国这样的发达经济体，但更多的是像菲律宾、南非、泰国这样的发展中经济体和阿富汗、塞尔维亚、乌克兰这样的转型经济体。不同经济体的国家法律制度完善程度不同，发达经济体的国家对外商投资、税收、金融等规定一

---

① 参见《习近平出席第三届“一带一路”国际合作高峰论坛开幕式并发表主旨演讲（全文）》，载中国政府网，http://bo.mofcom.gov.cn/article/jmxw/202310/20231003446907.shtml。

② 参见何佳馨：《“一带一路”倡议与法律全球化之谱系分析及路径选择》，载《法学》2017年第6期。

般较为完备,国家政策也相较稳定;欠发达经济体一般法规政策规定不完备,国家政策稳定性差,法治营商环境较差。目前,涉外法律服务者多服务于走向不同经济体国家的我国企业,更要因地制宜、换位思考,尤其是服务于向欠发达经济体国家投资、贸易的企业时,要事先做好详细的风险评估、要协助企业约定好有利于本国企业利益的争端解决方式等,最大限度地维护本国企业合法利益,防范化解法律风险。

(二)多种法律风险、法律纠纷需要多元的涉外法律服务

"一带一路"建设中,我国企业"走出去"的领域,主要集中在"设施联通"和"贸易畅通"方面。据统计,截至2021年年末,中国境内投资者在"一带一路"沿线设立境外企业超过1.1万家,涉及国民经济18个行业大类。[①] 习近平总书记指出,未来五年(2024~2028),中国货物贸易、服务贸易进出口额有望累计超过32万亿美元、4万亿美元。[②] 中国对外投资越来越多,经济合作越来越广泛,伴随而来的法律风险也越来越多。首先是市场准入风险,当前贸易保护主义抬头,一些共建国家为了保障本国的经济利益,往往会设置很高的市场准入门槛,限制外国投资进入本国市场。例如,对于一些符合本国标准的商品,进入外国市场时可能会面临准入风险。其次是劳工风险,例如,目前欧盟各国只允许少数欧盟内部其他成员国劳工在获批后进入本国劳动力市场,中国公司很难在欧盟境内开展劳务合作业务。[③] 还有很多国家关于企业裁员时赔偿数额较高,因此,中国企业雇佣外国劳工时要特别注意,防止产生纠纷。还有知识产权保护风险,例如,欧盟作为知识产权制度的诞生地,对知识产权的保护十分重视,相关知识产权保护制度也较为完善。

① 参见《2021年度中国对外直接投资统计公报》,载"走出去"公共服务平台,http://fec.mofcom.gov.cn/article/tjsj/tjgb/,最后访问日期:2023年6月27日。

② 参见《习近平出席第三届"一带一路"国际合作高峰论坛开幕式并发表主旨演讲(全文)》,载中国政府网:http://bo.mofcom.gov.cn/article/jmxw/202310/20231003446907.shtml。

③ 参见《中国企业去欧盟投资的特别注意事项》(下),载盈科外服,http://www.yingkeglobal.com/dtxq/18257,最后访问日期:2023年5月27日。

在知识产权保护的某些方面,欧盟立场甚至比美国更为严格。因此,当中国企业到欧盟国家开展经贸活动时,要严格遵守知识产权相关法律法规,尊重他国知识产权,同时也要保护自身知识产权。除了以上论述风险,还有很多其他与商务经济等活动相关的法律风险。为应对这些挑战与风险,除了企业本身要具备风险意识,更重要的是需要优质高效的涉外法律服务予以防范,化解,保障自身权益。

2018年8月27日,习近平总书记出席推进“一带一路”建设工作5周年座谈会并发表重要讲话,提出“一带一路”建设要从谋篇布局的“大写意”转入精耕细作的“工笔画”,向高质量发展转变,造福共建国家人民,推动构建人类命运共同体。[①] 由此,“一带一路”建设进入了高质量发展阶段。在这个阶段,相关建设从先前的大规模推动基础设施建设逐渐转变为重点推动具体项目合作。在“一带一路”建设初期,国有企业在基础设施建设、新兴技术等领域一直是投资的主力,而随着建设进入具体项目合作阶段,越来越多的民营企业走出去,参与境外具体项目的合作。在此过程中,与国内合作不同,境外陌生的小众语言,与中国法律完全不同的法律体系、税收制度等,都无疑是民营企业走出去的挑战。因此,民营企业在走出去的过程中,要意识到涉外法律服务尤其是涉外律师的护航作用,做到法律先行、用法律解决纠纷、法律全程护航,合理规避解决法律风险,最大程度上保障企业自身的合法权益。

(三)涉外律师是提供涉外法律服务的核心群体

1.涉外律师在涉外法律服务中的砥柱作用

推进“一带一路”高质量发展,需要法治予以保障。涉外法治人才是涉外法治建设的重要力量。在实践中,涉外律师在具体的涉外法律服务中起着基础性作用,是涉外法律服务主体的最大组成部分。涉外律师不仅具有业务贯穿性,贯穿涉外法律服务的全程,可以在事前尽职调查,防范可能发生的风险;在订立协议时,审查法律权利义务条款,保

---

① 参见《这就是“一带一路”简史!》,载人民网,http://world.people.com.cn/n1/2019/0426/c1002-31051871.html#:~:text=32%E3%80%81。

障我国企业、民商事主体的最大权益;在纠纷产生时,为"走出去"民商事企业做代理,找到最适宜的解决措施解决相关纠纷。他们是涉外法律服务的实际执行者,是中国涉外法治建设的核心关键。[①] 在初期的涉外法治建设中,涉外律师不可或缺。为此,国家在不同阶段提出了逐层深入的建设和发展要求。

2014 年,《中共中央关于全面依法治国若干重大问题的决定》首次提出,要创新法治人才培养机制,培养善于处理涉外法律事务的涉外法治人才队伍。[②] 2018 年,《教育部中央政法委关于坚持德法兼修 实施卓越法治人才教育培养计划 2.0 的意见》指出,要服务"一带一路"建设,着力培养熟悉"一带一路"共建国家法制的高素质专门法治人才。[③] 2020 年 11 月,习近平总书记在中央全面依法治国工作会议上强调要坚持统筹推进国内法治与涉外法治,坚持建设德才兼备的高素质法治工作队伍。[④] 2021 年 2 月,教育部发布《关于实施法律硕士专业学位(涉外律师)研究生培养项目》的通知,北京大学、清华大学等 15 所高校入选第一批法律硕士专业学位(涉外律师)研究生培养单位。[⑤] 从先前的涉外法律人才到涉外法治人才,再到 2021 年发布的涉外律师人才培养,体现了国家对于涉外法治人才分类培养的尝试与探索和对涉外律师砥柱性作用的高度认可。

---

① 参见薛静、徐远超、刘杨:《"一带一路"倡议下我国涉外法律服务的现状、问题和完善》,载《贵州师范学院学报》2021 年第 4 期。

② 参见《中共中央关于全面推进依法治国若干重大问题的决定》,2014 年 10 月 23 日中国共产党第十八届中央委员会第四次全体会议通过。

③ 参见《教育部 中央政法委关于坚持德法兼修实施卓越法治人才教育培养计划 2.0 的意见》,载中华人民共和国教育部,http://www.moe.gov.cn/srcsite/A08/moe_739/s6550/201810/t20181017_351892.html。

④ 参见黄惠康:《统筹推进国内法治和涉外法治》,载《学习时报》2021 年 1 月 27 日,第 1 版。

⑤ 参见《关于实施法律硕士专业学位(涉外律师)研究生培养项目的通知》,载中华人民共和国教育部,http://www.moe.gov.cn/s78/A22/tongzhi/202102/t20210226_515055.html。

综上所述,在涉外法治人才的培养中,应当高度重视涉外律师人才的培养。涉外律师人才是涉外法治人才队伍中的"尖子兵",涉外律师人才的培育跟不上时代进程,必然会影响涉外法治建设的发展,进而影响全面依法治国系统工程的质量和进度。①

2. 涉外律师的发展现状

从总体数量来看,与本土律师相比,涉外律师数量缺口较大。据不完全统计,我国目前的法律人才,能够从事涉外法律业务的屈指可数,仅占1%左右。② 这一数字根本不足以支撑我国"一带一路"建设的法治所需。

从地区差异来看,北上广涉外律师数量集中,质量也相对优秀。在全国千名涉外律师人才库中,北京有170名涉外律师入选,上海有99名入选,广东有98名入选。在"一带一路"跨境人才库中,一共有84名中方涉外律师入选,其中有31名北京律师、14名上海律师、6名广东涉外律师。丝绸之路经济带圈定的18个省、自治区、直辖市中的绝大部分中西部城市、如甘肃、宁夏、吉林等地的涉外律师数量很少,如全国千名涉外律师人才库中,仅有5个甘肃省、1个宁夏回族自治区、7个吉林省的涉外律师入选,管中窥豹,可见这些省的涉外律师数量何其匮乏,质量也较低下,无法很好地发挥"一带一路"圈定城市的涉外法律服务功能。

从服务差异来看,我国目前针对使用英语、法语、日语等发达国家的涉外律师数量较多,相较而言,针对"一带一路"共建小语种国家的涉外律师数量较少。且具备相应的语言素质仅是第一阶段,更重要的是了解当地的文化背景、法律法规、风俗习惯,宗教信仰,等等,解决我国"一带一路"建设中面临的实际问题。

---

① 参见李亚:《法律硕士涉外律师方向多元化培养机制研究》,载《法学教育研究》2022年第3期。

② 参见赵勇、颜宝成、王泽众等:《涉外律师人才培养的现状与思考》,载《中国司法》2020年第8期。

二、"一带一路"背景下涉外律师的建设成就及不足

(一)涉外律师多元人才培养机制已成雏形

服务"一带一路",加强"一带一路"涉外法治建设,核心就是要加强涉外法治人才,尤其是涉外律师人才的培养。从2014年《中共中央关于全面推进依法治国若干重大问题的决定》首次提出要培养善于处理涉外法律事务的涉外法治人才队伍开始至今,我国涉外律师人才培养已经初见成效,多元化的涉外律师人才培养机制已初见规模。

多元化的涉外律师人才培养机制,主要包括以下三方面内容:第一是指以全国法学类高等教育单位为主,其他相关实务部门多元配合联合培养机制。第二是指以司法行政部门牵头,律师行业协会、律师事务所配合的对在职律师进行涉外法律服务相关业务培训的应急性多元培养机制。第三是上述两类涉外律师人才的统筹协调培养机制的建设。下面笔者将从这方面对现行的涉外律师多元人才培养机制进行阐释。

(二)高等院校涉外律师人才培养现状及短板

1. 高校涉外律师人才培养现状

高校是培养涉外法治人才的第一阵地,高校的涉外法学教育在涉外法治人才培养中起着基础性、先导性的作用。

高校培养涉外法治人才不是一朝一夕的,而是需要有政策来引领,有制度来保障的,我国对培养涉外法治人才培养的顶层设计方面的关注如表1所示。

表1　涉外法治人才培养的政策性依据

发文时间	发文主体	文件名称	有关涉外法治人才培养的相关表述
2011年12月23日	教育部、中央政法委	《关于实施卓越法律人才教育培养计划的若干意见》[1]	批准北京大学、中国人民大学、西南政法大学等22所高校为首批涉外法律人才培养基地,建设期为5年

续表

发文时间	发文主体	文件名称	有关涉外法治人才培养的相关表述
2018年10月8日	教育部、中央政法委	《关于坚持德法兼修实施卓越法治人才教育培养计划2.0的意见》	培养一批具有国际视野、通晓国际规则,能够参与国际法律事务、善于维护国家利益、勇于推动全球治理规则变革的高层次涉外法治人才。服务"一带一路"建设,着力培养熟悉"一带一路"共建国家法制的高素质专门法治人才
2021年2月4日	教育部、司法部	《关于实施法律硕士专业学位(涉外律师)研究生培养项目的通知》	选取了北京大学、中国政法大学、华东政法大学等15所高校为涉外律师研究生培养基地
2023年2月21日	教育部、国家发展改革委、工业和信息化部、财政部、人力资源与社会保障部	《普通高等教育学科设置调整优化改革方案》[2]	强化重点领域涉外人才培养相关专业的建设,打造涉外法治人才教育培养基地和关键语种人才教育培养基地

[1]《教育部办公厅 中央政法委员会关于实施卓越法律人才教育培养计划的若干意见》,载中华人民共和国教育部,http://www.moe.gov.cn/srcsite/A08/moe_739/s6550/201112/t20111223_168354.html。

[2]《教育部等五部门关于印发〈普通高等教育学科专业设置调整优化改革方案〉的通知》,载中华人民共和国中央人民政府网,https://www.gov.cn/zhengce/zhengceku/2023-04/04/content_5750018.htm。

从2011年发布的《关于实施卓越法律人才教育培养计划的若干意见》首次批准22名高校建设涉外法律人才基地开始,我国的涉外法治人才培养便迈向了一个具有统筹性、体系化培养的开端。2018年,两部门又联合发布了《培养计划2.0的意见》,文件意在引导各高校构建涉外法治人才培养新格局。并在2011年《关于实施卓越法律人才教育培养计划的若干意见》(以下简称《意见》)的基础上,提出涉外法治人才培养要服务于"一带一路"建设,并明确了涉外法治人才的培养目标,使我国高校培养涉外法治人才更加具有针对性。2021年2月教育部发布的《关于实施法律硕士专业学位(涉外律师)研究生培养项目的通知》,贯彻了新时代分类培养人才的方针,将涉外律师人才与涉外仲裁、调解等人才相区别,同时,在该通知的附件中,发布了《法律硕士专业学位(涉外律师)研究生指导性培养方案》(以下简称《培养方案》),对选取的十五所高校的涉外律师专业的培养方案与要求、培养方式等,进行了一个全面的指导,这标志着我国涉外律师专业法治人才的培养道路初步形成。进入2023年,顶层设计上开始重视涉外法治人才培养的学科建设,体现了我国涉外法治人才高校培养日趋成熟与持续发展。

从具体培养模式来看,各个选取高校均有较大的自主权与先试权,全国各地的高校将涉外律师培养与地方特色、本校学术特色相结合,本文选取了一些代表性院校的培养特色描述,如表2所示。

表2　代表性院校的特色培养模式

培养院校	培养特色
中国政法大学中欧法学院	培养精通中国法和欧盟法的人才
西南政法大学国际法学院	中国—东盟高端法律人才培养基地
对外经贸大学法学院	涉外卓越经贸法律人才实验班
华东政法大学法学院	涉外卓越金融、商事法律人才实验班
北京外国语大学法学院	开设"外语+法律""亚洲语言+法律""非洲语言+法律"等专业

从选取第一批涉外法律人才基地至今,已过了12年,上述高校已培育了一定数量的涉外法治人才,这些涉外法治人才已经服务于我国涉外法治领域建设。近年来,涉外法律人才培养基地开拓创新,进行了一系列的人才培养模式创新,这些创新大体可以分为三类。第一类如

中国政法大学和西南政法大学,这两个高校结合自身的地理优势与需求导向,培育面向欧盟、东盟的专项涉外法治人才。第二类参照对外经贸大学、华东政法大学等,它们的培养特色在于与本校经济、金融、国贸等热门专业相结合,培养法商融合型的涉外律师人才。第三类是语言特色类法治人才培养,具体表现为将法律与"一带一路"沿线小语种相结合,培养具有综合外语素质的涉外律师人才。

2. 高等院校涉外律师人才培养短板

(1)涉外律师人才培养政策不完善

目前我国关于涉外律师人才培养的顶层设计散见在上文表1所示多个文件中,且以教育部发文为主。但"一带一路"涉外律师人才的培养需要兼具政治性、学术性与实践性,在服务于"一带一路"倡议的过程中,会涉及国家的经济利益、政治利益、外交利益,甚至是国家安全,这不是教育部为主导能解决的问题。因此,"一带一路"涉外律师的培养应当在党的统一领导下,由中央依法治国委员会统筹协调涉外法治人才培养政策,在其宏观统筹下,协调各部委司局,建立专项的人才培养计划,而不应当仅视为普通的高等教育人才培养。在此基础上,应对涉外律师的培养进行进一步细化指导。

目前,已经发布的政策文件中有关涉外律师人才的培养均为倡导性、原则性的宏观规定,缺乏统一的评级标准、培养方案、实施路径等具体规定。因此,需要制定发布统一的涉外律师人才培养标准、培养方案、实施路径等,对我国涉外律师人才的培养做一个全面的规范性指导。①

(2)高校培养单位各自为战,缺乏多元协同

教育部2011年选取22所涉外法律人才培养基地、2021年选取15所涉外律师人才培养基地,这些高校随之进行招生,并立足于本校特色和社会资源整合情况,开设了专门的涉外律师培养方向。但这些培养

① 参见孟庆瑜、李汶卓:《地方高校涉外法治人才培养的目标定位与实现机制——基于我国自贸试验区建设的人才需求分析》,载《河北法学》2021年第8期。

大多属于区域性的培养模式,高校内部、高校之间没有形成优势学科、专业和资源的互补,跨校本硕贯通培养机制不畅。虽然目前中国政法大学创新形成了"协同不同专业、协同育人阶段、协同两个课堂、协同国内院校、协同中外机构、协同高校社会"的"六项协同"涉外法律人才培养机制,但这种协同培养机制并未得到推广适用,高校内部仍以法学专业自身来推动人才建设,各个培养高校之间并未形成共同的培养方案,建成统一的涉外人才培养平台,以实现优势互补,资源整合。整个涉外律师人才培养仍处于一种专业各自为战、高校各自实验的初级阶段。

(三)在职律师涉外法律服务培训发展现状及不足

2012年,司法部、全国律协便制定了涉外律师领军人才培养计划,培养采用境外短期培训和境内集中培训相结合的方式进行,培养费用以全国律协申请的财政资金为主。2012年至今,已组织七批共334名律师先后赴德国、西班牙、美国、英国等国家学习交流。2016年,中华全国律师协会开展了中国律师服务"一带一路"建设项目,项目分为两类:一是组织中国优秀涉外律师撰写《"一带一路"沿线国家法律环境国别报告》;二是组建"一带一路"跨境律师人才库。2018年,司法部办公厅发布全国千名涉外律师人才库名单。2019年3月,发布了《全国千名涉外律师人才名册》,并在司法部官方网站上开通了全国千名涉外律师人才查询系统。① 除此之外,司法部和全国律师协会还组织实施了涉外公职律师公司律师培养计划,已在有关高校举办8期培训班,共培训800名涉外公职律师公司律师;举办全国涉外法律服务高级研修班和11期"涉外法律服务大讲堂",培训涉外律师近3000名……②同时,在司法行政系统方面,司法部于2019年8月开始委托北京外国语大学开展全国司法行政系统涉外法律人才培训,迄今已经开展了三期,已培训系统内

① 参见李志强:《我国涉外法律服务业发展之管见》,载《中国司法》2021年第8期。

② 参见《努力提升涉外法律服务能力和水平 我国涉外法律服务工作迈出新步伐》,载《法治日报》2021年10月10日,第1版。

近300名涉外法律人才。

除司法部、全国律协领导的涉外法律服务培训外,各地也积极推定本省(市)在职律师涉外法律服务培训。2019年,上海开展涉外律师培训计划,开设“跨境并购”与“跨境争议解决”两个主题班,培养涉外律师50名;并支持律师赴国外进行涉外业务短期培训,每年选拔20名至40名律师,到2022年年底已完成培训100人左右。2017年开始,广东省充分发挥“一带一路”法律服务研究中心职能作用,采取“境内+境外+线上”“大班+小班”等培训模式,举办涉外律师人才业务培训班,培养涉外律师高端人才,提高本省律师涉外法律服务能力与水平。① 浙江省司法厅会同省力社保厅、省财政厅等组织开展涉外法律服务人才培养项目,推荐律师参加“浙江省知识产权人才赴国(境)外培训”等项目,将涉外律师人才培养纳入省级现代服务业高级研修班计划。落实涉外律师领军人才专项经费,以财政给付等方式累计培训涉外律师人才近1000人次。陕西省司法厅、省商务厅、省贸促会、省律师协会、西北政法大学联合成立“一带一路”律师学院。学院为全省、全国培养适应“一带一路”建设需要的国际化、应用型法律人才,同时兼顾“一带一路”共建国家对中国法、国际法与比较法的需求,为涉外法律服务人才培养和国际之间的交流搭建良好的平台。目前共开展培训16期,培训4052人次。②

由此可见,当前我国在职律师涉外法律服务培训现状一般可以分为三大类,第一类是组建人才库和撰写涉外法治环境研究报告,旨在摸查我国符合标准的高质量的涉外律师人才以及为“一带一路”倡议的境外投资、贸易做尽职调查等。第二类是由政府资助,选拔优秀律师赴国外进行短期的交流学习,旨在推动优秀涉外律师出国接受高端专业的培训以反哺我国涉外法律人才的培训。第三类是定期组织我国涉外律

① 参见《努力提升涉外法律服务能力和水平 我国涉外法律服务工作迈出新步伐》,载《法治日报》2021年10月10日,第1版。

② 参见《陕西省司法厅发挥法律服务职能助力“一带一路”建设取得明显成效》,载陕西省司法厅2023年11月1日,http://sft.shaanxi.gov.cn/gk/jggq/cyzczhqk/30158.htm。

师开展国内法与涉外法治专项集中培训,国内专项集中培训是在职律师涉外法律服务培训中最常见的一种培训方式,它是在司法部的引领下,各地律协、律所的配合下开展各种"主题"式的培训班、培训计划、研讨会等,旨在短期内以相对系统专业的"教学方式"提升涉外律师处理相关业务的能力和水平,最大程度上弥补在职律师某一涉外领域上的不足,满足当前我国对外投资、贸易的法律需求,为涉外法律服务提供智力支持和人才保障。

应急性涉外律师人才的培训在一定程度上缓解了我国"一带一路"涉外律师人才的匮乏情况,但从长远来看,这种培养模式不具有系统性和全面性,只能当作涉外律师人才培养的一种应急性和补充性的措施。现实中,司法部门、各级律协轮番登场,没有系统化的制定培养模式,且绝大部分均是在司法行政部门的主导下进行,全国性律师协会、各地方律师协会缺乏积极性,各级律所也是以一种被动的态度参与,缺乏现代市场意识和进取精神。因此,虽然在职律师涉外法律服务培训在涉外律师建设中发挥着越来越重要的作用,但与旺盛的涉外法律服务需求相比,仍存在很大的发展空间。

三、"一带一路"背景下涉外律师多元人才培养机制的完善路径

(一)加强涉外律师人才培养的顶层设计

涉外律师人才培养不同于一般的教育部教育人才培养,它具有服务国家重大发展战略,服务于法治中国建设的光荣使命。目前关于涉外律师人才培养的顶层设计的系统性还有待加强。从建设的重大意义上看,涉外律师人才培养是服务于全面依法治国,是实现全面依法治国的重要人才保障。所以,涉外律师人才培养要在党对涉外律师人才培养工作的全面领导下进行总体布局,加强统筹规划。同时,国务院教育主管部门和司法行政部门要会同有关法治工作部门密切协作、形成合力,推动各项任务落到实处。各级党委要加强组织领导,及时研究解决涉外律师人才培养过程中产生的各种重大问题,统筹推进任务落地落实,推动涉外律师人才培养由试点化向全国各地其他高校渐进式开放

培养,使涉外律师培养逐步由多点试验向体系化转变,加快我国的涉外律师培养进程,为我国"一带一路"高质量发展提供优质多元的涉外法律服务。

同时,针对具体的涉外律师人才培养的顶层设计,要推动制定专门的高校涉外法治人才培养方案,加快我国涉外法治人才的体系化系统化建设。对涉外法治人才的培养目标、培养标准进行统一构建,完善涉外法学相关学科专业的设置,健全涉外法学相关教学体系,创新教学手段,推动协同育人,完善涉外法学的教材体系,推动优质教材的本土化建设,加强涉外法学教师队伍建设,优化师资队伍等。

(二)完善涉外律师的高校多元协同培养机制

1. 高校内部协同培养

涉外律师人才的培养定位是"高层次复合型、应用型、国际型的法治人才",这就要求涉外律师人才的培养应打破传统的学科专业培养,综合多种专业背景,培养复合型的法治人才。

培养涉外律师人才,特别是服务于"一带一路"多元法律环境、多种法律风险的涉外律师人才,应当建立"法律 + 外语 + N"的多元专业培养方案。以法学专业为主体,整合利用不同专业的不同资源,建立专业协同培养机制。创设"法律 + 外语 + N"的跨学科培养模式,首先要明确"法律"的中心地位,除去传统的民刑商等基本法律外,要强化对国际公法、国际私法、国际经济法的重视程度,将其列为必修课程。① 同时,不同于普通法科生对"国际三法"的学习,在涉外律师培养过程中,应在国际公法下强化国际组织法、国际条约法、国际海洋法等法律的专项学习,在国际私法下强化国际冲突法、国际民商事诉讼与其他争端解决法等法律的专项学习。同样,在国际经济法项下强化国际货物买卖法、国际货物贸易、服务贸易管理法、国际投资法等专项法律法规的学习。各地高校也可以根据本校的地理位置和学术优势开设对某国际组织国际

---

① 参见聂帅均:《"一带一路"倡议与我国涉外法律人才培养新使命》,载《重庆高校研究》2019 年第 2 期。

规则的学习与研究。如对东盟、欧盟、阿盟等联盟的规则进行针对性学习。

其次要明确“外语”的桥梁作用,英语作为国际通用语言而言已经处于一种必修的阶段,同时,由于绝大多数的国际条约均以英语为官方语言,因此,法律英语也是涉外法律人才必需掌握的一项语言。但在当前“一带一路”建设下,“外语”的范畴还应扩大到“一带一路”共建国家和地区的语言,此时就要和本校的外语学院相配合,学习小语种,如本校没有优质资源,还应与其他高校相协同。

最后,要明确“N”的深化作用。这里的N指的是法律、外语之外的其他专业。如会计、金融、基建、国际商务等专项领域,掌握基本的专项知识,能够有效地同“一带一路”共建国家、地区与本国专项投资相对接,避免沟通过程中的低级错误,防范执业风险。

2. 高校之间协同培养

各高校要对资源整合秉持一种开放共赢的态度,而不是以我为尊,排斥抗拒。在参与主体都达成统一认知的前提下,发挥不同高校的专业优势,探究校际联合涉外律师人才培养机制。重点利用国家2011年指定的22所涉外法律人才培养基地以及2021年指定的15所法律硕士涉外律师培养院校成立校际联盟,构建联合培养机制,转变目前涉外法治人才培养高校各自培养的局面,促进各培养院校共同提高人才培养水平。

就具体协同培养模式来看,对于涉外律师人才的培养,高校间应搭建涉外律师方向人才培养平台,增强涉外教学资源的交流与共享。当前“立格联盟”院校正在涉外法治人才培养方面尝试合作,在留学生合作培养及资源共享平台建设方面达成了共识,这为我们培养涉外法治人才提供了路径指引。除了合作平台的打造,院校之间可以举办校际联盟竞赛,通过涉外模拟法律硕士涉外律师方向多元化人才培养机制研究法庭竞赛、涉外模拟仲裁庭竞赛、涉外法律谈判、涉外文书写作比赛等活动进行沟通交流,以赛助学,发现本校人才培养需要改进之处。[①]

3. 高校与法律实务部门的协同培养

这里的法律实务部门指的是律师事务所、司法部门、涉外法律服务机构等以法律实践为主的单位。涉外律师是兼具学术性和实践性的综合型人才,因此,要重视涉外律师实务能力的培养,但这一点是高校所力有不逮的,所以要同外部实践机构协同培养。

具体而言,可以采取联合培养的方式,由有关省(市)司法厅(局)按照就近原则、资源共享原则等综合考虑推荐外部培养机构,充分发挥外部培养机构对涉外律师实践能力的培养。这一培养模式如今已经不算新鲜事了,但大多采用的是学期末实习的方式,将外部机构处于一种补充的方式,没有发挥其"联合培养"的主体地位。因此,新形势下要明确联合培养外部机构的工作贯穿于涉外律师人才培养入学、教学、实习、考核、答辩等全过程,真正发挥外部实践机构在涉外律师人才培养体系中的价值。

(三)完善在职涉外律师的多元协同培养机制

在涉外法律人才培养受到广泛重视的背景下,构建涉外法律人才在职协同培养也应总结经验,发挥更为系统高效的功能和作用。目前我国在职涉外律师应急性培养已经有了一定的成效。在职律师培养主要的推进主体是司法部和全国律师协会,其他的行业部门主要作为被动参与者,律师的提供者参与其中,缺乏在职律师培养的主动性。同时,在具体培训内容上,作为在职培训,要抓好实际问题,立足实践,提供前沿的、新兴的涉外业务培训。

因此,要加强在职协同培养机制,发挥司法部门的主导地位,主管涉外律师的培养。与此同时,还应发挥全国律协、地方性律协、大小律师事务所等单位的积极性与主动性。司法部可以制定涉外律师培养的相关法规和政策,对涉外律师的职业课程、实习和考核等方面予以明确

① 参见李亚:《法律硕士涉外律师方向多元化人才培养机制研究》,载《法学教育研究》2022年第3期。

规定,以确保涉外律师培养的质量和有效性。同时加强与律师协会和律师事务所的协作,共同制定与推广涉外律师培养计划,协调资源和力量,推进涉外律师的培养和发展。建立科学系统的涉外律师培养的认证机制,包括对涉外律师培训机构、课程内容和考试等方面进行认证,保障涉外律师培养的质量和效果。加强涉外律师的专业管理与监管,建立涉外律师的职业档案,跟踪和评估涉外律师的职业生涯和发展。全国律师协会要积极配合司法部的工作,发挥行业组织的带头作用,推动涉外律师培养计划的施行,并在司法部的宏观引领下,根据国家的实际需求组建各种前沿的、专业化的长期培训计划。律师事务所要积极响应号召,选取本所具有涉外优势的律师,给予优惠补贴等激励措施推动本所律师积极参与相关培训。同时,律师本人也要树立良好的理念,敢于挑战,为我国涉外法律服务事业添砖加瓦。

在具体培训内容上,应找准结合点,立足实践,根据"一带一路"五通建设的实际需求,就一些实践中的重点法律纠纷领域,如企业跨境投资并购、交易安全与债券保护、股权托管交易、知识产权、金融债券、公司治理及司法审查等法律问题举办了长期的定期培训,加强对在职涉外律师的系统化、专业化培训。在具体的专业教学方面,可以与高校合作,由高校相关领域的老师进行兼职教学,协同培养,补足在职律师涉外理论基础薄弱的不足。

(四)探索高校法学教育与在职律师培训相结合的涉外律师培养机制

如前所述,我国目前的涉外律师人才培养从宏观层面来看,分为两部分,分别是在职律师涉外法律服务培训和高等院校建制培养,两类培训目前皆有所成效。一方面,涉外律师应急在职培训是指针对已经参加了工作的律师进行短期的涉外实务培训,这种培训方式既满足了律师的工作需求又保证了培训的效果,是涉外律师培养的一种比较实用的方式。但应急在职培训也有一定的弊端,它与建制性涉外律师人才培养相比较而言,学习得不够系统、不够全面;对关键领域和重点环节的问题意识不突出,学习较浅薄。

另一方面,涉外律师高校建制型培养则通过课程结构、教师配备等方面的规范化设计，提高学员的理论素养和专业水平，培养复合型的涉外律师人才，满足法律市场对高素质综合性人才的需求。但同时，高校建制型培养也有一定的不足，例如，培养周期长，实践经验少等。

因此，未来在涉外律师人才培养中应将二者有机结合，在发挥各自优势的基础上实现多元培养，以满足“一带一路”多元市场的不同需求，最大限度地为涉外法律服务助力。

（五）加强涉外律师的国际化发展水平

培养涉外律师人才，不仅要服务于“一带一路”建设，服务于中国企业走出去，同时，涉外律师人才也是我国参与国际治理体系变革不可或缺的人才资源，建设一支高水准的涉外律师人才队伍，是引领世界格局朝我国有利局势发展的现实需要，也是构建人类命运共同体的重要法治人才力量。①

但目前，我国涉外人才在国际性组织、如国际商会、仲裁委员会、贸易组织等人数占比少，且在关键岗位的关键人物更是少之又少，这样的现状不符合我国的大国国际地位，也无法有效地保障我国的国家利益。因此，我国应当通过必要的途径推动优秀涉外律师走向国际、逐渐在国际组织中掌握话语权，以保障我国企业、民商事主体的合法权益。②

同时，在推动中国涉外律师走向国际性组织的同时，也要加强自身建设，“一带一路”律师联盟于 2019 年 12 月 8 日在广州正式宣布成立。③ “一带一路”律师联盟是以我国为主的国际律师交流合作平台，在推进中国律师走出去，服务“一带一路”建设，服务人类命运共同体建设方面具有重要意义。一是有利于进一步提升中国律师在国际舞台上的影响力和话语权。该联盟的成立可以促进更多中国律师积极参与国

① 参见李亚：《法律硕士涉外律师方向多元化人才培养机制研究》，载《法学教育研究》2022 年第 3 期。

② 参见张富强：《“一带一路”倡议下中国律师为涉外企业　提供优质高效法律服务的路径探索》，载《法治论坛》2018 年第 1 期。

③ 参见刘耀堂：《全国律协发起成立“一带一路”律师联盟　打造互联互通国际交流合作新平台》，载《中国律师》2020 年第 1 期。

际法律交流和国际律师组织活动，增强中国律师在国际交往和规则制定中的主导权、话语权和影响力。二是作为法律服务的国际交流合作平台，可以集中“一带一路”国家和地区的律师资源，加强“一带一路”共建国家法律服务资源整合，推动律师界交流合作。三是有利于推进“一带一路”区域经贸规则完善。律师是各国和地区法治建设的重要力量，也是各项政策规则制定的重要参与者。共建“一带一路”国家和地区的律师通过积极参与政策制定、规划设计和国际规则适用，充分发挥政策法律咨询和参谋作用，为促进“一带一路”建设在法治轨道上运行做出专业贡献。因此，要进一步扩大联盟的影响力，提升联盟的国际话语权，使其逐步比肩其他国际性律师组织。

结　语

在坚持统筹推进国内法治与涉外法治，推进“一带一路”建设高质量发展的时代大背景下，我国的涉外律师人才培养体系与机制已初见成效，同时却也存在统筹协调不足、建设经验欠缺等问题。因此，新时代“一带一路”高质量建设背景下涉外律师的人才培养应以“多元培养”满足“多元需求”为导向，加强涉外律师人才培养的顶层设计与统筹安排；不断探索法学高等教育与在职培训有机融合的培养机制。在“一带一路”建设的未来发展过程中，我国涉外律师应以此为契机不断走向国际化发展方向，力争发挥我国在国际法律服务市场规则制定中的主动权与话语权，提高我国的国际地位，更好地维护我国的国家安全与利益。

君主权与臣民权
——中法封建制度晚期的宪法性文件研究

柳宇婷*

[**摘要**]中法两国都是具有帝制传统的大国，在从帝制到共和的近代转型过程中均制定了成文宪法。中法两国的第一部宪法性文件分别是《钦定宪法大纲》与《人权宣言》。作为两国宪法发展的开端，这两个宪法性文件都用具体文字确定了君主权与臣民权利的内容。《人权宣言》作为法国现行宪法的序言继续影响着法国。《钦定宪法大纲》虽然具有宪法起步的进步性，但因为时代局限，缺乏本土化的过程。然而，《钦定宪法大纲》的局限性不能简单归因于保留君权，更在于对臣民权利的规定较为有限。

[**关键词**]《钦定宪法大纲》;《人权宣言》;君主权;臣民权利

引　言

在晚清大变革的社会背景以及外忧内患的情势下，晚清政府开始了改革活动及司法性文件的制定工作。内容上，《钦定宪法大纲》规定了臣民权利，但同时也维护了“君上大权”，将君主权与臣民权利的相关成文规定都集合于同一份文本中。虽然《钦定宪法大纲》的颁布虽起到了一定的象征性作用，但是实施效果上受到当时历史条件的限制。同样具有悠久封建统治传统的法国，在大革命的推动下制定了《人权宣言》并沿用至今。绝对主义王权的影响下，法国国王的王权在《人权宣言》的颁布前便已有基础，并且通过《国王宣言》确定下来。可以说，在两国的社会转型时期，君主权与臣民权利非常耦合地形成了一种并存的状态，但两份文件各自有着不同的历史革命。

---

* 柳宇婷，女，湖南长沙人，复旦大学法学院2023级博士研究生，方向为外国法律史。

学界对于《钦定宪法大纲》的研究主要集中于政治史或宪法史的研究,对于其中"君上大权"的批判更是显而易见的。然而,通过研究中法两国第一份宪法性文件的内容可以知道,从封建传统中脱胎出来的近现代国家在社会转型时期,君主权与臣民权利的暧昧状态并不是只有在中国出现,法国也不例外。因此,要解释两国宪法性文件的结局和影响力差异并不能仅限于对于某一个文本的批判或者简单归咎于对于"君上大权"的存留。分析这两份法律文件的不同结局,需要考察其各自的制定人员、颁布背景和思想渊源等因素。

一、君权的存留

中国与法国都有着较长时间的封建统治,所以封建残余都成为两国变革的一大阻力。在近代改革初期,两国都在宪法文件中对君权进行了宪法性的授权和规定。

(一)《钦定宪法大纲》[①]对皇权的巩固

1840年鸦片战争以后,清政府在面临西方工业文明的挑战时明显处于弱势。洋务运动、戊戌变法等自救运动相继失败后,特别是面对庚子事变时,中国社会的危机达到空前的程度,遭遇千年未有之大变局。在传统方法用尽时,清政府的统治者将眼光看向了西方的制度,他们希望通过政治改革的方式来改善国家积贫积弱的局面。1894年,在中日矛盾的影响之下,当时还是中国藩属国的朝鲜脱离了中国这一曾经的母国,这件事情对清太后慈禧的震动极大,奕劻也在此时向光绪、慈禧奏陈:"若不及早将国事决定,使宪政克期实行,万一人心不固,外患愈深,陷中国于朝鲜地位"[②],于是,在这一历史背景下,促进了晚清宪法性文件的制定。

光绪三十一年(1905年)年底,清政府派出载泽、端方、戴鸿慈、李

---

① 《钦定宪法大纲》原本只有《宪法大纲》之名,当时的史料记载和报刊上也只引用了"宪法大纲"这个词,"钦定"二字是因习惯而加上的。

② 侯宜杰:《二十世纪初中国政治改革风潮》,人民出版社1993年版,第205页。

盛铎、尚其亨五位大臣赴日本、欧美等地考察政治。光绪帝在六月十四日上谕中言:"方今时局艰难,百端待理,朝廷屡下明诏,力图变法,锐意振兴,数年以来,规模虽具而实效未彰……何由起衰弱而救颠危……分赴东西洋各国考求一切政治,以期择善而从"①。面对时局动荡,清统治者也希望宪政的实施能挽救清朝多年颓势,以求在存亡之际力挽狂澜。

其实,清皇朝的统治危机还不止于此。作为民族地区政权,中国境内也有着很大的"排满"的呼声,两江总督端方在奏折中说道:"近年不逞之徒,倡为排满之说,与立宪为正反对。奴才愚见,以为宜俯从多数希望立宪之人心,以弥少数鼓动排满之乱党"②。由此可知,法律性文件的制定在当时也被视为有助于缓和矛盾、维护统治秩序的方式之一。

在考察大臣们的奏折中也能看出,他们考察的目的并非只为政治改革,更多的是为了解决当时清政府亟待解决的内忧外患问题,从而达到富国强兵、皇位永固的目的。戴鸿慈在考察奥匈两国之后得出"外人备戒不虞,各有不敢一日忘战之心,其能力正不可及"③这一结论。无独有偶,载泽在《奏在比国考察大概情形摺》中写道:"蓋国虽不与战事,不可一日忘战备,强民守国之道,莫要于此"④。所以,军队、战舰、武器一直都是考察大臣们的重要内容,在洋务运动、戊戌变法失败后,他们希望西方的制度经验可以有助于清政府实现"富国强兵、巩固统治"的目的。回国后的他们也"向那拉氏秘陈立宪可以得到皇位永固、外患渐

① 故宫博物院明清档案部编:《清末筹备立宪档案史料》,中华书局 1979 年版,第 1 页。

② 故宫博物院明清档案部编:《清末筹备立宪档案史料》,中华书局 1979 年版,第 47 页。

③ 故宫博物院明清档案部编:《清末筹备立宪档案史料》,中华书局 1979 年版,第 16 页。

④ 故宫博物院明清档案部编:《清末筹备立宪档案史料》,中华书局 1979 年版,第 19 页。

轻、内乱可弥"[①]等好处。

在众多国家中,清政府主要参考日本1889年《大日本帝国宪法》[②]作为立宪的重要参考。"《宪法大纲》完全以日本宪法为母本,90%的条文与日本宪法条文一致。"[③]作为一个专制统治王朝,清政府不可能选择法国等共和国家的宪法版本作为参照,而英国宪法发展经由1215《大宪章》至此时,已有近七百年历史,其演变过程之复杂,"仓促未易洞悉源流"[④]。戴鸿慈考察美国之后奏报:"美以工商立国……动逾千百万金,不惟中国所难能,抑亦欧洲所叹畏",美国的富强之法在当时的清政府统治阶级看来需要大量的资金,而当时的中国财政面临非常大的困难,战争的赔款、军队的支出都成为清政府财政的巨大负担,"1901年《辛丑条约》的签订,更是成了压垮清王朝经济命脉的最后一根稻草"[⑤]。

而德国以威定霸,不到百年时间便建立起了强大的军队,在欧洲发展迅速。并且"其人民习俗,亦觉有勤俭质朴之风,与中国最为相近"[⑥]。再加上德国建立的二元制君主立宪制,德皇权力仍然处于绝对地位,与清政府"皇权永固"的目标极为靠近。并且日本之制,大多源于德国。日本在日俄战争中取得胜利,"作为东方小国的日本战胜欧洲大国的沙俄或许有多种原因,但当时的中国人却执著地认为,决定两国胜负的原因

---

① 故宫博物院明清档案部编:《清末筹备立宪档案史料》,中华书局1979年版,第2页。

② 《大日本帝国宪法》与《钦定宪法大纲》文本相似度极高,研究两文本对比的成果有很多,如韩大元:《论日本明治宪法对〈钦定宪法大纲〉的影响——为〈钦定宪法大纲〉颁布100周年而作》,载《政法论坛》2009年第27期。

③ 钟群:《比较宪政史研究》,贵州人民出版社2003年版,第431页。

④ 故宫博物院明清档案部编:《清末筹备立宪档案史料》,中华书局1979年版,第11页。

⑤ 宋宇文:《相似宪法文本的不同命运——〈钦定宪法大纲〉与〈明治维新宪法〉的不同结局探析》,载《法律科学(西北政法大学学报)》2013年第31期。

⑥ 故宫博物院明清档案部编:《清末筹备立宪档案史料》,中华书局1979年版,第9~10页。

在于是否实行了宪政”[①]。所以,以德为师也是清政府的不二之选。但是,由于“德文繁重难通,译材太少,恐不免于罣漏”[②]。最终,基于对日本成功经验的关注、两国的某种相似性以及对拱卫皇权目标的考量,清政府主要参考日本宪法以实现改革目的。

清政府的这一选择也是有其必然性。日本的迅速强大足以让当时的中国人引起重视,《大日本帝国宪法》[③]中对天皇立法、行政、司法以及天皇之位的世袭权,天皇的荣典权等权力的确立符合中国传统统治模式的要求。中国的宪法先是在面临内外压力、统治权威受到挑战的背景下发展的。如何处理封建统治权力与制度建设的关系是当时面临的主要问题。所以,学习日本成为中国当时的最佳选择。

由此看来,清末立宪从一开始就是要将皇权的具体内容进行宪法性规定,使皇位永固,这是当时中国内忧外患的国情决定的,同时也反映了皇权在中国依然根深蒂固的状况。从立宪的参照选择上也能看出,清政府选择的标准是何种宪法能使国家在短时间内强大起来,并且国家的强大不能以牺牲皇权的权威为代价。以此为标准,日本宪法才成为了《钦定宪法大纲》最好的参照。

《钦定宪法大纲》首先列出了十四条“君上大权”,前两条明细了君权的地位:永永尊戴、不可侵犯。第三条规定君上的立法确认权,即议会的决议未经“诏命准奏”则不能施行。第四条规定召开、关闭、停展及解散议会之权,第五条将“用人之权”操之于君主,第六条规定军权掌握在君主之手,第七条言宣战、讲和、订立条约之权,第八到十条陈列君主国家紧急权、恩赦权、司法总揽之权,之后四条为君主的发布命令、紧急立法、经费支出以及皇室仪典的自主决定权。

---

① 马建红:《〈钦定宪法大纲〉:清末宪政观的制度载体》,载《湖南社会科学》2008年第6期。

② 故宫博物院明清档案部编:《清末筹备立宪档案史料》,中华书局1979年版,第10页。

③ 参见[日]伊藤博文:《日本帝国宪法义解》,牛仲君译,中国法制出版社2011年版。

《钦定宪法大纲》遭人诟病主要就是因为其中对“君上大权”的规定保留着浓厚的封建色彩,但其实它在很大程度上还是进行了一些制度化尝试。它对此前中国传统社会中皇权“无所不包”的情况作出了明确的界限划分,反思和突破了长期以来的“以言代法”。古代中国的皇权合法性总跟“天”联系在一起,皇帝受命于天,这种联系“带来天对皇权的制约”①,而这种制约可以说是一种潜在的威胁,也是一种不受人力约束的威胁,具有不确定性。但是《钦定宪法大纲》将君上大权进行制度化、法条化,除此之外的其他皇帝的权力都是不合法的,这可以说是在晚清统治之下中国近代政治制度发展过程中的一个重要事件。

(二)法国王权的存留

法国君主制也经历了长时间的积累,从贵族君主制到等级君主制,自16世纪初弗朗索瓦一世(François 1er)的统治时期起逐步建立起绝对君主制。至此,国王开始拥有绝对权力,御前会议则失去了绝大部分决策权。绝对主义王权也正是以“瓦洛亚王朝的弗朗索瓦一世统治时期(1515~1547年)为形成标志”②。到路易十四(Louis XIV)时期,绝对君主制达到顶峰。他控制三级议会和高等法院,同时屡次打压贵族势力,为确保王权的绝对优势而努力。在当时的法国,国王的权力是上帝授予,国王也是法律的本源,所以国王享有最高的立法权。同时司法方面,无论是最高法院还是行政机构,都是国王忠实的臣民。并且,国王还掌握国家军队最高统治权,决定国内外大小一切事务。国王、国家、政府几乎是一个概念,“国王是整个国家的中枢……几乎是王国统一的唯一纽带”③。

从路易十四到路易十六统治时期,虽然王权有所削弱,但是到大革命爆发之前,绝对君主制仍然在整体上发挥着很大的作用。王权根基

① 张胜利:《中国古代皇权的制度性与非制度性制约》,载《中州学刊》2016年第8期。

② 刘宗绪:《人的理性与法的精神》,中国社会科学出版社2003年版。

③ 高毅主编:《〈旧制度与大革命〉解说》,北京师范大学出版社2014年版,第229页。

深厚、历史悠久,这也是当时王权在大革命的狂风骤雨下还能得以存留的一大历史原因。

王权存留的另一大原因是国王在三级会议中的重要角色。三级会议①在国家的运作中发挥着特殊的作用。第一次全国三级会议是美男子菲利普四世(Philippe Ⅳ,1285 - 1314)。当时国王为了争取各等级代表们的支持,从而为与罗马教皇的斗争争取更多的筹码,召开了三级会议。所以最初的三级会议主要是听取国王意见,三级会议也就成了支持王权的工具。

但是到了波旁王朝路易十三时期,也就是在1614年的全国三级会议中,两个特权阶级因为王权的扩大而造成自身利益的损失,所以在会议上力图通过联合来削弱王权,恢复到过去原有的地位。并且特权阶级在纳税问题上又与第三等级产生了激烈的冲突。为了避免不必要的争吵,也为了巩固王权地位。此后,路易十四、路易十五统治时期,历时一百七十余年,再未召开过全国性三级会议。

发展至此,国王在三级会议中的地位仍然是超然的,他有权决定会议是否举行,同时在三级会议没有召开的期间,国王对立法、征税等享有决定权。

到18世纪末路易十六统治时期,财政问题成为国家最严重的问题。但是,贵族们并不愿意让度任何权利以化解财政危机,他们建议召开三级会议来决定财政问题的处理办法。在贵族看来,三级会议通过等级投票,他们与第一等级联合,在三级会议上施压于第三等级,这样,他们的利益肯定能得到维护。

1789年5月全国三级会议在凡尔赛开幕。在三级会议上,贵族拒绝配合,造成三级会议的分裂,三个等级分开开会。到此,国王在三级会议中尚并不是矛盾的一端。他的需求是要收取税收来化解长期以来

---

① 三个等级分别为:第一等级的僧侣,他们是上帝的发言人,以祷告为上帝服务。第二等级为贵族,他们享有特权的同时还履行着服军役的义务,所以他们以宝剑为上帝服务。第三等级为除了教士和贵族以外的其他所有法国人,包括资产阶级、小手工业者、农民等,他们以财产为上帝服务。

的财政危机,在求助特权阶级无果的情况下召开三级会议来决定财政问题的解决方案。

从《议会档案》1789 年 6 月 23 日的记录中可以看到,“网球场宣誓”后,国王通过书信分别给贵族、神职人员写信,此时的国王仍然希望通过调解来解决这些冲突,并且特权阶级和第三阶级也仍然表示拥护国王。① 6 月 25 日国民会议主席巴伊(Bailly)发言称:“让我们共同努力,重建王国,让人民得到救济”②。6 月 27 日米拉波伯爵(Mirabeau)在议会中说:“国王刚刚写信给大多数贵族和少数未聚集的神职人员,邀请他们最终到国民议会的怀抱”③。不仅是第三等级接受了国王的调节,特权阶级也表示了对国王调节的接受态度。同样在6 月 27 日,红衣主教罗什富科(Rochefoucauld)表示:“先生们,我们在这里被我们对国王的爱和尊重、我们对和平的誓言以及我们对公共利益的热情所引导”④。再来看看贵族的态度:西勒里侯爵(Sillery)在 6 月 25 日的议会发言中说“让我们永远不要忘记我们对最好的国王的尊重”⑤,卢森堡公爵(le duc de Luxembourg)发言道:“先生们,贵族等级今天早上停在了国家大厅,给予了尊重国王的印记,并向国家证明了他的爱国主义”⑥。发言完毕之后,大会还喊起了“国王万岁”的口号,之后,三个等级终于实现了一起开会的目标,“全体成员都参加了讨论;三个等级之

① See J. Mavidal, E. Laurent & E. Clavel, *Archives parlementaires, première série* (1787 *à* 1860), Tome Ⅷ, p. Dupon, 1875, p. 161 – 163.

② J. Mavidal, E. Laurent & E. Clavel, *Archives parlementaires, première série* (1787 *à* 1860), Tome Ⅷ, p. Dupon, 1875, p. 154.

③ J. Mavidal, E. Laurent & E. Clavel, *Archives parlementaires, première série* (1787 *à* 1860), Tome Ⅷ, p. Dupon, 1875, p. 165.

④ J. Mavidal, E. Laurent & E. Clavel, *Archives parlementaires, première série* (1787 *à* 1860), Tome Ⅷ, p. Dupon, 1875, p. 168.

⑤ J. Mavidal, E. Laurent & E. Clavel, *Archives parlementaires, première série* (1787 *à* 1860), Tome Ⅷ, p. Dupon, 1875, p. 154.

⑥ J. Mavidal, E. Laurent & E. Clavel, *Archives parlementaires, première série* (1787 *à* 1860), Tome Ⅷ, p. Dupon, 1875, p. 169.

分在法律上不复存在,事实上也已消失”[1]。

以上材料说明,在三级会议上,国王一直维持着一个“调解人”的身份。三级会议上真正有对立矛盾的是特权阶级与第三阶级,所以国王在当时仍然受到尊敬,这也是当时王权得以保存的现实原因。

《国王宣言》[2](Déclaration du Roi)是王权存在的法律依据,也是《人权宣言》颁布的前奏,可以说,没有《国王宣言》就不会有后来的《人权宣言》。《国王宣言》全文十五条,与《钦定宪法大纲》中关于“君上大权”规定不同的是,《国王宣言》主要是针对三个等级与国王之间的关系对权利义务进行规定。

第一条主要说国王希望三个等级的区别还是能得到历史的完整的保留,并且三个等级在都带有对国王的认同的情况下进行议会内容商讨;第二条规定了国王对议会宣布权利的确认之权,并且规定国王在三个等级之间应当进行相应的沟通;第三条规定王权的稳固,即国王的废除是违背国家结构的,是与邀请书、国家利益相对立的;第四条规定了国王对违反其意愿的文书的质疑权;第五条规定国王有权要求议员们参与国家事务的商讨并提出意见;第六条规定国王对陈情书和委任状的否认权;第七条规定国王为公益事务商讨有权劝告三个等级保持议会召集;第八条是对封建主和领主的特权、实用权利以及前两个等级的荣誉性特权的规定;第九条是说对于可能涉及宗教,教会纪律,世俗制度和正常秩序以及身体的所有规定,必须得到神职人员的特别同意;第十条规定三级会议的表决方式;第十一条规定国王对表决方式的批准权;第十二、十三条也是规定国王在三级会议中对任务的分配权以及调节权;第十四条规定每个等级选举代表的权利;第十五条规定国王的防守,即除了三级会议议员,任何人不得出席审议。

从《国王宣言》的文本内容可以看到,国王的存在依然是合法的,王

① [法]米涅:《法国革命史》,北京编译社译,商务印书馆 2016 年版,第 31 页。

② 《国王权利宣言》原文参见 J. Mavidal, E. Laurent & E. Clavel, *Archives parlementaires, première série*(1787 *à* 1860), Tome Ⅷ, p. Dupon, 1875, p. 143 – 144。

权依然是具有合法权力来源的。并且文本中随处都是三个等级之间以及三个等级与国王之间权利义务的具体规定,这足以说明《国王宣言》不完全是维护国王权力的宣言文件,更多的是对“国王角色”的具体规定,这也是当时各个阶级与国王之间,包括宗教与世俗之间相互妥协的产物。

二、臣民权的萌发

在希腊城邦时代,“民权”与城邦政治生活息息相关,民权可以看成是一种对于城邦政治的参与权,是城邦赋予他们的一种机会和资格。因此,奴隶和妇女不能参与政治生活,是因为他们没有参与的身份和资格。

“在西方,作为与城邦相系的‘民’向与国家相对立的个体以及与此相对应的从民权向人权的过渡,是以斯多葛主义‘自然’政治哲学为中介的”①。在他们的理论框架里,个人不再是城邦的一分子,而是一个独立的个体。

17、18世纪的西方启蒙运动将这一理论发扬,实现了从民权到人权的转变。以“自然法”为武器,一个人作为一个独立的个体应该有的权利——人权,不再以城邦或国家赋予为成立的条件了,因为人权是天赋的,因此,国家只能确认人权的存在,但无法创设人权,因此,“人权高于民权”②。

在晚清西学东渐的大背景之下,当时的知识分子纷纷提倡学习西方思想与政治。但是,人们一般倾向于用自身能够接纳的临近概念去改造其他理念,从而达到一种折中的合成效果。这些合成的概念有两大文化来源:“一是人们总是从自身的文化经历中去寻找类似的记忆碎片。二是再从外来文化中抽取自己想要的部分赋予其新内容。”③中国

① 王人博:《论民权与人权在近代的转换》,载《现代法学》1996年第3期。

② 王人博:《论民权与人权在近代的转换》,载《现代法学》1996年第3期。

③ 刘宗珍:《清末民权思想的发生》,载《人大法律评论》2019年第1期。

古代提倡民本思想,即民惟邦本,以民为本,民贵君轻。并且,从中国的传统上说,人从来都不是一个孤立的个体,而是围绕着传统哲学的由远及近地排列着的集合体。因此,人权这一专注于个体权利的概念便没有那么受欢迎。而相比之下,民权似乎更容易被当时的中国所接受。这里的"民"并非一个个体概念,而是一个群体概念。"即一种国家权力关系,主张国家权力应向民所代表的群倾斜,其最高目标是使国家的权力集中起来,以使国家发挥它的最大功效"①。因此,中国近代的"民权"一边连接着传统的孔孟哲学,一边嫁接着西方的宪法内容。

《钦定宪法大纲》中"君上大权"之后附有"臣民权利义务",《人权宣言》则主要阐述了公民的权利,两份文件在权利主体、权利内容和权利关系上体现了不同的理念和侧重点。

(一)《钦定宪法大纲》中的臣民权利

中国传统文化中并无民权概念,可以说,这一概念是一个舶来品,兴起于清末的政治改革。

《钦定宪法大纲》中的臣民权利义务,陈列九条臣民的权利。如:言论、著作、出版、集会、结社自由权、上诉权、财产受保护权以及交税与遵守国家法律等义务。虽然对臣民权利进行了授权,但是所有的权利必须在法律规定的范围内实施,以尊奉皇权为前提。

自古以来,对于"民"的权利的肯定都是君上德行的表现。统治者只是为了稳定期统治而"给予子民们使其能基本生存的一种物质交换。这种对价仅是经济上的而不包括政治上的权利和自由"②。而在当时的内忧外患下,在对日本帝国宪法的参照之下以及在救国排满的重任之下,政治意义就大过经济利益,关于臣民权利义务的规定也自然逃脱不了传统的"工具主义价值观"③,因此,《钦定宪法大纲》中臣民权利的行

① 王人博:《论民权与人权在近代的转换》,载《现代法学》1996 年第 3 期。

② 袁兵喜:《从近代民权向当代人权的接转:观念重构与制度更新》,载《法学杂志》2011 年第 32 期。

③ 袁兵喜:《从近代民权向当代人权的接转:观念重构与制度更新》,载《法学杂志》2011 年第 32 期。

使以尊奉皇权为前提,这也就注定它只能处于附录部分而不能与“君上大权”同处于正文部分。

(二)《人权宣言》①中人的权利

18世纪的启蒙运动是世界思想史上的重要篇章,不仅给世界带来“理性”这一新的理论,同时还为法国大革命做好了舆论的准备,推动了大革命的发展。启蒙思想家们的理论预设为当时《人权宣言》的出台提供了理论武器,影响较深的思想家主要有三位:孟德斯鸠、伏尔泰和卢梭。

孟德斯鸠②(Montesquieu,1689—1755)是启蒙时期著名的思想家之一。伏尔泰③(Voltaire,1694—1778)被誉为“启蒙运动之父”,是启蒙思想泰斗级人物。卢梭(Rousseau,1712—1778)也是启蒙运动的代表之一,罗伯斯庇尔称他是“法国大革命的先驱”。1789年大革命爆发,最终法国人民选择的不是君主立宪,而是由卢梭构建的社会契约下的共和国制度。卢梭不同意霍布斯将主权赋予君主,也不认同洛克将主权授予有限政府,而是将主权行使权直接给予公民。他认为无论是主权还是自由,都是无法转让的,所以每个公民都有权利直接参与投票,这也是社会契约所解决的根本问题。

启蒙思想家们的思想对于当时的立法过程影响是非常深刻的,但是思想对于人的影响总是润物细无声的,也最难用实物表现出来。思想家们的理论预设为法国大革命的立法工作奠定了思想基础,其作品也远超于法律界,影响到了当时社会生活的方方面面。

不仅如此,《人权宣言》还受到了英美等国成文化的实践成果的影响。

英国《权利法案》对《人权宣言》诞生的影响主要表现在以下三个

① 《人权与公民权宣言》(Déclaration des droits de l'Homme et du citoyen de 1789),简称《人权宣言》。

② 即夏尔·路易·德-瑟孔达(Charles Louis de Secondat),孟德斯鸠男爵是他的爵号。

③ 伏尔泰是他的笔名,其本名为弗朗索瓦·玛丽-阿鲁埃(François Marie-Arouet)。

方面:第一,示范作用。资产阶级在文艺复兴、启蒙运动之后逐渐走上历史舞台,成为主角。而《权利法案》将英国悠久的法制历史积淀和几个世纪与君主斗争的历史结合起来,在民主制法定化过程中起到了巨大作用,对后世所有民主制国家树立典范。1789 年 8 月 12 日主要审议负责宪法工作的委员会成员,穆尼埃(Mounier)先生在提交给国民议会的文件中说到:“我知道英国宪法的缺陷,特别是下议院代表的不规范;但我仍然相信,一个人不可能以某种完美的方式组织一个君主制的政府,而不接近英国的原则。如果人们记得,它受益于经验教训,并利用几个世纪来调和公共自由与国王的权威,人们就不会假装能够比这个国家做得更好。”①这说明,即使《权利法案》在 18 世纪的法国人看来仍然存在不完善的地方,但是它的典范作用仍然不可忽略,在当时法国大革命的阶段对于限制特权,保障人权方面起到了推动作用。

第二,对宪法的尊敬、尊崇意识。同样还是在穆尼埃先生的这份文件中,他提到:“我钦佩英国人对其宪法宗教般的尊重,因为他们的宪法存在缺陷;他们知道善与恶有时是如此紧密地联系在一起,通过想把这个东西拆掉,我们就把另一个撕下来,好的越难恢复,那么只有让恶被取代了。”②存在缺陷的宪法还是能得到英国人的尊重。他们想办法用善来与恶作斗争,来使本国宪法不断得到完善,而这种对宪法、对宪政的尊重也是法国人当时所缺少的,也是他们应该吸取的经验。

第三,议会权力独立的思想。《权利法案》的第 1、2、4、8、9 条都对君主权力做了限制,同时赋予议会独立的权力。8 月 25 日米拉波(M. le comte de Mirabeau)先生在议会中发言:“这就是英国人非常清楚地看到的。任何司法机构、任何行政部门都不能干涉选举会议。”③《权利法

---

① J. Mavidal, E. Laurent & E. Clavel, *Archives parlementaires, première série* (1787 *à* 1860), Tome Ⅷ, p. Dupon, 1875, p. 417.

② J. Mavidal, E. Laurent & E. Clavel, *Archives parlementaires, première série* (1787 *à* 1860), Tome Ⅷ, p. Dupon, 1875, p. 421.

③ J. Mavidal, E. Laurent & E. Clavel, *Archives parlementaires, première série* (1787 *à* 1860), Tome Ⅷ, p. Dupon, 1875, p. 458.

案》中规定了议会的选举是自由的,同时非经议会同意国王的很多权力都受限制,这些都启示了当时法国的《人权宣言》起草者如何保护议会的独立权力,帮助资产阶级巩固其统治,实现权力的制衡。

美国1776年的《独立宣言》同样也在《人权宣言》起草过程中发挥着很重要的作用。1789年8月18日拉博·圣埃蒂安(Rabaud de Saint-Etienne)在议会发言中提道:"是,像美国人一样,我们想要再生,因此,《权利宣言》基本上是必要的。"①这也说明,《人权宣言》的颁布受到美国影响。美国人通过《独立宣言》确立了对人权的保障,宣告了全新的国家的独立,获得了重生,而法国在大革命的动荡下也需要对人权的保障,所以这时候《人权宣言》显得尤为重要。同时《独立宣言》中还限制了特权,8月21日,巴雷尔(Barrère de Vieuznc)在发言中说道:"正是通过这样的表达,美国人在宣布权利时,已经抹去了贵族的所有萌芽。"②宣布人权的平等,自然就遏制了特权的萌芽,这些也给《人权宣言》的起草者带来了启示。《人权宣言》中最重要的"人人平等"原则的提出也正是在美国成功经验的影响下而提出,并且作为如今各国宪法的基本原则之一广为流传。

7月9日在议会工作顺序中所说:"从君主制的原则出发,国家为了保障其权利,赋予君主特权。因此,宪法应该宣布一种方式来明确一方和其他人的权利。"③王权的确立已经通过立法得到实现,那么人权要如何保障呢?显然,立法是最好的方式。而"为了执行法律和捍卫王国,我们需要一支公共的力量。应当确定领导原则"④。这也就是当天穆尼

---

① J. Mavidal, E. Laurent & E. Clavel, *Archives parlementaires, première série* (1787 à 1860), Tome Ⅷ, p. Dupon, 1875, p. 452.

② J. Mavidal, E. Laurent & E. Clavel, *Archives parlementaires, première série* (1787 à 1860), Tome Ⅷ, p. Dupon, 1875, p. 465.

③ J. Mavidal, E. Laurent & E. Clavel, *Archives parlementaires, première série* (1787 à 1860), Tome Ⅷ, p. Dupon, 1875, p. 216.

④ J. Mavidal, E. Laurent & E. Clavel, *Archives parlementaires, première série* (1787 à 1860), Tome Ⅷ, p. Dupon, 1875, p. 216.

埃发言中所说到的："委员会认为，在宪法之前先制定一个人权宣言是适当的。是以序言形式将其置于宪法条款之前，而不是使其单独出现。委员会认为，后者将毫无用处，并可能有弊端。我们要等到宪法的具体条文都制定以后再来定义宣言，这样我们才有优势将两者结合起来展示原则并接受它们。该声明应简短，简单且准确。因此，大会首先应该处理的是作为宪法序言的人权宣言，而不是最后再处理"①。

所以说，《人权宣言》的提出是因为要制定宪法，而宪法的制定是因为要确定人权，而之所以要确定人权是因为王权得到了确立，人权也应当得到宪法保护。

内容上，《人权宣言》分为序言和正文两部分。主要阐述国民议会的作用以及人权颁布的必要性，并且国民会议在上帝面前并在其庇护之下确认人和公民的权利。《人权宣言》前三条提出以"自由平等""天赋人权""主权在民"三大理念为核心，第 4 条规定自由的边界，第 5 条规定法无禁止即可为，但同时法律禁止危害社会的行为。第 6 条指出一切公民在法律的眼中一律平等；第 7、8、9 条是对现代刑法原则"罪刑法定""法无明文不为罪""无罪推定"的具体规定。第 10、11 条规定了宗教自由与言论自由。第 12 条至第 16 条强调了国家运转的一些原则，包括军队、行政、财政税收等方面；第 17 条言明"财产权是不可侵犯的、神圣的权利"。

与百余年之后的《钦定宪法大纲》相比，《人权宣言》中对"人"的权利的行使并无前提要求，更多的是着眼于将所有的人都看成是平等的个体，"人权"宣言也跳脱了国籍等束缚，赋予每一个人以平等的权利。

体例编排上，在《人权宣言》中，没有看到关于"王权"等特权的规定，这与《钦定宪法大纲》将君权与民权规定在一个宪法性文件中的处理方式是不同的。其实，当《人权宣言》颁布时，就预示着王权的不再稳

---

① J. Mavidal, E. Laurent & E. Clavel, *Archives parlementaires, première série*(1787 *à* 1860), Tome Ⅷ, p. Dupon, 1875, p. 214.

固。"'国王万岁'(ViveleRoi)和'民族万岁'(VivelaNation)是革命之初反映政治态度对立的两个标志性口号。当西耶斯喊出'第三等级就是整个民族'的时候,他实际上就是在宣示,法国革命的核心任务是要以民权取代王权,要对法兰西民族国家实施民主化改造"①。

三、历史的选择

通过上文分析可知,中法两国在宪法发展起步时期面临的问题是具有很大的不同的。中国主要是对内忧外患的担心,希望宪法性文件能帮助清政府富国强兵、永固皇位。而法国则是阶级矛盾尖锐化以及第三等级力量壮大、启蒙思想的共同影响之下,在大革命的进程中颁布了《人权宣言》。所以说,无论是思想准备还是阶级力量的准备上,中法两国都有着较大的差异。这也就导致了两个宪法性文件的历史价值和在法制史地位也有所不同。

(一)《钦定宪法大纲》:末代皇朝的挽歌

1905年11月25日,清政府专门设立"考察政治馆",负责研究各国政治,为清政府改革提供建议。1907年七月初五,根据日本的制宪经验,庆亲王奕劻奏请改"考查政治馆"为"宪政编查馆",以"编译东西洋各国宪法,以为借镜之资,调查中国各行省政俗,以为更张之渐"②。而参与宪政编查馆的人员主要是所有的军机大臣、大学士等。这说明,《宪法大纲》的起草人员全部都是清政府统治阶级内部成员。

中国《宪法大纲》制定方式采用"钦定","大抵君主国体未经改革,或改革未成之国家,其宪法仍由钦定"③也就是说,在中国当时专制统治的背景之下,为维护其自身利益,清政府不可能将宪法性文件的起草工

---

① 高毅:《勒费弗尔〈1789年大恐慌〉重温新得》,载《历史教学(下半月刊)》2019年第9期。

② 故宫博物院明清档案部编:《清末筹备立宪档案史料》,中华书局1979年版,第45页。

③ 故宫博物院明清档案部编:《清末筹备立宪档案史料》,中华书局1979年版,第34页。

作下放至大众手中，再加上力量薄弱的资产阶级和开化有限的农民阶级也根本无法担此重任，所以造成了《宪法大纲》的“整个制定过程是在秘密状态下进行的，没有选择民主立宪的模式，而采取君主立宪模式”①这一结果。而面对复杂的社会关系变化和矛盾的尖锐，缺乏沟通的平台。在18、19世纪，欧美等地在进行宪法探索时，清政府仍然采取的是闭关锁国的政策，所以在面对坚船利炮的攻击时，国门被渐渐打开，“先天不足”的政治基础自然无法消化早已“瓜熟蒂落”的先进成果。因此，对于当时的中国来说，“宪法完全是异质文化，在外患之下，中国人接受宪法既不自然，也不自觉”②。当晚清制度面临挑战，新的制度尝试需要适应历史环境和社会事件。固此，《宪法大纲》在当时社会各阶层中的接受度和影响力有限。

(二)《人权宣言》：沿用至今的宪法前言

法国《人权宣言》的制定机关是“三级会议”。三级会议的设立其实也并非法国的专利，许多其他欧洲国家也同样设有三级会议。法国三级会议设立之后有一段时间的停滞：在路易十四、路易十五统治时期，历时一百七十余年，全国三级会议再未召开过。直到新一轮的财政危机出现，三级会议才重新发挥其作用。

所以，基于上文可知，法国三级会议一直有着集各阶层之智慧商讨国家大事的传统，为当时法国不同社会阶层的代表表达自身需求提供了一个意见交流的平台。

《人权宣言》的颁布也是三级会议讨论并妥协的结果。“法国大革命确实是靠发动群众进行的，那是一场出现了史无前例的‘全民动员’的革命，所以它才能不同于英美革命而习惯地被人们称作‘大革命’”③。在全民动员的前提下，在各阶层妥协的情况下，《人权宣言》反

---

① 韩大元：《论日本明治宪法对〈钦定宪法大纲〉的影响——为〈钦定宪法大纲〉颁布100周年而作》，载《政法论坛》2009年第27期。

② 钟群：《比较宪政史研究》，贵州人民出版社2003年版，第420页。

③ 高毅：《勒费弗尔〈1789年大恐慌〉重温新得》，载《历史教学（下半月刊）》2019年第9期。

映了当时法国社会变革中的一些重要理念。

1958年《戴高乐宪法》,也就是法国现行宪法,其序言中提道:“法国人民庄严宣布他们致力于1789年人权宣言所界定的国家主权原则”①。这说明到现在为止,《人权宣言》仍然在法国宪政发展上占有很重要的地位,其生命力一直延续至今。

结　语

中国《钦定宪法大纲》与法国的《人权宣言》都是其本国的第一份宪法性文件,虽然在颁布的时间上相隔百余年,甚至在清末立宪时,《人权宣言》还对清政府的出使考察团队产生过影响,但是同作为各国宪法的开端,对于各国后续宪法发展都具有重要的意义。两份文件有不同的历史命运,究其原因,需要考虑各自独特的历史背景、制定过程、文件内容本身特点等因素。

站在历史的角度,我们无法要求当时的清政府像法国一样准备类似于三级会议的全民参与的制宪讨论平台,也无法强求当时的中国民众有法国人一般的思想。法国在《人权宣言》颁布后,其制度发展道路也经历了曲折而复杂的过程。晚清中国在颁布《钦定宪法大纲》之后,随着历史变迁,也产生了新的宪法性文件。随着历史的发展,两国都确立了共和制度。在此过程中,《人权宣言》所阐述的一些原则被法国的后续宪法所继承,而《钦定宪法大纲》作为特定历史条件下的产物,其内容在清王朝结束后便不再具有法律效力。

① 原文:Le Peuple français proclame solennellement son attachement aux Droits de l'Homme et aux principes de la souveraineté nationale tels qu'ils ont été définis par la Déclaration de 1789。

堕胎罪的比较史*

伊藤孝夫** 姚 丽*** 译

[**摘要**]如何评价人工流产虽然在当今世界各地区仍呈现不同样貌,但同时也是具有共同性的重要争点。本文试图以比较法史的观察去探讨被视为犯罪的堕胎行为以及历史上与之密切相关的杀害新生儿处罚问题。本文首先概述了欧洲自古代以来的状况,特别是深受基督教影响的中世纪以及产科医学水平提高的18至19世纪启蒙时期,然后回顾近代前期和近代转型期的日本的历史状况。在此基础上进一步描述20世纪世界范围内的法律态度演变过程,即堕胎非罪化和许可人工流产以及相应的抵制。虽然本文的主要目的是为未来的相关讨论提供与堕胎罪相关的相对准确的历史事实,但笔者也旨在指出,无论在欧洲还是在日本,在理解相关问题时,比起强调宗教背景,更妥当的理解方式是,以医学知识和技术进步为重要因素,同时认识到这些变化受制于多样的社会条件。

[**关键词**]堕胎罪;人工流产;杀害新生儿;遗弃新生儿

序 言

即使是在今天讨论人工流产合法性问题,1973年的“罗诉韦德案”(Roe v. Wade)呈现的法律判断肯定还是美国最激烈的社会政治对立焦点之一。从世界范围来看,虽然作为争点之一的流产及其法制、社会功能在各国有着不同形态,但它仍然是有着某种共同性的重要论点。关于世界范围内的流产相关政策与法制现状,联合国经济和社会事务

---

* 本论文得到中国国家留学基金资助(202106360143)。美国最高法院于2022年变更了“罗诉韦德案”的判决。此外,由于篇幅限制,相较于原文,译文在脚注与正文内容上均有大量删减(如古代法史部分),若有对研究主题感兴趣者,请进一步参阅原文,伊藤孝夫『堕胎罪の比較史』法学論叢182卷4~6号(2018年)25頁以下。——译者注

** 伊藤孝夫,京都大学法学研究科教授。

*** 姚丽,中国人民大学博士研究生,京都大学法学研究科博士研究生。

部在2014年制作了详细报告,即《世界堕胎政策和生育健康》(Abortion Policies and Reproductive Health around the World)。这个报告不仅概述了2013年前各国流产相关政策与法制,而且最大可能地记录了各国流产实施率(Annex 4,p. 38 –47)。仅从实施率来看,与其他国家相比,日本的现状较不显目。

但是,从法制角度,联合国消除对妇女歧视委员会对日本发出了审查建议,①日本辩护士联合会在2013年6月21日也提出了意见书,要求删除刑法堕胎罪、修改《母体保护法》中以配偶同意为要件的规定。由此观之,并不能说围绕堕胎罪的讨论已经尘埃落定。

本稿旨在对作为犯罪的堕胎行为以及在历史上与之密切相关的杀害新生儿问题进行比较法史的考察。小泉英一《堕胎罪的研究》(敬文堂,1956年)第一章"堕胎罪的历史考察"概括地讨论了堕胎罪历史,此部分论述成为后来文献的基础。虽然该部分内容在今日仍具有参考价值,但作为1934年年初版的论著,自然有一定局限。姑且不论纯粹的误记内容,仅就日本法制部分而言,该书就出现了明显的史实认定错误。在后来的著作与文献中,也可看见沿袭并引用了这一错误记述的例子。最终修正了这个错误的还是20世纪90年代以后的女性史研究,但这些文献恐怕很难进入法学研究者的视野中。② 本稿尽可能地纠正

① 最新资料是委员会针对日本政府提出的《废除女性歧视条约实施状况　第七次与第八次报告》(2014年9月)而制作的《最终意见》(2016年3月7日)。参见外务省官网「女子差別撤廃条約」条目,https://www. mofa. go. jp/mofaj/gaiko/josi/。

② 石崎昇子「日本の堕胎罪の成立」歴史評論571号(1997年)等。前述小泉书提出并强调,堕胎处罚思想的产生受到了基督教影响,旧刑法以法国刑法为模范,首次(这也是错误的)在日本确定了这个思想。与之相对,石崎论文则恰当地指出,明治日本的堕胎罪的成立并非引入欧洲近代刑法,而是以儒教思想为背景自己起草的。但是,石崎的分析结构是,欧洲各国刑法的堕胎罪"以教会法为基础","由基督教伦理立法化",并将之与日本的儒教伦理相对比。本文拟阐明的是,不应该拔高并强调欧洲近代刑法的堕胎罪处罚中的宗教背景,也没有必要将明治日本的立法者的伦理意识理解为"儒教的",要言之,在纯粹且普遍的人道主义下理解"对幼小生命的关怀",这就很充分了,它的具体形态取决于其他社会条件(重要因素包括医学知识与技术的发展)。

这类明显错误，并进一步提供能回应今日时代的历史素材。换言之，小泉论著出版时的社会背景是《优生保护法》的成立，而现在的讨论所关注的是性自我决定权、生育权（reproductive rights）等观念。

一、欧洲：古代至 17 世纪

古代法典提及"堕胎"（人为死产、流产）的情形大多是怀孕的女性因第三人暴力或加害而流产的情形。① 例如，公元前 18 世纪第一巴比伦帝国《汉谟拉比法典》的规定。该规定体现的基本观念即为，胎儿的损失构成怀孕女性所归属的家的男性家长的利益损害。这不仅是古代东方诸法所共通的，②而且如后文所述，这也是古代罗马法、古代日耳曼部族法，乃至唐律所共通的。可以说，这是古代人类社会的普遍理解。

《出埃及记》（Exodus）21：22－25 是圣经（包括旧约与新约）唯一具体提及"堕胎"的片段，考虑到犹太社会系属古代东方民族，这样的规定显然受到了同一观念的影响。具体如下：

> 如果男性打架伤及孕妇，导致她流产，虽未伤及性命，也

---

① 关于古代与中世纪的堕胎法与实践，本文的主要参考文献是：Wolfgang p. Müller, *The criminalization of abortion in the West*, Cornell University Press, 2012; Zubin Mistry, *Abortion in the Early Middle Ages c. 500－900*, York Medieval Press, 2015; Konstantinos Kaparis, *Abortion in the Ancient World*, Duckworth, 2002; John M. Riddle, *Eve's Herbs A History of Contraception and Abortion in the West*, Harvard University Press, 1997; John M. Riddle, *Contraception and Abortion from the Ancient World to the Renaissance*, Harvard University Press 1992; Angus McLaren, *A History of Contraception—From Antiquity to the Present Day*, Basil Blackwell, 1990; Robert Jütte（Hrsg.）, *Geschichte der Abtreibung von der Antike bis zur Gegenwart*, Beck, 1993; Günter Jerouschek, *Lebensschutz und Lebensbeginn Kurturgeschichte des abtreibungsverbots*, Enke, 1988; Jean-Louis Flandrin, *Le Sexe et L'Occident*, Seuil, 1981，同书日文译著为フランドラン著、宮原信訳『性の歴史』（藤原書店，1992 年）；Jean-Claude Bologne, *La naissance interdite: stérilité, avortement, contraception au moyen âge*, Orban, 1988。

② 与《汉谟拉比法典》有相同宗旨的规定还出现在亚述法典与古王国时代的楔形文字法典中，但二者的具体规定有区别。

须按照孕妇丈夫的要求,处以罚金。根据仲裁者们的判决,使其交付罚金。但如果伤及性命,则要以命抵命,以眼还眼,以牙还牙,以手还手,以脚还脚,以烧伤抵烧伤,以伤口抵伤口,以瘀伤抵瘀伤。①

关于这个片段,《七十士译本》(Septuaginta)给出了不同于原文的表述,并对后世产生了很大影响。

如此,胎儿与新生儿被视为家长的"所有物"并因此成为受到保护的法益,这同时意味着,若将其存在判断为不必要,家长有"处分"该"所有物"的权限。明示了这一点的史料未必丰富,但是应该可以推断,作为种的人类在初期曾尝试过生育控制,具体手段包括避孕、堕胎乃至杀害新生儿、遗弃新生儿等。

古希腊与堕胎相关的法律条文并不明确,但有很多可以佐证实践生育控制是家长权限的史料。例如,在柏拉图或亚里士多德的著作中,有很多将堕胎、杀害新生儿与遗弃新生儿视为人口政策或优生学措施(鼓励"处分"先天残疾儿童)并予以肯定的段落。对后世产生了很大影响的"希波克拉底誓词"成为医生的行动规范,即不得为女性提供以堕胎为目的的工具。历史上一般将之理解为对医生进行堕胎的一般性禁止,但现在对这个解释有很多讨论。

另外,与是否规制堕胎无关,古希腊出于纯粹的科学关心而讨论的问题是,能否把胎儿视为"人",或者新生儿在何时成为了"人"。从对后世的影响程度来看,值得特别提出的是亚里士多德的观察,即男性胎儿在怀孕后40天成形,女性胎儿在90天成形(《动物志》第9卷第3章:583b)。同样重要的是斯多葛学派的记述,即只形成身体、器官是不充分的,给身体注入"灵魂"(psyche,anima)时才成为人。由于斯多葛学派认为新生儿因首次呼吸而被注入灵魂,所以广泛地许可了堕胎。

古罗马和古希腊一样,广泛允许了堕胎、杀害新生儿以及遗弃新生

① 旧約聖書翻訳委員会訳『旧約聖書Ⅰ律法』(岩波書店,2004年)216頁。

儿的做法,并且在成为"人"的时间问题上,主流观点遵循了斯多葛学派。此外,罗马法的一般原则是将"胎儿"定义为"母体的组成部分"(D. 25,4,1,1,Ulpianus)。

如前所述,基于家长的意思进行的堕胎不能被视为违法。但是,在2世纪末期或3世纪初期,卡拉卡拉皇帝统治时期的立法规定,自己故意堕胎的女性因剥夺了丈夫的孩子,所以应处以附期限的放逐(D. 47,11,4,Marcianus,Rules,Book I,等等)。和古代东方一样,也可认为这个立法的基本观念是保护所谓家长"所有物"即胎儿。相对于处理第三人加害问题的法律条文,值得关注的是它规定了对女性的处罚。除此之外,还出现了处罚"堕胎药"处方的立法。

当考察4世纪及以后的欧洲世界时,终于需要关注基督教的影响了。

1992年《天主教教理》(Catechism of the Catholic Church)第2271段落指出,"教会从1世纪起就在道德上将所有人工流产视为恶,这个教义不曾变过,现在也如此……自受孕时就应以最大的关怀守护生命,堕胎与杀婴是不祥的犯罪。"相关教义史此处从略,但从后来的发展来看,具有重要历史意义的是,针对前述的《出埃及记》记述,《七十士译本》用"成形"翻译了意指"损害"的希伯来语"ason",即"……虽然已经流产,但是若(胎儿)尚未成形,则支付赔偿金,若已成形,则以命抵命……"此外,哲罗姆的《圣经武加大译本》(Biblia Vulgata)则按照原意翻译为"损害"。对于婚姻圣礼的确定以及避孕、否定堕胎,可以说希波的奥古斯丁是思想影响最大的教父,不过在《出埃及记》的注释中,《七十士译本》的这个记述有可能与"'未成形'胎儿被视为无'灵魂'(anima)即生命"这个解释相关。①

正如反复提及的那样,《出埃及记》相关规定的基本观念,即保护作

① 严格来说,希波的奥古斯丁自己未必能接受这样的断定。但后述的《格拉提安教令集》以奥古斯丁的断言为重要根据。此外,这个观点(未成形的胎儿并非生命)很早就被亚历山大里亚的斐洛所采用了,《塔木德(Talmud)》(集成于5世纪前)的解释也是自受胎起40日以内的胎儿不被视为有生命。

为家长所有物的胎儿免于第三人侵害,在古代社会是普遍的,日耳曼部族法典中也有相同宗旨的规定。例如,6世纪初期成立的《萨利克法典》与7、8世纪的《利普里安法典》(Lex Ribuaria)都清晰地排除了基于家长同意的堕胎。672年拉斯文思国王制定的《西哥特法典》提出了堕胎处罚的新方案,如引入了“胎儿是否成形”的标准等。金达苏伊斯国王的父亲钦达斯温斯此基础上做出了进一步立法,如把作为家长的丈夫纳入处罚对象。这个规定显然受到了基督教的严格性道德教义的影响。不过,由于该规定的实际适用状况并不明晰,可以推定这个规定在该时代为例外规定。①

经历了11世纪的教皇革命后,在推进教会法汇编的过程中,作为其基础的《格拉提安教令集》公式化了《出埃及记》的希波的奥古斯丁注释所暗示的解释,即未成形的胎儿尚未注入灵魂,这个阶段的堕胎并非杀害“人”。1234年的教宗《格列高利九世教令集》等也沿袭了这个公式,除了1588年西克斯图斯五世的敕书 *Effraenattam*(拉丁语原型为 *effrēnātus*,字面义“无限制”——译者注),这个公式一直维持,直到1896年庇护九世的教皇敕令(Apostolicae Sedis moderationi)的明确否定。胎儿不是在受胎之后而是在获得了人的肢体的一定阶段内被注入“灵魂”(animatio successiva)并成为人,这个时期的标准为亚里士多德的记述即40日。不过,教会法并非完全许可注入灵魂前的堕胎,但是根据这个标准,教会法的“罪”(sin)的轻重得到了明确区分,注入灵魂以前的堕胎可通过绝食等赎罪获得弥补,之后的堕胎则构成杀人行为并应课以开除教籍等重大处罚(但是,从一开始就有针对以拯救怀孕女性的生命为目的的堕胎的情形的讨论)。

这些规定就像教会法一样将堕胎行为认定为罪,而这推动了世俗法中堕胎行为的违法化。也就是说,13世纪以后堕胎行为开始了一般

① 但可确定《西哥特法典》的这个规定影响了《巴伐利亚法典》(Lex Baiuvariorum,741－743)。

的真正意义上的“犯罪化”。①

率先规定了堕胎行为处罚的法典是1260年左右卡斯蒂利亚王国国王阿方索十世的《法典七章》(Las Siete Partidas),但该法典的具体适用状况不详。在13世纪的英国,布拉克顿通过接受教会法——即佩尼亚福特的圣雷孟(Ramon de Penyafort)的Summa de casibus poenitentiae(忏悔案例大全)——规定“若胎儿已成形(formatum)并获得了生命(animatum)”,致使女性堕胎者,犯杀人罪;1290年左右,英格兰普通法论文集*Fleta*沿袭了这个规定,并且针对女性自己堕胎的情形也是相同规定。但此后,年鉴所记录的14世纪的两个案件(1327年的案件与1348年的案件)成为普通法的先例并产生了重要影响。这两个案件均是第三人施暴致使死产的案例,且都有很多具体内容不清晰。进入16世纪后,出现了如下讨论,即与布拉克顿的规定相反,原则上,普通法并没有把胎儿之死处理为重罪。

此处简单地确认杀婴(新生儿)与婴儿遗弃问题。如前述,总是可并列地把堕胎、杀害新生儿、遗弃婴儿视为生育控制的手段,具体选择取决于方法的安全性、确定性、实施可能性、伦理抵抗感的高低等具体社会条件。遗弃婴儿留下了生存的可能性,就这一点而言,这可能是现代人在伦理上最容易接受的手段,但这也取决于一定条件(因无法期待第三人保护的可能性而进行的遗弃),否则它也可能成为和其他两个手段一样“残酷”的手段。不过,虽然基督教会对堕胎与避孕都持否定态度,但对于被遗弃婴儿的救护则是积极的。可以推知,在中世纪欧洲,把婴儿遗弃视为控制家族人数的手段并予以选

① 穆勒提出了一个简明的图示化,即教会法是针对宗教的罪(sin)的赎罪体系,而古代东方法典和日耳曼部落法典基本上是针对侵权行为的损害赔偿体系,世俗的犯罪(crime)概念实际上在12世纪后半期才出现,参见Wolfang P. Müller,*The criminalization of abortion in the West*,Cornell University Press,2012,p. 20。还可参见Trevor Dean,*Crime in Medieval Europe*,Pearson Education,2001。

择的机会得到了增加。① 但是,养育弃儿原则上会成为教区住民的经济负担,当人们意识到这个负担过重时,这个手段带来的缓冲也会变得麻烦。

姑且不论第三人暴力等招致的堕胎事例,本来,作为"看不见的"犯罪(即堕胎与杀害新生儿)也有多个典型败露类型,如隐瞒婚外怀孕失败的情形,违反本人意思进行堕胎或强行被要求杀害新生儿的女性进行抵抗的情形等。在与这些情形相同的状况下,14、15世纪也出现了揭发例。但欧洲的世俗政治权力、法庭实际地真正地抑制堕胎与杀害新生儿大概是在16世纪到17世纪初。

从影响力来看,作为明文化了堕胎与杀害新生儿处罚的新法典,值得关注的当然是《加洛林那刑法典》(Constitutio Criminalis Carolina,1532年),但相关规定早就已经出现在它的蓝本《班贝格刑法典》(Bambergische Halsgerichtsordnung,1507年)中。

《班贝格刑法典》规定,对秘密杀害新生儿的女性处以活埋并穿刺或溺死(§156),若遗弃新生儿并致使其死亡则处以相同的刑罚(§157),以及对怀孕女性实施暴力或以药物致使"活着的胎儿"流产的男性或使男女不孕的男性为杀人者,处以斩刑,对自己或其他女性实施了同样行为的女性处以溺死或代替溺死的死刑,但是"未存活的胎儿"不在此限,而是取决于鉴定(§158)。裁判程序为,若根据身体变化推测未婚女性有秘密怀孕并杀害该子女的嫌疑时,则由有知识的女性进行检查,若结果确有此事但未获得供认,则可进行拷问(§43),尤其在乳房中发现母乳被视为可进行拷问的嫌疑(§44)。最后的可称为"母乳检查(Milchprobe)"的措施是过去及以后的杀害新生儿的有力证据。

① 21世纪,日本有一种名为"弃婴保护舱"(「赤ちゃんポスト」)的设备,它使新生儿和婴儿能够被匿名地委托给保护设施。与这种设备同种的事物在中世纪欧洲是普遍装置。起源是1198年英诺森三世指示设置的养育院,此后广泛设置于欧洲,如意大利(ruota)、法国(tour)、德国(Drehlade)等。但是,从欧洲的弃儿养育设施的历史现实来看,从中世纪到19世纪,被收容的幼儿的死亡率相当高,人们都知道,设施的收容大部分只是延迟了死亡的时间。

《加洛林那刑法典》基本延续了这些规定(但刑法典列举了出于某些原因未怀孕女性也会形成母乳的医生观点,并追加了该情形也要进行身体检查的要件)。关于堕胎处罚,刑法典引入了“活着的胎儿”与“未存活的胎儿”的区分,但未明确定义认定标准,这也成为后来的适用争点。从处罚对象来看,该刑法典显然将杀害新生儿与堕胎处罚的对象假定为未婚女性,目的是抑制秘密怀孕与分娩行为,然而在家族内部合意内进行的行为依然隐藏于大量的“暗数”中。16 世纪半期,法国立法激进化了这个观点。1556 年 2 月,亨利二世的王令规定,若发现未婚女性、寡妇未将自己的怀孕与分娩告知他人,且无法提供充分证明是否是死产者,且未对已死亡婴儿进行洗礼与妥善埋葬,则推定其犯杀害新生儿罪,并处以死刑。不仅 1585 年亨利三世沿袭了这个王令,18 世纪还试图彻底予以落实。

亨利二世的王令事实上给未婚女性施加了怀孕的报告义务。法律条文自身并没有规定为义务,但未告知他人怀孕事实时的死产被推定为杀害新生儿。由确定了未婚女性、寡妇的“怀孕报告制度”,但这个制度在亨利二世之前的时代里就已经作为习惯在各地得到了实施,主要功能是使父亲进行报告并确定扶养义务人。若不能确定,则由未婚女性进行养育,由于此种养育是不充分的,最终陷入了困境,产生了地方的养育责任。法国各地制作的“怀孕报告书”至今还残存在法国各地的文书馆中。

以德国各邦为代表,欧洲各地所模仿的“怀孕报告制”得到了普及,未婚女性的性生活被置于监视之下,意图抑制未婚女性生育的孩子导致养育负担增大。

英国也有相同的趋势。由于 1576 年立法针对遗弃“私生子”并不合理地增加教区养育负担的男女规定了处罚,所以它成为 1601 年集大成的伊丽莎白一世治下的救贫法体系的一个环节。在 1610 年詹姆士一世的立法中,治安法官享有将生育了婚外子女的女性送往济贫院的权限。于是,1624 年的立法(Act to Prevent the Destroying and Murthering of Bastard Children)规定,生育婚外子女并隐匿其死体的女性,除可证明为死产外,犯谋杀罪,处以死刑。

17世纪初,普通法上的堕胎重新定义。在1601年的案件中(Sims's Case),怀孕后期的女性遭受暴力并且已出生的孩子不久即死亡,施暴者以杀人行为被起诉,虽然案件结果由于未能证明胎儿死亡是遭受暴力的结果故免责,但可见若能证明则为杀人并追问刑事责任的判断。在《英国法总论》(Institutes of the Laws of England)第三部中,曾被科克率先将胎儿"获得生命"(animatum)(布莱克顿视为堕胎处罚的前提)的要件定义为感知到"胎动"(quickning),此前的堕胎为不可罚行为,针对此后的堕胎,若胎儿在胎内死亡则为重大违法行为(misprision),而非谋杀(murder),若为出生后死亡,则为谋杀。科克的定义后来被接受为权威解释。

二、欧洲:启蒙期至19世纪

18世纪的欧洲开始经历人口爆发,它产生了作为这个时代的归结之一的马尔萨斯的反思。生活水平、医疗知识的提高降低了婴幼儿死亡率。不过,生育控制行动的变化能否算作一个原因,在历史人口学等研究者中尚未达成一致意见。此外,以同意避孕行动为焦点的生育控制运动"新马尔萨斯主义"的出现要等到19世纪后半期。

在人口增长的旋涡中,人们强烈地认识到,婚外子女的出生不断增加,还有被推定为隐藏行为的堕胎与杀害新生儿的行为的增加成为社会问题。相应地,社会批判主题也开始聚焦于揭露作为"社会黑暗面"具体现象的堕胎与杀害新生儿。① 在17世纪前的立法中未婚女性是相关犯罪刑事责任追究焦点,但现在对她们的境况持同情态度的论点逐渐强化。

无论在哪个地域,杀害新生儿的现实刑事案件都得到了相当的记

① 随着时代变迁,人们对与杀害新生儿有关的新生儿遗弃问题的关注也在增加。人们认识到了被弃儿的养育设施的贫弱条件,也认识到把孩子送到乳母身边养育往往等同于遗弃儿童,典型是在19世纪的英国,如何克服所谓的"婴儿农场(baby-farming)弊端"成为一个社会课题。

录,但是堕胎案件的数量却极为有限。正如反复提及所示,这些犯罪基本上都有着难以发觉的性质,被认定为杀害新生儿的事例也只是现实的冰山一角。定罪的焦点是如何证明是出生后的杀害行为而非死产以及如何证明是人为堕胎而非自然流产。亨利二世王令或者1624年的詹姆士一世的立法都将隐藏死体的行为推定为杀害新生儿,但实践中并未按照文义适用。医学知识的发达逐渐能为相关鉴定提供素材,但确凿的证明总是困难的。在这样的前提下,对被告人女性的同情使几乎所有裁判偏向于作出宽恕刑罚。于是,杀害新生儿(杀婴)成为启蒙时期刑罚改革论的一个论点,如孟德斯鸠的《论法的精神》与贝卡里亚的《犯罪与刑罚》。

这个时期的德语圈也十分关注杀婴这一社会问题。[①] 狂飙突进运动时期的文学作品经常以杀婴为主题,如歌德的《浮士德》第一部以1772年法兰克福的勃兰特案件为创作契机,1780年《莱茵学术论集》有奖征集讨论杀婴对策的论文,还有康德《道德形而上学》的分析。

在普鲁士,腓特烈二世的法治化改革中也反映了对这些讨论的关注。首先1746年6月20日布告命令废除成为杀婴诱因的"教会赎罪"(Kirchenbuße);婚外产子本身就被视为"罪"的一种。[②] 后来的1765年2月8日布告详细规定了婚外的杀害新生儿罪。这个布告继承了《加洛林那刑法典》,原则上对杀害新生儿行为处以斩首,但考虑到一般立证的难度,它详细地规定了要件,即若最终立证存疑,则免于死刑,处以公开笞刑并处终身徒刑。其次是腓特烈·威廉一世的1720年、1723年的布告已经将婚外怀孕的报告义务化了,1765年的布告对违反该报告义

① 参见 Wilhelm Wächtershäuser, Das Verbrechen des Kindesmordes im Zeitalter der Aufklärung, Aufl. 1973; Otto Ulbricht, Kindsmord und Aufklärung in Deuschland, Aufl. 1990;三成美保『ジェンダーの法史学』(勁草書房,2005年)。

② 不仅在教会法上,婚外产子在17世纪德国各邦警察条例中也被视为"轻浮行为与奸淫之罪(Leichtfertigkeit, Unzuchtsdelikte)"等,男女均要受到处罚。刑罚主要是数日拘留和曝光刑,但随着时间的推移,这被罚金刑所取代,参见三成美保『ジェンダーの法史学』(勁草書房,2005年)第四章。

务的行为处以徒刑。不过,若将怀孕事实告知包括产妇母亲在内的两人以上"声誉良好的女性",并且该女性在分娩现场,则不要求向官厅提出正式报告。另外,若近亲者、雇员有婚外怀孕嫌疑,则负有调查事实的义务但怠于该义务者应受处罚。这个布告最值得关注的是,它表明即使是婚外怀孕,这个行为自身也并非受处罚或受指责的行为。换言之,这是通过婚外怀孕的脱污名化来消除被视为杀害婚外子女的主要动机的担忧。

腓特烈二世去世后,1794 年施行的《普鲁士一般邦法》继承了前述立法的尝试,法典第二编第 20 章设置了共有总计 500 条的详细规定。除了处罚规定,该法典的特征还在于,制定了以安全分娩、养育婚外子女为目的的众多监护人保护规定,这些监护人包含产婆与男性对象的义务在内。虽然杀婴依然被处斩首刑(§ 965),但同时规定"为了预防杀婴,若品行端正的单身女性"做出结婚约定并怀孕,则承认其作为妻子的权利与名誉,即使未结婚,也承认其作为主妇的权利与名誉(§ 888)。1765 年的布告延续了这个宗旨。

从处罚规定来看,若与《加洛林那刑法典》相比较,前述立法首先废除了堕胎的死刑处罚,也废除了胎儿"活着/未活着"的区分并引入了 30 周这个相当晚的标准。但是,怀孕初期阶段的堕胎并非不可罚,而是对 30 周以内的堕胎课以不轻的刑罚,值得关注的是设置了将堕胎行为视为危险犯进行处罚的规定。

革命后的法国在 1791 年刑法第 2 部第 2 编第 1 章第 17 条中处罚了利用服药、暴力等手段对怀孕女性实施堕胎行为的第三人,但是没有提到自己堕胎的女性,而且也未区分杀害新生儿与一般杀人,前者被认为已由亨利二世王令废除。后来的 1810 年刑法明确制定了杀婴与堕胎的相关规定。也就是说,将杀婴(infanticide)定义为杀害新生儿(§ 300),对杀婴处以与谋杀、杀害尊亲属、毒杀相同的死刑(§ 302)。而且,遗弃 7 岁以下儿童构成处以最高刑 2 年拘留刑的轻罪(§ 349)。堕胎相关规定为,①不论是否有怀孕女性同意,利用药物、暴力等手段使其堕胎者,处以禁锢刑(réclusion);②自己或在其同意下第三人进行堕胎的女性,同样处以禁锢刑;③医生、外科医生等私人执业医生(officiers de santé)以及药剂师若参与了已实施的堕胎,则处以有期徒刑(travaux forcés à temps)(§ 317)。该立法没有提到并区分怀孕阶段(胎儿的成形程度)。在1810年刑法的规定中,法国迎来了20世纪。

在英国,18世纪后半期要求修改与婚外子女死亡相关的1624年法的声音高涨,但是率先展开的是相关讨论。[①] 该法将生育婚外子女以及隐瞒死亡推定为杀害新生儿并处以死刑,它的适用在18世纪本来就得到了缓和,真正处以死刑的判决并不多。客观上判定是死产还是人为杀害本来就不容易,对死刑的选择自然是犹豫的,陪审团倾向于只要有可发现是死产、自然死亡或事故死亡可能性的证据,就依此做无罪认定。1772年,伯克与福克斯在议会上提议废除1624年法,将该法批判为将女性逼至困境的恶法。虽然废除提案此时未获得通过,但1803年艾伦巴勒伯爵主导的立法实现了根本改革(Malicious Shooting or Stabbing Act)。

不过,艾伦巴勒伯爵法的基本性格并非基于人道观点的改革,它的目的只是改善法律执行因裁判立证困难而无法发挥功能的状态,纠正过于严格的法律,并通过恰当的法律执行来更为有效地抑制犯罪。该法明确地废除了1624年法,此后,即使是有生育并杀害了婚外子女嫌疑的女性也同犯一般“谋杀”罪一样,依据证据与推定原则进行

---

① 参见 Peter C. Hoffer & N. E. H. Hull, *Murdering Mothers-Infanticide in England and New England* 1558 – 1803, New York University Press 1981; Lionel Rose, *The Massacre of the innocents Infanticide in Britain* 1800 – 1939, Routledge & Kegan Paul, 1986; Mark Jackson, *New-Born Child Murder Women, illegitimacy and the courts in eighteenth-century England*, Manchester University Press, 1996,还有 Angus McLaren, *Reproductive Rituals the Perception of Fertility in England from the Sixteenth Century to the Nineteenth Century*, Methuen, 1984,日文译著为マクラレン、荻野美穂訳『性の儀礼—近世イギリスの産の風景』(人文書院,1989年), John Keown, *Abortion, doctors and the law Some aspects of the legal regulation of abortion in England from* 1803 *to* 1982, Cambridge University Press, 1988。

裁判,[1]与杀害新生儿案件审理的“正常化”相同步的,是引入了与堕胎处罚相关的新法律规范。也即,在延续科克提出的胎动前后的区分的同时,规定给感受到胎动后的怀孕女性提供药物等并引起堕胎者、提供建议者、帮助者为重罪(felony)并处以死刑;对于感受到胎动前或未证明感知到胎动的怀孕女性,因药物等或工具等手段[2]引起堕胎者、建议者与帮助者也为重罪,处以罚金刑、自由刑、“公开羞辱”、鞭刑、14年以下流刑。

该法并没有提到女性自己进行堕胎的情形,但是基于女性合意的堕胎参与者不能免责。由于若无协助者参与则很难实施堕胎,所以可以说,对堕胎参与者的前述严罚已经具有了相当于一般性禁止堕胎行为的效果。尤其,这个情形下对堕胎行为的认识已经不再限定于未婚女性的婚外怀孕了。后来的1837年的立法(The Offences Against the Person Act)废除了堕胎罪的死刑适用,也废除了胎动前后的区分,尤其是制定了从海外流刑到3年以内的禁锢刑的刑罚;1861年的对该法的修改明确规定,受处罚的不仅是堕胎实施者,还包括自己堕胎的女性。[3]此后,直至20世纪,英国都没有出现新的立法趋势。

普鲁士经过改革讨论后,1851年刑法得以成立。在该法中,与隐瞒怀孕相关的处罚消失了,怀孕阶段的区分也被废除,自己堕胎的孕妇及因女性同意而实施堕胎者处以5年以下徒刑(§181),未获得女性同意实施堕胎者处以5年以上20年以下的徒刑,若招致女性死亡,则处以终身徒刑(§182)。经由北德意志邦联的刑法典,该规定为后述的1871年德意志帝国刑法延续。

---

① 但是,即使在无法证明故意杀害或本来就不是死产的情况下,也可以隐瞒尸体与遗弃为由,科以2年以下的禁锢刑与矫正措施。在1828年的立法中,遗弃新生儿尸体罪不仅适用于非婚生子女,也适用于婚生子女。

② 关于感知到胎动后的堕胎,省略了以药物之外的“工具等手段”这一短语,这是原法律规定中的一个缺陷,1828年的修正案填补了这一缺陷。

③ 1861年法§27还首次规定了对遗弃儿童行为的处罚,遗弃两岁以下幼儿者应被判处3年劳役或2年以下的徒刑。

19 世纪前半期前的诸立法都放弃了怀孕初期的堕胎为不可罚行为的传统观念。这直接反映了 18 世纪以来的与生命形成相关的科学知识排除了古代以来的生命形成论。尤其,与新知识的普及同时发生的是,取代了产婆、助产妇的妇产科医生逐渐成为分娩现场的主导者。伴随着医生们出现在分娩现场,人们强烈意识到,免除出于医学必要尤其是保护母体安全的必要实施的堕胎的责任,成为 20 世纪堕胎罪重新调整趋势的重要契机之一。

美国各州接受了普通法解释中的"胎动前后"标准,19 世纪尤其是后半期,它们也迎来制定禁止堕胎的立法浪潮。① 在艾伦巴勒伯爵法的影响下,1821 年的康涅狄格州也规定了对堕胎药提供者的处罚,这可以说是最早的立法,但直至 19 世纪前半期,各州立法基本只是将堕胎药归入"毒物"的范畴并规制其贩卖与提供。真正的禁止堕胎立法出现在 19 世纪 60 年代至 80 年代,且这些立法都放弃了没有医生等提供的科学证据背书的"胎动前后"的标准。在这个浪潮中,1873 年制定了联邦法《康斯托克法》(Comstock Act),它将宣传与避孕、堕胎有关的药物与手段的文书等同为猥亵文书,并禁止相关邮递与配送。

最后,1871 年的德国刑法的规定,自己堕胎的孕妇以及基于女性同意实施堕胎者(包括未遂)处以 5 年以下的监禁,即使有减轻事由,也应处以 6 个月以上的监禁(§ 218),以提供堕胎手段获得报酬者处以 10 年以下监禁(§ 219),未获得女性同意而实施堕胎者处以 2 年以上监禁,若招致女性的死亡,则处以 10 年以上监禁(§ 220)。针对杀害新生儿,除了规定若女性在婚外子女出生后立即实施杀害则处以 3 年以上监禁(§ 217),②保护责任者遗弃罪(§ 221),还规定若父母遗弃儿女

---

① 参见 James C. Mohr, *Abortion in America: The Origins and Evolution of National Policy*, 1800 – 1900, Oxford University Press, 1978; Kristin Luker, *Abortion and the Politics of Motherhood*, University of California Press, 1984; Janet F. Brodie, *Contraception and Abortion in Nineteenth-Century America*, Cornell University Press, 1994; Leslie J. Reagan, *When Abortion Was a Crime*, University of California Press, 1997。

② 德国刑法中关于杀害新生儿的规定在 1998 年才被废除。

则处以6个月以上监禁,若遗弃致死则处以3年以上监禁。

显然,19世纪前的欧洲近代刑法中的堕胎罪规定的发展与近代妇产科学的发达是相呼应的,没有直接的宗教影响。教会对新知识的反应反而是迟钝的,如前述,在1896年庇护九世敕令中天主教会否定中世纪以来的"注入灵魂"说并承认生命存在是在受胎后,而且在1917年的教会法典中以此为基础修改了教会法上的处理。不过,在此期间,1880年教宗利奥十三世的通谕(Arcanum divinae sapientiae)表明了应否定出于医学必要的立场,这对后来产生了重要影响。与之相对,作为专家集团,在妇产科医生之间针对基于医学必要的堕胎合法性早就形成了广泛合意。于是,宗教与科学之间产生了新的偏离点。

三、日本法史中的堕胎罪

在前近代日本的法制中,"堕胎"的表述首先出现在律令中。这继受了作为范本的唐律的规定,以下为唐律《斗讼律·兵刃斫射人》的相关内容:

> 诸斗以兵刃斫射人,不著者,杖一百……若刃伤……及折人肋,眇其两目,堕人胎,徒二年。〈堕胎者,谓辜内子死,乃坐。若辜外死者,从本殴伤论。〉
>
> 【疏】议曰:「……堕人胎」,谓在孕未生,因打而落者:各徒二年。
>
> 注云「堕胎者,谓在辜内子死,乃坐」,谓在母辜限之内而子死者。子虽伤而在母辜限外死者,或虽在辜内胎落而子未成形者,各从本殴伤法,无堕胎之罪(以下略)[①]

也就是说,若第三人对孕妇施加暴力并致使其流产,"堕胎"即作为在伤害女性罪上加重刑罚的情形。将第三人暴力、加害引起的死产视

① 奥村郁三訳注「闘訟」律令研究会編『訳注日本律令 七唐律疏義訳注篇三』(東京堂出版,1987年)。关于接受这一立法的日本律的条文恢复,见同『訳注日本律令 三津本文篇 下卷』(1975年)。

为问题，这与古代东方法或日耳曼部族法是相同的。律中对堕胎的提及只有这一处，没有提及自己进行的堕胎。而且还可指出，通常未考虑到“未成形”胎儿的死亡问题。随后的传统中国法基本上也继承了这个规定。①

在接受了中国法的传统日本法中，堕胎罪的含义也未超出前述范围，并不存在将自己堕胎或基于亲族合意的堕胎行为视为可罚行为的观念。至少要到平安期以后的文献中才能见到被称为“落子”(「子おろし」)的堕胎行为，并在社会中确定为控制家族人数的手段。虽然东亚并不存在与避孕行为相关的忌避意识，但可确定的是，作为怀孕、分娩时的控制手段，堕胎与杀害新生儿、遗弃广泛地得到了实施，公权力采取某种规则的趋势首先出现在杀害新生儿与遗弃问题上。

在德川幕府法中，元禄三年(1690年)发布的“禁弃子”(「捨子いたし候事、弥御制禁候」)命令是明确的婴儿遗弃禁令的开端。② 虽然这是以德川纲吉的“怜悯生类令”为契机出现的立法，但是作为人道措施为后世所继承。元禄九年八月、九月的触(江户时期的一种法令形式——译者注)命令，为抑制弃儿行为，“今后若租地人、租店人怀有身孕，需告知房东、地主”，即使是分娩、流产与三岁以内死亡也要向房东、地主报告，房东、地主以及村方在名主的基础上准备账簿并记录报告。这就是在同时代西欧也具有的怀孕分娩报告义务制。若因父母贫困而养育困难，则可请求地域进行抚养。但是从江户初期开始需要注意的是，作为“抱养的孩

① 《宋刑统·斗讼律》的表述与唐律基本相同。宋慈《洗冤集录》的序文中，在引用作为胎儿“未成形”的法医学注释《五脏神论》的同时，提示了解释方针。也就是“按五臟神論，懷胎一月如白露，二月如桃花，三月男女分，四月形像具(下略)”。《大明律·斗殿》为“折、両目、堕胎、及刃傷人者、杖八十徒二年”，其注“堕胎者、謂辜内子死及胎九十日之外成形者乃坐、其雖因殿、若辜外子死、及胎九十日之内未成形者、各従本殿傷法、不坐堕胎之罪”，怀胎90日这个标准反映了《洗冤集录》的记述。《大清律例》也完全延续了《大明律》的这个规定。

② 关于与堕胎、杀害新生儿相关的江户幕府的主要法令与裁判例，太田素子编『近世日本マビキ慣行史料集成』(刀水書房，1997年)「補章」(宮坂靖子)进行了充分的史料收集。以下对这个史料集记录的法令不表明出典(如「御触書集成」「正宝事録」等)。

子”(「貰い子」)面临着因养育方的放弃养育或虐待行为(「折檻」)而致死的危险。例如,《御处置批准账》(「御仕置裁許帳」)184号记载,贞享五年(1688年),江户町人五郎兵卫以支付养育金将乳儿收养为养子,乳儿的亲生父母以行踪不明提起诉讼,调查期间,五郎兵卫将乳儿遗弃至他地,事实查明后被判处死刑枭首示众,同时还记录了数件相同的事例。① 在本事例中,虽然乳儿亲生父母因存疑而告发,但也能设定以默示了解为基础的情形。江户后期,《御处置例类集·续类集》“故意虚构巧事部分”设置了“杀害或遗弃或照顾以支付金钱收养的小儿类”的标题,这类事例的处罚例一般是课以死刑。

关于杀婴的行为,一般的“杀子”自始就受到了关注,著名禁令是杀婴禁令(「マビキ禁令」)即明和四年(1767年)十月禁令。

与堕胎相关的法令早在宽文七年(1667年)五月致江户町中的法令就提及,“若有商贩摆出了落子的招牌,应严格禁止……即使未摆放招牌,但若有秘密以堕胎为业者,则逐出街区。”从中可以看到禁止经营堕胎,但对一般堕胎行为的态度并不明确。此外,《御处置批准账》中记载,若奉公人阶层男女隐瞒怀孕事实,尝试进行堕胎并致使孕妇死亡,则处罚对象为男性。例如,贞享三年(1686年),马喰町的奉公人吉兵卫与同僚女子“私通”,为了不让丈夫知悉怀胎之事,故使其饮用“落子药”以堕胎,但女子随后病情恶化并死亡,事情败露后,裁判结果为,“以奉公人身份与同僚女子私通,尤其使用了成药使其流产,这是极其不合规矩的”,构成死罪(531号)。但是,延宝七年(1679年)在同样的事例中,由于“对方提出诉讼”即已死亡女性的关系者请求宽宥,所以以赦免处理了(529号)。

清朝对堕胎致死情形的处罚实行立法。乾隆五年(1740年)条例规定,“妇人因奸有孕,畏人知觉,与奸夫商谋用药打胎,以致堕胎生死者,奸夫比照以毒药杀人知情卖药者至死减一等律,杖一百、流三千里(以下略)”(《人命律·威逼人致死条·条例一》)。虽然无法确定江户后期的人们是否知道这个规定,但是可推测它是后述的《新律纲领》相

① 转引自石井良助编『近世法制史料叢書　第一』(創文社,1969年)。

关规定的渊源之一。

进入19世纪后,江户幕府开始一般性禁止堕胎。首先在文政八年(1825年)出现了以下处罚例(《御仕置例類集·続類集·三拾五之帳·一四九四号》)。武州多摩郡的百姓重右卫门,因妻子与自己的母亲关系不和而打算离婚,但此时知悉了怀孕事实,考虑到孩子出生后会成为"离婚障碍",已逝前妻也留有子嗣,后续会十分"麻烦",故使其妻子服用了堕胎药。由于强制堕胎的传言在村里广泛流传并造成了困扰,于是撵走了妻子,妻子因怀恨而放火并引起了骚动,事情因此败露。评议认为"使人堕胎者,无人道",引用了安永六年对迫使女性服用堕胎药并致其死亡的男性处以中追放的事例,并决定,在本案中,由于妻子的身体无恙,所以从轻一等,追放至江户十里四方。违反女性本人意思使其堕胎,因违反人道而具有可罚性。

于是,天保十三年(1842年),江户市区针对堕胎行为进行了一般禁止立法。起草过程可见《市区管理类集》(「市中取締類集」市中取締類之部、第一七件「堕胎御禁止一件」)。若按时间顺序回顾,首先是同年6月,变装巡查(「隠密廻」)与加贺町名主针对市区内进行不当堕胎的"女医师"的状况的报告。6月22日,老中水野忠邦认为应对这些女医师进行管理,但是也有必要"在难产之际,以杀害其儿救其母",严格禁止相关业务的话,"反而会招致意外之死",所以他下达指示要求,应该认真考虑与检讨"根本断绝男女淫乱野合"结果之得失。7月22日,町奉行的鸟居忠耀与远山景元联名答复了这个指示,的确有称为市内"中条流"的女医生负责堕胎并收取过多金钱,关于救助难产母体等措施,由于另有"产科"医师,所以"即使发布禁止所有市内女医师,也不会影响难产治疗",普通的"血道之正确医疗"由女医师进行也无碍,此外男女私通源于"生性不慎",即使取消了堕胎之业,也未必会消失,由于明和的御触已经禁止百姓杀害新生儿,所以建议宣告严禁女医师进行堕胎。提案表述在老中的许可下经过若干修改后成为同年二月晦日向江户市内宣告的《关于女医师之御触》,内容如下:

市内有以女医师者(妇科医生——译者注)身份进行生理

不顺等治疗,则保持不变;但有传言其中有预先接受怀孕者之委托并使之堕胎者,这是违法之事,今后若有前述事宜,即使是委托人也需接受调查,务必进行处罚,周知本旨。

不仅是禁止女医师参与堕胎,连“赖人”即委托人也要受到处罚,可以说是一般性堕胎禁止立法。町奉行等人给出的回答还指出,比起“女医师”,难产时的救助更是“产科”医生的作用,这里所说的产科医生应该是以贺川玄悦(1700年至1777年)为始祖的贺川流产科技术或者至少是由此触发的江户后期的产科各流派,他们吸收了同时代欧洲产科技术,并不限于以过往产婆经验为基础的分娩照顾技术。产科医生取代产婆、助产妇在分娩现场的主导地位,这种进步也发生在江户后期的日本,并对立法产生了影响。

关于堕胎罪的刑罚,同样出自前述「市中取締類集」市中取締類之部、第一七件「堕胎御禁止一件」,不过江户期的刑罚细节并未在触中公示。与之相关的八月的町奉行询问书(「伺書」)《询问堕胎者之处置》可能是鸟居起草并指示远山联名提出的。本来堕胎“就是无人道之行为”“大多都是为了隐瞒私通之事而杀害其子”或者“也有无正当理由,只是身体行动不自由,夫妇商量之后任意进行堕胎……这是不仁之至”,虽然有先例,但勉强可做参考的就是前述文政八年的处罚例即追放至江户十里四方,对于委托堕胎者,相较而言,虽然没有针对接受委托的女医师的处罚例,但御定书中规定“出卖毒药者”投入监狱,所以“可重罚……使在外无寄所”,以此为原案,评议所进行了评议,对医师的处罚不是投入监狱,而是修改为驱逐出江户,同年11月24日,确定为致评定所一座的老中达书。

如上,可以确定天保年间已经产生了对堕胎进行一般性处罚的法,维新以后的堕胎禁止立法的展开可以说是该法的连续。

东京府于明治元年(1868年)八月正式开始办公。9月5日,它发布了禁止堕胎行为、贩卖堕胎药的达(《大政類典第一編》第一卷、第八一卷等),虽然该法令体现了标榜“五伦之道”、试图“一洗”旧弊、恶习的新政府意图,但是内容自身是天保期引入的法律规范的延续。同年

11 月度会府布告严禁“天下一般”的堕胎,受到“今后称作堕胎婆者准杀人处理”这一呈报,同年 12 月 24 日,向全国发布了禁止“介绍成药或进行堕胎等”的宗旨(《大政類典第一編・第八一卷》)。

明治三年(1870 年)《新律纲领》中与堕胎相关的部分只有“人命律”,其规定“凡奸夫奸妇,商谋同死,奸妇已死而奸夫未死,或奸夫已死奸妇未死,流三等。若同样的商谋中,用药堕胎,奸妇身死者,奸夫流三等”。前半段源于江户期对殉情未果者的处罚规定(《公事方御定書・五十「男女申合相果候者之事」》);与后半段相关的则是,明治四年四月十二日京都府询问,“奸妇无恙的堕胎男女,以及秘密地扩销前述药物并以道具等给女性生殖器官上堕胎药进行堕胎之术者,此三人如何处置,正条不明,请迅速下达指示”,并敦促“本条扩销堕胎药者等此时正在审理中,故急需指示”,太政官回答“堕胎但奸妇无恙者,各处不应为之重,买药并实施技术者同罪”(《大政類典第一編・第二一一卷》、《法規分類大全・刑法門》第一~二、他)。本来,明治元年虽然发布了堕胎的一般禁令,但并未规定具体处罚规定,会有此种适用疑问也是自然的,指示为目前处理为不应为罪之重(杖 70)。但是,1872 年 8 月 18 日,岐阜县针对管辖内的美浓国那“堕胎之恶习”询问司法省应依据何种刑典进行规制,但司法省仅回复并下达指令“应裁决各杖一百”(《法規分類大全・刑法門》第一~二、他),并未表明处刑依据。不过,此时司法省内部已经开始立法讨论工作,成果即为下文的《改定律例》。

明治六年(1873 年),作为对《新律纲领》的补充与修改的《改定律例》实施,与堕胎相关的条文如下:

> 户婚律・立嫡违法条例・第一一四条　凡故意堕胎者,徒刑(懲役)百日。知情卖药并提供技术者,同罪。虽为妇女不可收赎。
>
> 人命律・谋同死条例・第一九八条　凡奸夫奸妇,同谋堕胎,奸妇身死者,奸夫流三等,相反则徒刑三年。
>
> 斗殴律・斗殴条例・第二一一条　凡殴打妇女致使其堕胎者,徒刑两年。

此外,《人命律·谋杀条例》第164条规定,“凡杀婴者,根据亲等依谋故杀本条断罪。若稳婆接受嘱托而杀婴,则与嘱托者同罪”。

综上,在《改定律例》实施前,一般禁止立法规定在日本已经得到确立。与欧洲相比,刑罚相对轻微。立法过程并未受到欧洲法的直接影响,但立法逻辑与前述同时代欧洲各国立法逻辑大致相通。

明治十三年(1880年)公布的《(旧)刑法》有如下规定:

> 三三〇条　怀胎妇女若以药物等方法堕胎,则处以一个月以上六个月以下的重禁锢。
>
> 三三一条　以药物等方法致使其堕胎者,同前条,若因此致使妇女死亡,则处以一年以上三年以下重禁锢。

过去的文献已经反复讨论了旧刑法,本稿不做详细处理。旧刑法的规定成为明治四十年(1907年)公布的刑法的第2编第29章(第221~226条)。

四、20世纪的展开与概览

在迎来20世纪的时点,就英国、法国与德国的堕胎处罚立法而言,1810年法国刑法的规定是未经过修改的最古老的刑法。① 在法国,从19世纪末开始,或受新马尔萨斯主义影响,人们强烈意识到,本国人口的相对停滞是对德战略上的弱点,这成为某种威胁观念,爱国主义生育奖励论者发起了堕胎罪修改的讨论。修改论的方向可概括为堕胎罪的轻罪化(correctionnalisation)。对于旨在消除堕胎行为的人,重要问题是刑法第317条的功能不全,相关原因之一即为该条规定过于严苛,陪审员们不希望按照法律规定执行法律。比起轻罪化,这里所考虑得更多是使法律执行变得积极以有效防止堕胎。本来,除了遗弃儿童是轻

① 以下关于20世纪法国的展开,参见 Cyril Olivier, «Jean-Yves Le Naour et Catherine Valenti, Histoire de l'Avortement», *L'univers historique*, 2003, p. 297 – 301。关于后述的《韦伊法》制定前后的状况,参见上详细研究村貞美「フランスの妊娠中絶法」香川法学第8卷第1号(1988年)。

罪（§ 349），立法在制定之初就全部规定为死刑，所以1901年11月21日进行了免除死刑的修改，包括几乎所有陪审在适用上都犹豫不决的杀婴（§ 302）。与生育婚外子的救济策、[1]对助产服与妇产科医生的规制强化策略（但是对于医师问题，与保密义务§ 378的关系成了问题）等相对应，1914年前准备了以堕胎罪的轻罪化为核心的法律修改案，但是一战使法律修改搁置了。

战后，1920年7月31日制定了将堕胎行为的煽动与教唆（provacation）视为轻罪处罚的法律，但是适用范围很广泛，也禁止了专业堕胎实施者公开或非公开地进行广告或提供堕胎药与工具。而且，同样的规制也扩展到了避孕行为，避孕知识的普及或避孕工具的贩卖也成为处罚对象。这一点使人除了想起美国的《康斯托克法》，还有1900年德国刑法修改（§ 184），即所谓《海因茨法》（Lex Heinze）引入了针对散发淫秽文书的处罚，这同时包括禁止宣传避孕方法。

1923年3月27日，实现了以堕胎罪为轻罪（délit）的刑法修改。例如，堕胎案件不提交陪审裁判，并且在刑罚上，为了提高管理效果，比起堕胎女性，重罚的是教唆者或专业堕胎实施者。不过，这两个法律的实施并没有改善社会中的堕胎状况。

与此同时，还出现了两个趋势，它们不仅影响了20世纪的健康卫生政策，还影响了生命伦理观，尤其是美国的活跃发展。也就是，优生学与生育控制（birth control）运动。优生学从一开始就内含了与白人优越主义的人种主义伪科学相结合的要素，而生育控制则源于与新马尔萨斯主义相关的广义社会主义运动，二者的确有着不同的起源与形象，但当时的社会主义者在这个乌托邦未来图像中所描绘的计划生产管理的变种本来就与优生学有亲近性，尤其是对于山额（Margaret Higgins Sanger），为了普及生育控制思想，利用优生学是十分有效的手段。于

① 除了重新设置几乎已经废除的“tour（弃婴保护舱的一种）”，也讨论了限制了寻亲（recherche de filiation naturelle）的民法第340条，后者通过1912年11月16日法得到了部分实现，但缺乏实效性，彻底更新需要等待1993年的修正案。

是,可以理解的是,以1922年山额来日本为契机的日本生育控制运动在挺过镇压的过程中,于20世纪30年代以后毫无异议地倾斜于并强化了优生学思想。优生学运动从20世纪初期开始使美国各州立法化了对被认定为遗传疾病患者实施绝育措施,不过对已经怀孕者进行流产措施的正当化也作为这个范畴得到了讨论。此外,就生育控制来说,山额和英国的先驱者司托泼(Marie Stopes)都强烈反对堕胎,并认为作为生育控制运动的主流,有必要普及以消除堕胎恶习为目的的避孕知识。不过,运动参与者中也有很多将流产视为实现有效生育控制的不可或缺的辅助手段的人,如钱斯(Janet Chance)。

在德国,斯托克(Helene Stöcker)这类活动家是从自我决定权的观点来构想堕胎权利的,1908年斯托克率领的母性保护同盟(Bund für Mutterschutz)开始着手废除堕胎罪运动,但是其论据中也有很明显的优生学思想色彩。不过,德国现实地重新审视堕胎罪的时机并产生了活跃讨论的时期是魏玛时期。1920年7月2日,在帝国议会中,独立社会民主党提出刑法堕胎罪的全面废除案,同月31日包括拉德布鲁赫在内的55名社会民主党员向议会提出了修改案。拉德布鲁赫等人的修改案规定,关于刑法第218条、第219条的行为,若女性自己或获得了国家许可证的医生在怀孕初期的3个月内实施,则为不可罚。也就是说,堕胎罪的严罚威吓实际上并不能发挥抑制功能,反而更多的女性遭遇了将自己置于无许可证医生等不完全措施的危险中。认识到这一事实,该法旨在打开合法堕胎的道路,此外3个月这个标准也不以严格科学根据为基础,而是以经验事实为基础设定的,即女性认识到自己怀孕并可相对安全地实施堕胎的恰当期间。流产的合法化方法大致可分为两种即"期限模式"与"指征模式",拉德布鲁赫等人的提案可以说是简明的期限模式先驱。这两个提案并未进入议会审议,而是被保守派团体与政党批判为破坏社会秩序的事物。

就这样,魏玛共和国议会终于开始讨论堕胎行为的合法化。在这个时间,苏维埃社会主义共和国联盟在1920年10月的布告中宣布了以由正规医师进行为条件的怀孕初期阶段的流产合法化。西欧各国的共产主义者与社会主义者因此大受刺激，以在纲领中揭示堕胎许可为政策目标的潮流持续着，但它的目标尤其是在德国是以确定女性参政权为前提，获得左派政党中女性有权者的支持。左派强调对堕胎罪的批判首先是将之视为“阶级立法”。拉德布鲁赫也完全同意这个讨论，但他的立场是，在“社会”语境中，将生殖医疗改善置于全面的社会改良计划中，可指出的是，在这个立场中看到了他对女性个人的“堕胎自由”的认识的稀薄化。

整个20世纪20年代，德国共产党不断提出堕胎罪废除、恩赦堕胎罪检举者的提案，但成为司法大臣的拉德布鲁赫于22年提出的全面刑法修正案并没有包含2年前堕胎罪修改案的内容。有记者将之批判为拉德布鲁赫的“变节”，但是包含天主教的中央党在内的联合内阁本来就不应该容忍堕胎合法化论，而拉德布鲁赫优先处理了可以说是自己一生心血的整体刑法修改。不过，准备了恰好与法国正在实现的堕胎罪轻罪化步调一致的修改，该内容在1926年的刑法部分修改中得到实现。也就是，对自己堕胎的女性以及基于女性同意进行堕胎者的刑罚为轻徒刑(Gefängnis)，这是西欧各国中最宽容的刑罚了。

进而值得关注的是，翌年3月11日帝国法院刑事判决(Entscheidungen des Reichsgerichts in Strafsachen, RGSt 61, 242)承认了基于扩大意义上的“医学指征”的堕胎行为的正当化。德国当时的刑法典并没有规定与紧急避难相关的规定，该判决在这一点上成为首创案例，但由于该案是在相当高的标准下即孕妇生命与胎儿生命的比较衡量下作出判断的，就以医学必要正当化的堕胎行为范围这一点来看，该判决还是相当限定的。

关于医学指征事由，存在医学上可正当化的堕胎行为，这在19世纪后半期前的各国医生之间都没有异议，但是它的外延却是流动的。背景情势如20世纪初与灭菌法相伴的剖宫产的安全性得以确立等，医疗技术进步使同时救护胎儿与母体的可能性不断增高的同时，堕胎手术自身的安全性也飞跃式提高，选择时的障碍也变小了。此外，关于正当化的范围，讨论了预计胎儿患有严重的先天疾病的情形、对强奸、近亲相奸的流产的是非等。

1930年庇护十一世的通谕《圣洁婚姻》(Casti connubii)否定了优生学手段以及所有生育控制手段的正当性,重新将堕胎与避孕认定为罪,同年中央党布吕宁任总理的内阁也成立了,德国承认堕胎的立法进展可能性也差不多溃败了。天主教的政治影响力就这样开始直接影响了堕胎立法,可以说是进入20世纪后开始出现的现象。此外,在同年9月的选举中,纳粹获得了107议席,实现了大迈进。它指责左翼的策略(即堕胎合法化论)会招致德意志民族的弱化,并提议以实现人口增加与纯洁维持为目的的民族保护法案。共产党主导的堕胎合法化运动的最后高潮是,共产党员沃尔夫(Friedrich Wolf)医生因在戏剧《氰化钾》(*Cyankali*)中批判堕胎罪并因此被捕(1931年2月),由此引起了要求释放的大众运动。

此外,1936年,苏联从推进人口增加政策的出发点转换为了流产违法化(再次返回流产自由化是在1955年)。与苏联为模范并主张流产合法化的法国共产党也受到了影响,在人民战线政府成立前就放弃了流产合法化的目标。

英国则于1929年成立了《新生儿生命(保护)法》(The Infant Life [Preservation] Act)。此前的法律是1922年年初的《杀婴法》(The infanticide Act),自从艾伦巴勒伯爵法将杀害婚外子女列入一般谋杀的范畴后,该法也只把杀婴规定为处罚对象。1929年的法律则出于这个杀婴处罚与堕胎处罚(Offences against the Person Act,1861)的夹缝之间,从未充分保护新生儿时期的生命的观点来看,它规定,在胎儿具有体外生存可能性的阶段(怀孕28周以后)中,若危害该生命则以重罪处罚。于是,该法明文化了医师之间早已确立的观念,将为了保护怀孕女性生命进行的堕胎规定为合法。

不过,医学指征的正当化范围在英国也成为很大的争点。1938年的伯恩案(Rex v. Bourne)是里程碑判决。针对给被强奸的14岁少女实施流产的行为,该判决认为,以消除少女因强奸而遭受的精神痛苦为目的的实施的流产符合1929年《新生儿生命(保护)法》要求的保护孕妇生命要件，故正当化了该行为。①

1935年，钱斯等人设立了堕胎法改革协会（Abortion Law Reform Association），英国开始了真正的堕胎合法化运动，但1939年的伯克特委员会报告认为进行一般合法化的时期尚早，讨论留待“二战”后了。

视线转回至纳粹政权的德国，虽然以增加民族人口为目标的抑制堕胎行为压力增大，但纳粹立法在某些情形中容忍了堕胎行为。也就是，1935年修改了以美国各州优生学立法为模范的1933年制定的《后代患遗传性疾病预防法》（Gesetz zur Verhütung erbkranken Nachwuchses），规定若优生裁判所（Erbgesundheitsgericht）认定有必要，则可实施不孕化与绝育措施之外的堕胎措施（Gesetz zur Änderung des Gesetzes zur Verhütung erbkranken Nachwuchses，26. Juni 1935）。不必多说的是，这个法律成了日本优生保护立法的模范。与此同时，德国也在试图强化堕胎处罚，1942年3月9日的《婚姻、家族与母性保护令》（Verordnung zum Schutz von Ehe，Familie und Mutterschaft）规定，专业堕胎参与者为“惯性损害德意志民族的生命力的人”，可适用死刑。当然，被保护的并非一般胎儿，而是德意志民族的后代，从东欧抓来的女性劳动者若怀孕，则经常被实施流产。

出于对纳粹德国威胁不断提高的反应，法国政策也开始倾斜于以为了增加国力的生育奖励为目标的抑制堕胎方向。1939年7月29日的《家庭法典》（code de famille）可以说是人口增加政策的集大成，除了扩大家庭补助等生育奖励政策，还有整体上加重堕胎罪刑罚，不过也首次明文化了基于医学症状的正当性。维希政权因战败耻辱人口政策日益保守化，并试图实现堕胎出发的法律适用的积极化，1941年9月1日法排除了对堕胎者的缓刑以及对自己堕胎女性的酌情减免，1942年2月15日法则将堕胎视为“对国家的犯罪”并可判处死刑。1943年的玛

① 1938年的《杀婴法》修正（The infanticide Act，现行法律）继承了22年法，将婴儿定义为未满12个月，并同时考到了虑分娩期间与哺乳期发生的身心变化，将其处理为故杀，这可以说是引入了心理主义解释。

丽－路易丝·吉罗(Marie-Louise Giraud)案件对27件堕胎实施罪执行了死刑,引起了广泛社会关注。但是,维希政权下的这些立法效力在1945年9月全部停止了。

在日本,参加了生育控制运动的安部矶雄等人进行了堕胎法修改请愿的呼吁,在平冢雷鸟、市川房枝等女性活动家的支持下,1932年结成了"堕胎法修改期成联盟"。平冢雷鸟早在1915年就在《青踏》杂志进行的堕胎论争中表示了对容忍堕胎的理解。但是,生育控制的活动家与支援者一再遭受镇压。1934年马岛僴因参与堕胎罪被逮捕,1936年有罪判决徒刑10年付缓刑。1937年的人民战线案件中,石本静枝的生育控制咨询所遭受搜查,并被迫关闭。

日本的优生学的划期事件是1930年的"日本民族卫生学会",该会的运动自1934年以来向议会提出了《民族优生法案》,该法案与1940年5月的《国民优生法》(昭和十五年法律第107号)的成立相关。该法目的为"防止具有恶性遗传性疾病素质者的增加,实现有健全素质者的增加,期待国民素质的提高",规定了实施"优生手术"即不孕手术的程序,若实施法定优生手术以外的"使生育不能的手术或放射线照射或流产",需向行政机构提出申报(第16条),可实施作为优生学措施的流产。

战后,太田典礼、加藤静枝等成为国会议员的战前以来的生育控制运动活动家根本改变了该优生保护法制的框架,实现了对合法人工流产范围的确保。获得了GHQ的支持,1948年成立的《优生保护法》(昭和二十三年法律第156号)在制定之初规定了四项合法流产事由,即①遗传性疾病、②分娩后1年内怀孕若进行分娩可能会有害母体健康、③已有数名子女者怀孕且分娩可能会有害母体健康、④因暴力或胁迫或不能拒绝而被强奸并怀孕者。但不久就在1949年被修改了,尤其是保护母体相关的要件被更换为"基于身体或经济理由,怀孕的持续或分娩可能会显著危害母体健康",结果是实质上实现了广泛的流产的合法化。① 这是早于本文讨论的域外各国立法的实质流产合法化措施，不过需要注意的是，最起码在“优生保护”的框架下，引入此种合法化措施的形式是以保持刑法堕胎罪为前提的“堕胎权利”。

在英国，堕胎法改革协会(ALRA)的长时间运动与游说活动终于获得了成果即1967年的《堕胎法》(The Abortion Act)。该法保持了1929年的《新生儿保护法》规定的怀孕28周以内的条件，并在此条件下规定，若医生判断怀孕会给女性生命带来大于流产引起的危险或者会严重伤害女性及其他孩子的肉体与精神健康，或者拟出生的孩子有可能患有重度身体或精神残疾，则在其他两名医生的同意下进行的堕胎不构成犯罪。这当然没有无条件地承认女性的“堕胎权利”，但是可以认为，一贯地主导了英国讨论的专家集团即医生的裁量权最终得到了确立。

法国和德国此后的讨论也变得活跃。法国在1967年终于把1920年法禁止的避孕宣传与贩卖避孕工具合法化了(1967. 12. 18, la loi Neuwirth)，但是堕胎法改革中并无见到进展，推动了社会发展的契机是1971年4月《新观察家》(Le Nouvel Observateur)杂志的特集“343人的宣言”(Le manifeste des 343)。在该特集中，343名女性亲自表明了自己进行了堕胎，实施了违反刑法第317条的行为，并宣言不惧被追问刑事责任，要求修改堕胎法，这些宣言者与波伏娃、杜拉斯(Marguerite Duras)等联名。同年6月，德国的《亮点》(Stern)杂志也模仿出了特集，374名德国女性联名。1971年年末前，德国的执政党社会民主党与自由民主党决定了怀孕初期阶段的流产合法化方针(这超出了要求以扩大指征事由予以应对的勃兰特总理的意图)，并开始制定法案。在法国，博比尼被强奸的少女堕胎事件引起了赞否两论的社会反响，未必对堕胎法改革保持积极态度的蓬皮杜总统去世后，1974年德斯坦政权成

① 关于流产可能时期，厚生事务次官的通达具体指出，“胎儿无法在母体外维持生命的时期”。昭和五十年(1975年)前它是指未满28周，但此后这个期限被缩短，从平成二年(1990年)起这个期限被定为未满22周。

立,由卫生部长西蒙娜·韦伊(Simone Veil)准备法案。

经过议会的激烈论争(1974年11月)与宪法法院的合宪性审查后,1975年1月17日成立了作为暂为5年时限立法的《韦伊法》(Lloi Veil)。该法规定,①怀孕10周(即最后的月经以后的12周,法国计算怀孕周的方法)以内,基于女性意思,以在获得认定的医疗机构由医生进行为条件,可进行流产;②基于医疗理由(严重危害女性健康的情形以及孩子被认为患有重度先天残疾的情形)的流产可无期间限定并基于医生判断实施。虽然在适用初期医疗机关现场出现了反对派的妨碍活动等紧张局势,但是1979年该法摆脱了时限立法的性质并确定地常态化,进而流产手术适用医疗保险(1982年)、刑法修改使自己堕胎非犯罪化(1992年),在2001年的立法中(LOI n° 2001 - 588 du 4 juillet 2001 relative à l'interruption volontaire de grossesse et à la contraception),流产可能时间延长到怀孕12周,排除了未成年人流产要求亲权者同意的规定,逐步迈进对"堕胎权利"的承认。

在德国,加上宪法法院的判断,经历了复杂的历程。勃兰特辞任后,施密特总理接任了德国社会民主党与自由民主党的联合政权,1974年6月18日修改了刑法的堕胎罪规定。进一步将堕胎(流产)处罚缓和为3年以下自由刑狱罚金刑(§ 218c),制定了医生进行的12周以内的流产的概括性合法化(§ 218a),医学指征的情形中无期限限定,遗传学指征的情形可在22周内实施流产(§ 218b)以及对孕妇的咨导以及医生建议为必要事项,缺乏这些事项的流产(接受了手术的孕妇除外)处以1年以下自由刑或罚金刑(§ 218c)等。针对这个修改,基民盟/基社盟的联邦议会议员以及巴登 - 符腾堡州等五州向宪法法院提出了申诉,1975年2月25日法院判决12周以内的流产许可规定(§ 218a)为违宪(BVerfGE 39,1)。也就是说,胎儿生命是基本法的保护对象,优先于孕妇的自我决定权,否定仅基于一定期限的流产的合法化。由此进行了再修改的讨论,1976年2月决议、5月21日公布的修改规定,可许可的流产指征事由仅限于,①医学指征(无期限限制)、②遗传学指征(22周以内)、③犯罪学指征(12周以内)、④基于一般紧急状态

(Notlage)的指征(§ 218a)。④的一般紧急状态是指考虑到孕妇的生活状态的社会指征事宜,反对派尤其将之批判为"伪装的期限模型"。但是,也可以指出,从考虑孕妇的"精神健康"的观点来看,①的医学指征也是包含了社会情势的概念。此外,1976年法在规定了咨导义务(§ 218b)的基础上规定,若接受咨导后三周内进行流产(即使最终不认可指征事由),则不惩罚孕妇,进而免除了对无指征事由的特别穷困孕妇在22周以后进行流产的处罚(§ 218[3]),也就是制定了孕妇自身从刑罚中解放的特别规定。

有着复杂内容的76年法也是流产支持派与反对派双方的批判对象,虽然得以继续,但德国统一这个事实使新立法讨论不可避免。民主共和国自1972年以来就承认了12周以内的流产权利,为了调和统一后的法制,引入了1992年7月的孕妇及家庭援助法。怀孕12周以内的流产若具备要件即手术三日前在咨导中接受了建议的证明书以及由医生进行手术,则不违法(nicht rechtswidrig)(§ 218a[1])。以下规定得以延续,即在医学指征(无期间限制)、遗传学指征(22周以内)的情形中(§ 218a[2][3]),若接受建议后怀孕22周内由医生进行流产手术,则不可罚,以及若为特别穷困可免除处罚(§ 218a[4])等。在1992年法中,咨导建议是流产合法化的必要要件,除了制定了与咨导(人工流产咨询[Schwangerschaftskonfliktberatung])相关的详细规定(§ 219),也准备了其他法律。但是,1993年5月28日的宪法法院判决(BVerfGE 88,203)否定了第218a条第1项所规定的流产为"不违法",意义只是在不受处罚意义中的非犯罪化(由于不能阻却违法性,所以排除了医疗保险支付流产手术的可能性)。再修改的法律于1995年8月21日公布,第218a条第1项修改为,在法定条件下(12周以内、咨导证明、医生进行)的流产"不构成堕胎罪的构成要件"(der Tatbestand des § 218 ist nicht verwirklicht)。[1] 德国的讨论并非结束了,但目前立法应继续保持

① 除此之外,1995年法删除了以胎儿先天残疾为由使流产合法化的条款的措辞,只要能纳入母亲的医疗指征,就应予以考虑。

着这个时点的状态。

日本从20世纪60年代末开始就出现了强化怀孕流产规制的优生保护法修改论,这尤其因宗教团体的积极游说活动而成为课题,女性团体则宣称"阻止法律改坏"展开对峙。这个形式是20世纪70年代前半期的讨论状况的特征。但是,进入20世纪80年代后,批判优生思想框架的残疾人权利运动活跃化,1996年实现了从《优生保护法》到《母体保护法》的转换。但是,就像该法被评价为"草草了事"一样,[①]可以说,围绕着流产是非的各论点继续悬空着,讨论仍持续至这个世纪。

正如导言中所述,本文的目的是尽可能准确地提供与堕胎罪相关的历史事实,以便它可以成为未来讨论的参考材料。因此,本文也就结束于此。如果有人批评说,本文并没有从历史观点去积极论证堕胎行为的伦理评价和法律评价这一关键主题,笔者甘心接受这一批评。一篇提及了20世纪50~60年代意大利北部农村情况的文章表达了笔者的心情。[②] 如果笔者能用社会科学的语言来表达我从这篇措辞得当的文章中所得到的启发,那将是笔者的观点,但笔者目前没有这样的能力。

---

① 荻野美穂『女のからだ　フェミニズム以後』(岩波書店,2014年)189頁。

② "当农业仍然依赖人力时,对这个地区的年轻女孩来说,插秧是每年的一项重要活动。姑娘们在烈日下的稻田劳动中耗尽了精力,但到了晚上却有一片使她们暂时忘记平时的拘谨的自由解放区。就像五月早晨的蜜蜂一样,她们愉快地被雇来插秧,当短暂的令人热血沸腾的劳动季节结束时,一些人怀着身孕回到村里。怀孕有时会带来理想婚姻,但在大多数情况下,她们会给村里被称为'手术屋(板状角落)'的女人支付费用,在警察不知情的情况下悄悄处理。农民父母懒得为女儿准备嫁妆(在农村,嫁妆的多少与女儿未来的幸福成正比,这是常识),他们就像容忍烫嘴的饮品一样忍受并接受这种'事故',并认为这是生为农民的一种厄运。对他们和他们的女儿来说,插秧给村里带来的现金是远比这么点'事故'宝贵得多的慈雨。"转引自須賀敦子「マリアの結婚」同『トリエステの坂道』(みすず書房,1995年)。

研究会纪事

全国外国法制史研究会第36届年会议程(宁波·2023)

主办单位:全国外国法制史研究会

承办单位:宁波大学法学院、华东政法大学涉外法治研究院

会议时间:2023年6月17~18日

会议地点:浙江省宁波市凯洲皇冠假日酒店北三楼凯港厅

开幕式

主持人:李秀清(华东政法大学教授)

时间:6月17日上午9:00~9:50

议　　程

1. 宁波大学副校长汪浩瀚教授致辞
2. 宁波市法学会专职副会长沈振科先生致辞
3. 宁波大学法学院院长梁开银教授致辞
4. 全国外国法制史研究会会长何勤华教授致辞
5. 播放宁波大学法学院宣传片
6. 合影留念

主旨演讲

主持人:徐国栋(厦门大学教授)

时间:6月17日上午10:00~10:45

王伟(复旦大学)　宁波法政学堂的官公私三重身份考——一个通商口岸法律教育的难言之隐

郑显文(上海师范大学)　清末民初中国商事法律的移植及法典化

困境

程波(湘潭大学) 沈家本"中西汇通"的"法理意识"之解读

第一场研讨会

开埠通商与中外交流

主持人:赵立行(复旦大学教授)

时间:6月17日上午10:45~12:00

发言	李洋	南京师范大学	法律帝国主义视野下的排华法案与门户开放
评议	李栋	中南财经政法大学	
发言	曹雳	华东政法大学	近代海关与清末条约口岸体制的构建
评议	何跃军	宁波大学	
发言	叶湘	上海应用技术大学	通商流动在中外税则中的法理:税则中流动性要素对华经济规治视角(1842~1920)
评议	刘宇琼	北京市法学会	
发言	李博涵	湖南师范大学	岳长开埠与晚清通商口岸治理模式创新
评议	肖光辉	上海政法学院	
自由发言(15分钟)			
说明:主题发言10分钟;主题评议5分钟。			

第二场研讨会

城市与法律的历史研究

主持人:苏彦新(华东政法大学教授)

时间:6月17日下午14:00~15:30

发言	魏建国	浙江财经大学	作为一种民主法治发展方法论的城市化
评议	罗钢	新疆大学	
发言	侯莎	福建理工大学	中国近代青少年女性权益保护的滥觞——以厦门鼓浪屿租界为切入点
评议	王蓓	陕西师范大学	
发言	汪博雅	厦门大学	论古罗马的“开埠”——以奥斯提亚港口为例的考察
评议	高　尚	安徽大学	
发言	李沁怡	中国人民大学	“私权”之前:专利权性质演进中的威尼斯实践
评议	刘海鸥	湘潭大学	
发言	董子云	浙江大学	菲利普·德·梅齐埃尔笔下的“中国之治”与14世纪末法国司法改革
评议	史大晓	复旦大学	
自由发言(15分钟)			
说明:主题发言10分钟;主题评议5分钟。			

第三场研讨会

商业与法律的历史研究

主持人:项焱(武汉大学教授)

时间:6月17日下午15:45~17:00

发言	韩晨光	上海海事大学	论都铎王朝时期英格兰海商法的本土化
评议	陈鹏飞	河南财经政法大学	
发言	顾代君	中南财经政法大学	清末民初商人在商法移植中的作用
评议	王雪梅	四川师范大学	

续表

发言	敖海静	华中科技大学	从情理到法理——债的相对性法理在近代中国的引入与确立
评议	李飞	华侨大学	
发言	吴训祥	北京大学	论罗马法上的准合同:以古代法为中心的考察
评议	高仰光	中国人民大学	
自由发言(15分钟)			
说明:主题发言10分钟;主题评议5分钟。			

第四场研讨会

中外近代条约史和国际法史

主持人:张晓永(山西师范大学党委书记)

时间:6月18日上午9:00~10:15

发言	陈策	宁波大学	论清末西方国际法的缘起:《万国公法》的输入及其价值
评议	杨垠红	福建师范大学	
发言	马琳	华东政法大学	英国在华领事制度的建立
评议	康宁	中国人民公安大学	
发言	郭雪晴	复旦大学	1926年中比修约视角下国际法在中国近代的发展与实践研究
评议	李伯轩	中国政法大学	
发言	韩驰	华东政法大学	国际法普遍性的建构与解构
评议	洪永红	湘潭大学	
自由发言(15分钟)			
说明:主题发言10分钟;主题评议5分钟。			

第五场研讨会

中外法律变革的新视野

主持人:李红海(北京大学教授)

时间:6月18日上午10:30~11:45

发言	徐国栋	厦门大学	植物不是物,是什么? ——植物主体化思潮与相应立法研究
评议	马明贤	兰州大学	
发言	陈颐	同济大学	话语与实践:近代法律史中的“习惯”问题
评议	谢冬慧	南京审计大学	
发言	姜峰	华东师范大学	《权利法案》的结构性视角:早期理解与现代意义——巴维特《权利的幻像》析评
评议	张海斌	上海外国语大学	
发言	王凯	华南理工大学	“王权至尊”的《旧约》叙事 ——以亨利八世时期政教理论为中心
评议	李培锋	中南财经政法大学	
自由发言(15分钟)			
说明:主题发言10分钟;主题评议5分钟。			

第六场研讨会

中外法律文明交流与互鉴

主持人:夏新华(湖南师范大学教授)

时间:6月18日下午14:00~15:30

发言	杨殿林	辽宁大学	近代德国在华领事裁判权的若干问题研究
评议	乔飞	河南大学	
发言	魏敏	华东政法大学	关于法政速成科的一考察：近代中国的法政教育与日本
评议	赵立新	河北师范大学	
发言	徐育知	中南财经政法大学	近代中国继受有名合同制度之反思——以终身定期金制度为例
评议	陈永强	中国计量大学	
发言	李耀跃	河南工业大学	戊戌前后“富强”话语变迁中的国家治理逻辑转换
评议	金韬	宁波大学	
发言	周佳敏	华东政法大学	国家法与民间法的艰难转型——西学东渐背景下清代禁烟法律规范发展再检视
评议	王思杰	厦门大学嘉庚学院	
自由发言(15分钟)			
说明：主题发言10分钟；主题评议5分钟。			

闭幕式

主持人：董茂云(宁波大学教授)

时间：6月18日下午15:50～16:30

议　　程

1. 全国外国法制史研究会2022年度优秀论文颁奖典礼
2. 全国外国法制史研究会会长何勤华教授总结发言
3. 第36届年会承办单位代表致辞
4. 第37届年会承办单位代表致辞

全国外国法制史研究会第36届年会出席代表名录

何勤华　华东政法大学
李红海　北京大学法学院
于　明　华东政法大学法律学院
何柏生　《法律科学》编辑部
刘宇琼　《法学杂志》编辑部
徐爱国　北京大学法学院
祝守正　北京大学法学院
姜　峰　华东师范大学法学院
徐国栋　厦门大学法学院
李秀清　华东政法大学
项　焱　武汉大学法学院
王　伟　复旦大学法学院
赵立行　复旦大学法学院
陈　颐　同济大学法学院
黄美玲　中南财经政法大学
李培锋　中南财经政法大学
陈　锐　重庆大学法学院
贺　鉴　云南大学“一带一路”研究院、区域国别研究院和国际关系研究
陈永强　中国计量大学
夏新华　湖南师范大学法学院
肖光辉　上海政法学院
姚秀兰　深圳大学法学院
叶英萍　海南大学法学院

罗　钢　新疆大学法学院
洪永红　湘潭大学法学院
刘海鸥　湘潭大学法学院
张　弘　辽宁大学
杨根红　福建师范大学法学院
魏建国　浙江财经大学法学院
王　栋　深圳大学
乔　飞　河南大学法学院
陈鹏飞　河南财经政法大学法学院
王　蓓　陕西师范大学政法与公共管理学院
郑显文　上海师范大学
谢冬慧　南京审计大学法学院
伍光红　广西民族大学法学院
赵立新　河北师范大学
司马俊莲　湖北民族大学法学院
淡乐蓉　西南科技大学
王思杰　厦门大学嘉庚学院
陆　静　青岛市委党校
韩月香　广州应用科技学院
冯曙霞　河南财经政法大学
程　波　湘潭大学法学部信用风险管理学院
张剑虹　故宫博物院
柯　恒　北京大学出版社
江小夏　人民出版社
高　媛　商务印书馆
王　涛　华南师大法学院
高仰光　中国人民大学法学院
杜军强　西安交通大学法学院
康　黎　西南交通大学法学院

康　宁　中国人民公安大学法学院
董子云　浙江大学历史学院
张小虎　湘潭大学国际交流学院(处)、中非经贸法律研究院、法学院
李伯轩　中国政法大学国际法学院
王春荣　上海政法学院
葛卫民　广东财经大学
于　熠　湖南师范大学
武宇红　西安财经大学
余　辉　西北政法大学
邹　琳　湘潭大学法学学部知识产权学院
汪　强　上海师范大学哲学与法政学院
王　凯　华南理工大学法学院
杜　金　中山大学法学院
史大晓　复旦大学法学院
王雪梅　四川师范大学历史文化与旅游学院
陈　熹　广东外语外贸大学
张　杰　中央民族大学法学院
王海军　华东政法大学
邵　燕　四川大学法学院
陈晓聪　中国海洋大学法学院
李　洋　南京师范大学法学院
高　尚　安徽大学法学院
熊玉梅　江西财经大学法学院
费小兵　重庆邮电大学网络空间安全与信息法学院法学系
马　聪　华南师范大学
吴伟彬　上海体育大学
王　静　宁夏大学法学院
王兰玉　河南财经政法大学

刘功奇　湘潭大学中非经贸法律研究院
王晓峰　南通大学
张亚飞　山西财经大学法学院
周小明　温州大学法学院
薛美玲　山西大学
敏振海　西北民族大学法学院
方　砚　甘肃政法大学
李耀跃　河南工业大学法学院
吴　玄　上海师范大学
李　飞　华侨大学法学院
金　韬　宁波大学法学院
侯　莎　福建工程学院
苗　丽　阜阳师范大学法学院
谢　舟　湖州师范学院
龚　茁　浙江工商大学
邓　琦　哈尔滨商业大学法学院
张戈平　牡丹江师范学院法学院
叶　湘　上海应用技术大学
吴训祥　北京大学法学院
卢　然　苏州大学王健法学院
徐育知　中南财经政法大学
毛皓强　上海海事大学
王　涛　华东政法大学
杨殿林　辽宁大学法学院
李　琴　浙江工业大学
李　亢　浙江财经大学法学院
韩晨光　上海海事大学法学院
陶亚骏　上海政法学院
靳匡宇　南通大学

王春子　辽宁大学法学院
魏　敏　国际日本文化研究中心华东政法大学
郭　炯　湘潭大学中非经贸法律研究院
陈　一　上海师范大学天华学院
余春枝　广东海洋大学
宋宇宁　中共上海市金山区委党校
张　蕊　宁夏大学法学院
黄　海　中国社会科学院法学研究所
孙晓鸣　华东政法大学涉外法治研究院
敖海静　华中科技大学法学院
赵博阳　上海社会科学院宗教研究所
胡敬阳　江苏省社会科学院
张宁芳　上海交通大学医学院
王　腾　阜阳师范大学法学院
段鹏超　新乡医学院
马　峥　甘肃政法大学
高华时　河北师范大学
顾代君　中南财经政法大学法学院
刘柯铭　中南财经政法大学
廖晓颖　华东政法大学
程　诺　南京大学法学院
陈怡玮　华东政法大学
邓　丛　华东政法大学
刘铭倩　华东政法大学
郭　娴　华东政法大学
周佳敏　华东政法大学
岳　淇　湘潭大学法学院
曹　雳　华东政法大学
江奕辉　重庆大学法学院

陈千惠　湘潭大学
刘佳芸　复旦大学法学院
马　琳　华东政法大学
段静暄　中国人民公安大学
祝檀吉　华东政法大学
李沁怡　中国人民大学法学院
路培欣　华东政法大学
郭雪晴　复旦大学法学院
黄雨欣　华东政法大学
罗正宇　西北政法大学
张珂宁　西北政法大学
沈鑫云　华东政法大学
金逸菲　华东政法大学
朱超然　湖南师范大学法学院
李博涵　湖南师范大学法学院
汪博雅　厦门大学
陶姝婷　西南政法大学
陈　鹏　华东政法大学
宫　雪　华东政法大学
王盈佳　华东政法大学
石铃文　武汉大学
隋欣鸿　武汉大学
梁小露　武汉大学
丛毅哲　武汉大学
陈　晨　武汉大学
崔哲雯　武汉大学
张　鑫　重庆大学人文社会科学高等研究院
李　丹　辽宁大学法学院
田茂澄　辽宁大学法学院

雷　声　甘肃雷诺律师事务所
冷　霞　华东政法大学
马明贤　兰州大学法学院
蒋　龑　上海师范大学
周小凡　上海交通大学凯原法学院
王炳浓　厦门大学法学院
张海斌　上海外国语大学法学院
韩　驰　华东政法大学
林　珊　厦门大学法学院
张晓永　山西师范大学
徐　彪　安徽大学法学院
谭钟毓　广东开放大学
刘睿凡　福建师范大学法学

全国外国法制史研究会第36届年会提交论文目录

敖海静　从情理到法理——债的相对性法理在近代中国的引入与确立
曹　雳　近代海关与清末条约口岸体制的构建
晁丽荣　基于两岸经济法发展的经济全球化对法律体系的影响研究
陈　策　论清末西方国际法的缘起:《万国公法》的输入及其价值
陈　浩　论罗马法婚姻制度对我国离婚冷静期制度完善之启示
陈　熹　气候变化背景下非洲能源投资的法律规制
陈晓聪　物权法指导性案例与中国式法治现代化
陈　一　近代中国检察实践的历史经验与教训
陈怡玮　日本"中华民国法制研究会"刍议
陈　颐　话语与实践:近代法律史中的"习惯"问题
程　波　沈家本"中西会通"的"法理意识"之解读
程　诺　公元三至五世纪中西方法学教育比较研究
戴宇平　西法东渐冲击下清末司法机构的改革
淡乐蓉　朝贡、和亲与人类命运共同体
董子云　菲利普·德·梅齐埃尔笔下的"中国之治"与14世纪末法国司法改革
段静暄　论中世纪英格兰行会特许状的垄断属性
费小兵　道与自然法共时性存在下的算法正义原则
冯曙霞　中西方法起源之宗教性及所形成的两种法文明
高　倩　清末《行政裁判院官制草案》的中西法律文明碰撞与法律现代化思考
高仰光　罗马法研究的西方性与地中海性

顾代君　清末民初商人在商法移植中的作用
郭雪晴　1926年中比修约视角下国际法在中国近代的发展与实践研究
韩晨光　论都铎王朝时期英格兰海商法的本土化
韩　驰　国际法普遍性的建构与解构
韩月香　从全球化角度重新认识近代中国“不平等”条约
贺　鉴　杨常雨　控权亦或效率：法国有组织犯罪刑事特别程序的立法经验与启示
洪永红　方晓庆　论非洲国家对国际法发展的主要贡献及其路径
侯　莎　中国近代青少年女性权益保护的滥觞
胡敬阳　城管执法社会认同何以可能
姜　峰　《权利法案》的结构性视角：早期理解与现代意义
金逸菲　古埃及《亡灵书》中的来世审判
靳匡宇　传承与超越：英国传统下的美国行政法观念变迁
康　黎　神圣与世俗：15—17世纪的英格兰律师形象
康　宁　论中世纪英格兰行会的垄断竞争面向
李博涵　岳长开埠与晚清通商口岸治理模式创新
李　栋　司法视角下清初康熙朝的容教与禁教
李　宁　马晓云　大运河的价值及其与德国运河的对比研究
李沁怡　“私权”之前：专利权性质演进中的威尼斯实践
李　洋　法律帝国主义视野下的排华法案与门户开放
李耀跃　戊戌前后“富强”话语变迁中的国家治理逻辑转换
林　珊　裁量标准还是裁决标准？
林余双　中西略论：我国近代法律思想文化的演进刍议
陆　静　德占青岛时期法制述评
罗雅萱　试论清末修律中的法律移植
马　聪　清朝前期“一口通商”外贸格局形成之探讨
马　琳　英国在华领事制度的建立
毛皓强　再问启蒙运动与大革命的因果逻辑

苗　丽　王　腾　开埠通商背景下的近代中国经济法制思想形成与演进
敏振海　儒家法文化与伊斯兰法文化沟通的当代启示
乔　飞　“祖先祭祀”与“禁拜假神”
邵　燕　李正则　罗马-荷兰法——从法律体系到法律传统的嬗变
沈鑫云　回应时代呐喊的斯堪斯纳维亚现实主义法学
史永丽　薛美玲　“一带一路”背景下涉外律师多元化培养机制研究
宋宇宁　“拥抱法律文明”——“明治维新”下日本地方自治及其对华影响
苏　鹏　法国行政法院制度研究与借鉴
苏彦新　民法典编纂知识史及当代中国民法典特色
孙一心　杜军强　当今为什么还要教法学理论？
唐　雯　中国近代最惠国法条研究
陶亚骏　宪法史学科在德国的变迁
汪博雅　论古罗马的“开埠”
汪　强　清入关前的监察考略
王炳浓　罗马法与中国古代法律中的禁反言
王　栋　依法统治与限制暴君的制度融合:《大宪章》的实施方案
王　静　回流与重绘:广东外销画兴衰的法律史侧写
王　凯　“王权至尊”的《旧约》叙事
王孟孟　《维斯比海法》研究
王　宁　清末变法中检察制度的引入与融合
王思杰　“西法东渐”历史的广角演述:路径与镜鉴
王　伟　宁波法政学堂的官公私三重身份考
王雪梅　近代中国商业社会商事习惯法的变化探究
魏建国　作为一种民主法治发展方法论的城市化
魏　敏　关于法政速成科的一考察:近代中国的法政教育与日本

吴思慧　未成年人利益代表人的必要性解读及制度构建
吴伟彬　论不平等条约体系下清末航运主权的丧失
吴训祥　论罗马法上的准合同：以古代法为中心的考察
伍光红　影响、融合、反哺：越南刑事诉讼的立法变迁与现代特点
徐国栋　植物不是物，是什么？
徐育知　近代中国继受有名合同制度之反思
杨城新　塞尔登与《闭海论》——国家竞争下的国际法论战与秩序重塑
杨殿林　李　丹　近代德国在华领事裁判权的若干问题研究
姚秀兰　“一国两制”下香港国安法解释权边界问题研究
叶　湘　通商流动在中外税则中的法理
银桢玉　他国国家豁免制度对中国立法的借鉴
于　明　再论“人民的两个身体”
岳　淇　墨西哥民法的百年变迁之路及其启示
张剑虹　举足轻重：晚清宗人府与贵胄法政学堂
张　杰　医生协助自杀的伦理和法律问题
张可米　中西法律文化价值取向初探
张小虎　新时代中非法律交流与合作
张　鑫　雅典城邦的陶片放逐法与中国先秦的流放
张亚飞　近代中国刑法中亲属相杀之罪刑变迁(1902—1949)
张耘搏　西法东渐视野下清末民初宪法发展之探讨
赵博阳　天主教会团体性的法律史考察
赵　阳　法律漏洞填补的比较法适用
赵立新　高华时　修改条约与法制近代化：中日的比较
郑显文　清末民初中国商事法律的移植及法典化困境
周寒俊　高空抛物的法律规制研究
周佳敏　国家法与民间法的艰难转型
朱超然　人类命运共同体视域下中非法律文明的交流机制构建
邹　林　赵　婷　马克思主义中国化理论指导下著作权法立法目的研究

全国外国法制史研究会 2023 年度优秀论文获奖名单

一等奖

李童童(中国人民大学)
德国劳动法中"从属性"概念的构建与法学范式的转换
朱明哲、葛嘉伟(中国政法大学)
从斯蒂尔诉霍顿案看 18 世纪英格兰传统共有权的衰落
叶湘(上海应用技术大学)
辛亥革命的法理:国际权利和义务的继受视角

二等奖

刘易洲(德国科隆高等法院)
从《尼亚尔萨迦》中看中世纪冰岛自由邦的刑事诉讼程序
路晓霞(汕头职业技术学院)
吧城华人公堂与近代中国商事习惯法
刘佳芸(复旦大学)
清末司法改革中的沈家本与戴鸿慈——以部院论争为中心
胡晓(华东政法大学)
清末刑事附带民事诉讼理论溯源
刘柯铭(中南财经政法大学)
清末民初时期家国关系转型探析——从法律史视角考察
周皓伦(华东政法大学)
斯堪的纳维亚监察专员的全球传播
林余双(湖南师范大学)
辛亥拾遗:宋教仁的法政人格与事功探析

全国外国法制史研究会
2023 年 6 月 18 日

全国外国法制史研究会第36届年会综述

王盈佳*

2023年6月17日至18日，由全国外国法制史研究会主办、宁波大学法学院和华东政法大学涉外法治研究院联合承办的全国外国法制史研究会第36届年会，在浙江省宁波市凯洲皇冠假日酒店北三楼凯港厅举行。全国各高校、科研院所、出版机构的200余名学者参与了此次盛会。

2023年6月17日上午9时，华东政法大学李秀清教授主持了开幕式，李秀清教授首先表达了与外国法制史学界师友们久别重逢的喜悦，并对承办方表示衷心的感谢。

宁波大学副校长江浩瀚教授首先代表宁波大学致辞，热烈欢迎出席年会的各位代表。他回顾了宁波大学的建校历程，强调了外国法制史在建设中国特色社会主义法治体系的进程中所肩负的重要责任。同时，他希望借助年会这个平台，将宁波大学与法学界的师友更紧密地联系起来，并预祝全国外国法制史研究会本届年会圆满成功。

宁波市法学会专职副会长沈振科同志代表宁波市法学会致辞。他介绍了宁波近年来在法治建设上的卓越成绩，充分肯定了宁波大学法学院作为市法学会的重要会员单位为宁波地方立法与法治政府建设实践作出的重要贡献。期望各位专家学者通过本次年会，为中国法学研究助力推波，为中国式现代化发展之路提供更多的法治智慧，为国家法治建设贡献力量。

宁波大学法学院院长梁开银教授代表承办单位致辞，向各位专家学者的到来表示热烈的欢迎和衷心的感谢。他回望了宁波大学法学院

* 王盈佳，华东政法大学法律学院法律史专业2025级博士研究生。

自设立以来取得的骄人业绩。本次年会的六个主题涉及面广、跨越古今、视角新颖、专业精深,必定能够迸发出学术与思维的火花,为走向世界的中国法治建设贡献智慧和力量。

全国外国法制史研究会会长、华东政法大学何勤华教授代表研究会致辞。首先,他解读了本次年会的主题。宁波是“五口通商”的城市之一,而开埠通商为近代中国的法制带来了翻天覆地的变化,在宁波召开以“开埠通商与西法东渐”为主题的会议意义重大。其次,他重申了研究外国法制史的功能与作用,强调了外国法制史研究对于法学的知识体系构建、法学知识内容的生产与传播这两个方面的意义,在学术上可以引领中国的法律教育、法学研究乃至整个国家的法治建设。在外国法制史教学和研究越发艰难的当下,他希望本次年会能够帮助形成外国法制史研究的学术共同体。最后,何勤华教授对本次年会的承办方致以衷心的感谢。

本次年会设有主旨演讲加六场专题研讨会,与会学者们围绕着“开埠通商与中外交流”“城市与法律的历史研究”“商业与法律的历史研究”“中外近代条约史和国际法史”“中外法律变革的新视野”“中外法律文明交流与互鉴”六大主题进行了广泛而深入的讨论,现将本次年会交流的主要内容综述如下。

主旨演讲

主旨演讲围绕“开埠通商与西法东渐”展开,由研究会副会长、厦门大学徐国栋教授担任主持人。

复旦大学法学院王伟教授就《宁波法政学堂的官公私三重身份考——一个通商口岸法律教育的难言之隐》进行主旨演讲。宁波法政学堂被称为中国近代第一批私立法政学堂。然而相关研究成果罕见,且缺乏足够的史料支撑。王伟教授结合宁波天一阁博物馆《宁波法政学堂同学姓名录》等史料档案,考据了宁波法政学堂的身份变迁,批判了近代中国法律教育尊公贬私。王伟教授认为,应肯定开办初期宁波法政学堂毕业生的官立学校毕业生身份,国民政府的做法有欠公允。

上海师范大学郑显文教授就《清末民初中国商事法律的移植及法典化困境》进行主旨演讲。清末民初,许多商事法律处于空白状态。一方面,对于应急性商事法律采取优先制定的原则;另一方面,对于空缺性商事法律,采取细心拟定、慎重颁行的原则。文章认为,传统商事法律习惯严重滞后,商人阶层法律意识淡漠,国内外政局动荡不安等因素阻碍了中国商事法律近代化。尽管如此,在贯彻以上两项原则的基础上,立法者移植外来法并进行大量商事习惯调查,初步构建了中国近代的商事法律体系。

湘潭大学程波教授就《沈家本"中西汇通"的"法理意识"之解读》进行主旨演讲。文章首先考察了清末修律期间,沈家本从中国传统法治到西方法治的思想转变。程波教授认为,沈家本以"仁"作为中西法律会通融合的立足点,其关于"人格平等"和"中西会通"的法理学论述,恰能体现中国法律的现代化转型,这与"五四"以来接受西方法学思想的知识分子的思维模式存在同构性。程波教授通过解读沈家本的"《新译日本法规大全》序""法学盛衰说""《法学名著》序"等文章,说明沈家本作为中国传统法学学者"中西会通"的"法理意识",与中国法学"盛衰"的"问题意识"。

一、开埠通商与中外交流

第一场研讨会围绕"开埠通商与中外交流"展开,研究会副会长、复旦大学赵立行教授担任主持人。

南京师范大学李洋副教授的主题发言《法律帝国主义视野下的排华法案与门户开放》展示了美国对华政策中调和与强压两种极端趋向。一方面,美国"例外论"使其免于领土式殖民帝国主义,但太平洋扩张计划与"边疆学说"又不完全摆脱旧式帝国扩张方式。自《望厦条约》以来,美国意图在中国构建治外法权帝国。另一方面,美国在国内法上的对华族群限制引起了国内帝国主义者与反帝国主义者的拉锯。为调解双方的矛盾,美国提出门户开放政策,实现领土殖民与非领土殖民的对立统一。美国在扩大其本国域外影响的同时限缩域外对其本土的影响的理念,正是近代帝国所运用的非正式统治手段中的法律帝国主义。

中南财经政法大学李栋教授认为,本文从法律帝国主义的框架解读排华法案和门户开放政策,较之络德睦的法律东方主义视角更为优越。建议阐明“法律帝国主义”如何统一“偷懒的相对主义”。

华东政法大学博士研究生曹雳作了题为《近代海关与清末条约口岸体制的构建》的主题发言。《南京条约》签订以来,中西交往体制逐渐转向基于不平等条约的条约口岸体制,其构建伴随着近代海关的扩张。一方面,以外籍税务司制度为核心的近代海关是条约口岸体制的产物;另一方面,在总税务司的运作下,近代海关积极介入晚清外交,成为体制的塑造者。此外,海关管辖权与领事裁判权间存在竞合关系。在条约口岸体制之下,以“国际官厅”身份参与晚清外交的近代海关在清政府和列强之间构筑了“中间地带”,为晚清以来动态发展的中西权力格局提供了一个观察视角。

宁波大学何跃军教授对此评议,建议文章加强理、史、实的结合,并进一步分析条约口岸体制是怎样脱离本土,在他国土地上自行演化的。

上海应用技术大学叶湘副教授就《通商流动在中外税则中的法理:税则中流动性要素对华经济规治视角(1842－1920》进行主题发言。本文从法理视角看待中外条约税则解决的五类问题,以明晰美、英履行双边条约中涉税则条款时产生的中外纠纷问题。修订或新订税则使税率精确化和货运简便化,在法理上确定货物流动方向事宜。美、英税则条文充分调动流动性要素,达到货物减半征税目的,并强调子口税率的精确值及约文的可执行性来实现对华经济规治。洋货遍通内地是洋人意欲通过协定关税,控制由沿海至内地整个中国经济权力的重要一步。

北京市法学会《法学杂志》编辑部刘宇琼编审认为本文选题颇有新意,修税总则在某种程度上是民初维权的一次尝试。同时,她建议文章可以进一步加强法理的融入。

湖南师范大学硕士研究生李博涵就《岳长开埠与晚清通商口岸治理模式创新》进行发言。文章首先总结了岳州自开治理模式和长沙约开中的自开治理模式。至1895年《马关条约》,约开治理模式积弊已久,岳州作为首批自开商埠,在租地章程和巡捕章程上的创新一定程度上保有了商埠地的立法、司法主权,为自开商埠提供了模板。长沙开埠的艰难谈判,使其身为约开商埠却与自开商埠的治理模式无异,这是在开放潮流下清政府主动反应的体现。自开商埠便利了西方资本主义对中国经济侵略,但客观上推动了中国社会的近代化。

上海政法学院肖光辉教授建议将"治理模式的创新影响"与"岳长"作为文章副标题。第四部分应当区分影响与评价,第二部分与第四部分的原因可以整合。

二、城市与法律的历史研究

第二场研讨会围绕"城市与法律的历史研究"展开,研究会副会长、华东政法大学苏彦新教授担任主持人。

浙江财经大学魏建国教授的主题发言《作为一种民主法治发展方法论的城市化》考察了城市化视角下民主法治兴起与发展并提炼方法论。作为一种民主法治发展方法论的城市化,有助于克服制度与法条主义视角观察和研究民主法治发展问题存在的不足。民主法治本质上属于一种城市现象,其确立和运行需要城市化支撑。在此逻辑下,能够指导民主法治发展的方法,应该是一个能与城市化发展相互动相协调的方法,不考虑民主法治的城市根基性,仅靠制度建设是不足以支撑民主法治的。城市化并非一个特定的研究对象,而是作为一种立场观和方法论显示出独特民主法治意义的。

新疆大学罗钢教授肯定了用"城市化"代替"西方式"的民主法治的方法论,他建议文章加入本体论,并从新农村与美丽乡村角度,对城市化的概念提炼出有中国特色的理论。

福建理工大学侯莎副教授作了题为《中国近代青少年女性权益保护的滥觞——以厦门鼓浪屿租界为切入点》的主题发言。在旧中国,青少年女性权益在立法与实践中存在缺位与忽视,近代加强了对此类权益保护的倡导,但实效甚微。随后,文章从女婴生命权,青少年女性身体健康权、人身自由权、受教育权的保障四个维度阐述了作为滥觞之地的鼓浪屿对青少年女性权益的保护实措。国民政府在组织和制度方面加强了对青少年女性权益的保护,中国共产党则重视立法保护。妇女运动的蓬勃发展促进了新中国成立以后青少年女性权利的最终获得。

陕西师范大学王蓓教授认为,启示部分需要考证相关主体受鼓浪屿滥觞的直接影响程度,文章可以补充鼓浪屿的堂、会、团传递的现代人权理念在文化上的借鉴作用。

厦门大学博士研究生汪博雅就《论古罗马的"开埠"——以奥斯提亚港口为例的考察》进行主题发言。汪博雅博士开篇阐述了陆地之于海上运输的重要性以及二者的相互依存关系。地中海制海权的取得为古罗马大规模航线开拓和港口建设奠定基础。随后以奥斯提亚港为例,阐述了其从军事港口向海运功能型城市的转型,并分析了奥斯提亚港在交通与商业功能上对开埠通商的重要意义。文章最后讨论了与"开埠"相关的法律问题,包括奥斯提亚港行会团体和以粮食称量行会的粮食称量官为特色的与职官制度,以及为应对海盗劫掠和商品回赎设定的港口的安全维护义务。

安徽大学高尚副教授进行评议。论文展现了罗马法的多重面相,具有新意。建议文章提升法学意味,论述奥斯提亚港与罗马法制度之间的关联性,补充案例论证开埠与港口安全。

中国人民大学硕士研究生李沁怡就《"私权"之前:专利权性质演进中的威尼斯实践》进行主题发言。15世纪的威尼斯吸取行会经验,形成了政府主导的个别专利特权授予模式。在"国家—行会—个人"利益平衡的新需求和政府内部利益集团的推动下,1474年一般专利法出台,它具有保护私权的一般法外观,实质是习惯法的成文化,实践中专利授予习惯仍占上风。从"专利特权"到"专利权利",专利权性质具有事实强度变化和专利权所属体系变化两个面向。由于权利体系的缺乏,威尼斯专利实践始终没有抵达"专利权利"一端。

湘潭大学刘海鸥教授进行评议,肯定了文章的问题意识与对文字和材料的组织能力,建议第三部分"专权性质的演进"的三个小标题在逻辑上可以进行一下调整。

浙江大学董子云老师的主题发言《菲利普·德·梅齐埃尔笔下的“中国之治”与14世纪末法国司法改革》,展示了12世纪以来西欧人笔下的中国知识对中世纪晚期西欧思想观念的影响。自圣路易朝以来,简便司法就是法国司法改革的目标,被视为走出政治动荡的关键。在中国司法“良善而简便”的启示下,菲利普提倡制定一部全法国乃至全基督教世界通用的民事法典,设想了仲裁与裁判混合的初审机制,并通过具体的程序规定将所有民事诉讼的审理时长压缩到100日内。虽然他的司法改革方案最终未能实施,但为后世所重视。

复旦大学史大晓副教授进行评议。文章追溯了13～14世纪的东法西渐,呈现了中法两国文化之亲缘关系的源远流长。建议考察菲利普出生地的民风,探究与其司法改革的关联。

自由发言阶段,复旦大学赵立行教授对本场主题“城市与法律的历史研究”发表感想,强调围绕城市去研究中世纪法律具有重要意义。

三、商业与法律的历史研究

第三场研讨会的主题为“商业与法律的历史研究”,由研究会副会长、武汉大学项焱教授担任主持人。

上海海事大学韩晨光老师就《论都铎王朝时期英格兰海商法的本土化》进行主题发言。英格兰海事判例与“外国法”的差异主要体现在海洋财富、船长与船员权利义务以及捕获。由于国家整体把控了英格兰海商法的发展,为救济外国当事人并兼顾国内影响,海事法庭在传统海事习惯与地方统一习惯之间做了协调。相较于外国法,海事法庭对王国法令严格维护,对非正式海事制定法则灵活适用。国家、地区间条约方面,海事法庭会自主适用和平时期的多边公益条约和战争时期的单边私益条约,促成一种以会议为主、书信为辅的国际海事纠纷解决机制。海事法庭因此成为英格兰外交的重要抓手,也为英格兰增加、巩固海洋财富起到关键作用。

河南财经政法大学陈鹏飞教授肯定了文章选题的学术价值,建议通过立法或者司法的方式再与类型化结合去构架文章,并在现有资料的基础之上进一步明确论文主旨。

中南财经政法大学博士研究生顾代君的主题发言《清末民初商人在商法移植中的作用》,勾勒出中国近代商人在商法制定、填补、适用等阶段的活动图景。首先,晚清商业纠纷和诉讼频发,近代商人期待制定商法维护个人利益与国家利益。其次,在商法制定阶段,商人渗透政治领域,促进政府认知商法。再次,在填补商事规范的阶段,商人组织参与商事习惯调查,在比较各国立法例后,对自身商事习惯摒弃、采纳、修正,以整合本土的商事法治资源。最后,在商法适用阶段,商人辅助解决纠纷,以融合西方商法理论和本土资源。

四川师范大学王雪梅副教授建议细化研究方向,选择某一具体地区为切入点,并补充商人在商法移植中的消极作用,将中西方商法做比较。

华中科技大学敖海静老师就《从情理到法理——债的相对性法理在近代中国的引入与确立》进行主题发言。传统中国法不存在债的相对性概念,实践中采用"情理"审判模式,州县官做出最有利于人际和谐的社会秩序的判决。虽然在晚清变法实践中,债的相对性法理已全面进入立法和学说领域,然而晚清各省审判厅延续了"情理"审判模式。民初大理院一方面对现行律民事部分条文作创造性解释,将债的相对性法理融入传统旧律;另一方面在审判中适用新式法理,最终确立了债的相对性法理。

华侨大学李飞副教授建议在论文开头限定相对性的含义,做一个新的含义阐释。同时,避免为了论证而选择性引用判例。

北京大学吴训祥老师作了题为《论罗马法上的准合同:以古代法为中心的考察》的主题发言。古典法时期,准合同并不具有技术性或教义学意义。后古典时期,早期合同类型强制消解,合同自由萌芽。盖尤斯的债之三分法体系始获理论价值,被优士丁尼具体为"准合同"和"准私犯",准合同正式成为规范性概念。文章随后考察了后古典时期准合同范畴下的五种债,得出结论,准合同涵盖的五种债在构成要件和法律后果上几乎没有共通性,只是能够类比于某种既有的合同之债。因此,准合同在罗马法中体系意义极其有限。

中国人民大学高仰光副教授认为,文章观点破除了罗马法的迷信,实事求是。高仰光副教授建议推敲关于体系化的原因、副标题“古代法”的表述、以《国法大全》文本分层为基础的时间分层。对于游离二级概念外可能导致债的出现的具体情境,当时大多数学者是如何看待与处理的,应当补充。

自由发言阶段,华东政法大学苏彦新教授对法律史的纯粹性及其法律性发表了感想,他认为法律教义学的法律史是精细化的研究,应当加强对法教义学的关注。

四、中外近代条约史和国际法史

第四场研讨会围绕“中外近代条约史和国际法史”展开,由山西师范大学党委书记张晓永教授主持。

宁波大学陈策老师就《论清末西方国际法的缘起:〈万国公法〉的输入及其价值》进行主题发言。《万国公法》输入前,清廷就和西方国际法有所接触,然而直到林则徐主持翻译瓦特尔国际法的片段,中国才有意识地使用国际法。1865年丁韪良接受美国驻华公使华德的建议将《万国公法》译为中文并出版,西方国际法才得以全面系统地输入中国。随后,文章介绍了《万国公法》的主要内容,并评价其价值和局限。《万国公法》首次将西方近代国际法全面系统地输入中国,国家主权的观念滋生,但在对待殖民地和弱小国家时存在殖民主义烙印。

福建师范大学杨垠红教授认为,国际公法输入之后中国没有进行比较法的借鉴,因而无法创设自己的规则,未能形成和传播中国自己的国际法。建议文章可以从这个角度提升研究意义。

华东政法大学博士研究生马琳就《英国在华领事制度的建立》进行主题发言。基于管理散商和维护自身垄断需要,东印度公司在华代理人在本国侨商、广州当局以及其他国家在华社群中获得权威地位,但这实际上超出了英国法律规定,亦无中方许可。东印度公司对华贸易垄断权结束后,英国政府参照"领事"设立驻华商务监督,欲规避无授权设领。然而以扩张国家利益为目的的商务监督,由于其身份和对散商的管辖权都缺乏中方认可,缺少与广州当局议价的能力。鸦片危机为其提供了获得地位的契机。战争之后,英国政府通过一系列条约获得了在华设领权,并细化了领事的商贸与司法职能。英方在战争后积极塑造领事成为中英交流媒介,并掌握了调整领事角色的主动权。而商务监督一职则因内涵的极不确定性而逐渐消亡。

中国人民公安大学康宁副教授建议文章应进一步史论结合,可以从领事演化的内容与功能,契约化和国家法律建制化之间的张力关系,公法和私法的张力关系三个维度展开。

复旦大学博士研究生郭雪晴的主题发言《1926年中比修约视角下国际法在中国近代发展与实践的研究》1865年比利时政府与清政府签订《中比条约》,比利时始获在华特权。中国学者和外交代表在理论与实践中积极运用国际法理论争取恢复国家主权,同时反不平等条约的运动此起彼伏。中国依据"情事变迁"原则提出修改条约,然而比利时的拖延政策致使中国政府宣布废止《中比条约》,比利时遂要求国际法院裁决,中方以政治问题为由拒绝应诉。随着北伐顺利进行,为防止在华权益全面崩溃,英国向《华盛顿条约》各缔约国倡议协商修约,于是中比双方重新谈判。

中国政法大学李伯轩副教授认同文章对现代国际法体系中条约的定义。全球化时代绝对的主权观松动,但我们依然要坚持主权平等的原则。他一并探讨了条约对国家行为的约束力问题。

华东政法大学硕士研究生韩驰就《国际法普遍性的建构与解构》进行主题发言,二者同时发生,国际法的发展动态演进。近代早期国际法通过类比万民法取得普遍性,自然权利理论的建构将其解构为具有殖民帝国中心色彩的欧洲公法特殊性。为论证欧洲国家的殖民扩张行为的正当性,实证主义国际法应运而生。威斯特伐利亚叙事所建构的欧洲公法的特殊性,系欧洲例外论的组成部分。伴随进步主义观念促成了19世纪欧洲殖民实践,将欧洲公法向全球泛化,现代国际法的普遍性就此建立。

湘潭大学洪永红教授建议加强对当代和近代国际法普遍性建构的论述,尤其是建构对现实的意义。

自由发言阶段,西南科技大学淡乐蓉教授对话陈策老师,认为文章涉及《万国公法》的价值与局限时,应对朝贡体系及其世界秩序观进行铺垫。陈策老师回应,文章落点在中国与西方基督教文明之间的碰撞与融合。

五、中外法律变革的新视野

第五场研讨会围绕“中外法律变革的新视野”展开,研究会副会长、北京大学李红海教授担任主持人。

厦门大学徐国栋教授的主题发言《植物不是物,是什么?——植物主体化思潮与相应立法研究》。在非人类生命去客体化的思潮下各国通过证成植物主体资格实现对植物的立法保护。继《奥地利民法典》动物非物的规定后,《阿塞拜疆民法典》采用了植物非物的规定,1992年瑞士宪法赋予植物尊严权,同《非人类基因技术法》一起,构成保障植物权利的法网。文章讨论了植物权利的立法问题,植物权利立法的思想基础、植物权利与人类食用权之矛盾、植物尊严权对我国《民法典》植物新品种权的挑战。徐国栋教授指出,应采用法益实体说来证成植物的主体资格。

兰州大学马明贤教授认为文章选题响应了可持续发展的战略主题,建议文章继续探索如何将相关理论置于司法实践。

同济大学陈颐教授作了题为《话语与实践:近代法律史中的“习惯”问题》的主题发言。清末修律,“习惯”始获法律意义。至1907年,将习惯与习惯调查作为民法修订基础的观念流传,然而近代三次习惯调查几未影响法典编订。立法文本方面,《大清民律草案》及《民国民法》第一条均确立了习惯的法源地位,《民国民律总则草案》虽未明文规定,但北洋大理院将其转化为判例法渊源。检索对比显示,北洋大理院解释例、判决例中涉及规范内容的习惯规则少于习惯效力。《中华民国民法》颁布后,“习惯”不再是司法关注的焦点。导致话语与实践割裂的原因一方面是缺少西方理论与配套的习惯规范;另一方面近代中国社会转型难以产生和维系习惯。陈颐教授认为,相比追求习惯法的幻象,应借由司法善用“公序良俗”“诚实信用”。

南京审计大学谢冬慧教授认为,文章揭示了近代法治建构背后的民族精神,反思了中国礼教与习惯法的关系。

华东师范大学姜峰教授的主题发言《〈权利法案〉的结构性视角:早期理解与现代意义——巴维特〈权利的幻像〉析评》,巴维特认为促进个人利益并非《权利法案》的首要目的,宪法权利最重要的目的是“结构性”的,即限制政府权力的目的和范围,使公民和国家保持平衡。回顾建国时期的立宪者的考量与《权利法案》十条的主旨,均为“结构性”的。宪法问题的关键是政府行为的宪法边界,而非“平衡”所涉及的个人与社会利益,其凸显的是个人权利的公共属性。宪法权利作为改善政府权力的方式,是为了确保民主过程保持健康,它是公共的而非私人的。

上海外国语大学张海斌教授认为巴维特的观点对消极权利是有解释力的,但很难去解释第二代人权,包括积极权利。建议可以剖析和考察权利观念是如何渗透进宪法史的。

华南理工大学王凯副教授就《“王权至尊”的〈旧约〉叙事——以亨利八世时期政教理论为中心》进行主题发言。“王权至尊”的核心是解决教权对英格兰主权的限制。王室宣传家重新定义教会概念,加上《旧约》中国王行使宗教职能的典故,证成国王是教会领袖以收回控制司法权与控制任命权。《丰文汇编》对《旧约》的引证评述,塑造了王权至尊的“旧约”叙事。都铎神学家对《旧约》的进一步阐释为“王权至尊”舆论造势。从旧约式君权视角,国王与议会决裂的根本原因是主教制。君主制的政治正当性被否定后,英国君主依然可以作为教会领袖而存在。

中南财经政法大学李培锋教授认为,论文认为“王权至尊”与议会主权理论的结合,是现代主权学说的渊源之一,值得商榷。并建议将问题集中到王权至尊的法理基础或神学论证。

六、中外法律文明交流与互鉴

第六场研讨会围绕“中外法律文明交流与互鉴”展开，研究会副会长、湖南师范大学夏新华担任主持人。

辽宁大学杨殿林老师就《近代德国在华领事裁判权的若干问题研究》进行主题发言。近代德国在华领事裁判权具有特殊性。一方面，德国在华领事裁判权的程序以及司法机关的创设特征鲜明。在汉口德租界设置了领事法庭和汉口洋务公所。胶澳总督被赋予司法权，胶澳帝国法庭的管辖范围更大，法官由帝国任命。同时，区公所行政长官拥有对轻微案件的审判权。另一方面，由于一战形势变化，德国最早撤废在华领事裁判权。相较美日等国，德国相对尊重华人的传统习惯，并建立了较早的领事法院，对近代中国司法改革有一定影响。

河南大学乔飞教授建议从法学的角度深挖德国在华领事裁判权的特点，并加强对德国在天津领事裁判权的研究。同时，适当区分政治话语和法律话语。

华东政法大学魏敏老师就《关于法政速成科的一项考察：近代中国的法政教育与日本》进行主题发言。20世纪初针对中国留学生的速成教育兴起，以政治、经济、法律为主，成为中国近代教育改革的先行军。中日双方曾数次协商开办法政速成教育，但未能成功，1904年5月，法政大学的法政速成科在梅谦次郎和杨枢的合作下开班。由于司法事务日益繁重，司法省正则科开办了短期培养课程，即速成科。正则科的毕业生会执教于速成科，形成良好的内部循环。明治十九年官制改革，速成科因缺乏经费而宣告终结。

河北师范大学赵立新教授建议量化研究在中国近代政治或法学教育活跃的速成科毕业生，并研究中国人在速成科学习的具体路径，如语言与翻译问题。

中南财经政法大学徐育知老师的主题发言《近代中国继受有名合同制度之反思——以终身定期金制度为例》认为近代中国有名合同体

系是法律移植继受的产物,其具体规则设计受德国、瑞士与日本民法影响,对中国传统法律、民事习惯鲜有采纳,其在中国能否发挥功能是一个盲点。作为一类有名合同的终身定期金制度,系受日本影响,由《民律草案》引入,并被《民国民法》沿袭,然而形大于实,并在新中国成立初期继受苏联立法后被舍弃。新中国民事立法与商业实践以遗赠扶养协议与各类商业养老年金保险等,来实现终身定期金制度的功能。

中国计量大学陈永强教授肯定了本文比较的视角与历史的研究方法。由于民法典的制度多数系任意性规范,当事人可以自治解决,是否有必要将之有名化也值得研究。

河南工业大学李耀跃副教授就《戊戌前后"富强"话语变迁中的国家治理逻辑转换》进行主题发言。戊戌时期重建"富强"之道的制度转型逻辑可分为"商力"与"民智"两方面:"商力"方面,创设新型经济管理部门、鼓励工商和民间投资;"民智"方面,通过公共舆论表达多元利益需求。戊戌政变后,压制"商力""民智"的官方行动并未完全中断社会现代化转型,"富强"之道已成为国家治理逻辑的正当话语。清末"富强—宪法"实践超越了戊戌变法的国家治理转型进程,也延续着国家—社会关系脆弱性问题。

宁波大学金韬老师建议,文章对戊戌变法从前到后转换之过程的描述还需精进。对制度、治理逻辑的转换需要从更长的时间段进行考察。

华东政法大学硕士研究生周佳敏就《国家法与民间法的艰难转型——西学东渐背景下清代禁烟法律规范发展再检视》进行主题发言。清代国家法起初以传统罪名和刑罚处罚运输、兴贩烟土者,但未列入《大清律例》。驰禁结束后清廷颁布《禁烟章程》,执法趋严。在民间,禁烟会社类民间规约的发展起于传教士与知识阶层,并逐渐为大众所接受。宗族法规中,禁烟从一般恶习上升至单列专条,甚至发展成专门的禁烟族规。国际上,清政府签订《中英禁烟条约》,并在1909年的万国禁烟大会上取得了外交胜利。

厦门大学嘉庚学院王思杰教授建议深入解释清廷转向驰禁的原因。从国家法和民间法对鸦片的管制的研究需要加强,点明其中逻辑。

自由发言阶段,湖南师范大学朱超然博士对话周佳敏同学,建议将禁烟的历史、现实和实践有机统一。随后,各位主题发言人分别与评议人交换了意见。

经过两天精彩纷呈的研究和讨论,六场研讨会全部顺利结束。2023年6月18日下午,本届年会落下帷幕,闭幕式由宁波大学法学院董茂云教授主持。

闭幕式第一项为全国外国法制史研究会2022年度优秀论文颁奖典礼。研究会副会长代表常务理事会宣读《全国外国法制史研究会2022年度优秀论文奖获奖名单》。中国人民大学李童童博士等11位学者分获优秀论文一等奖、二等奖。研究会会长、华东政法大学何勤华教授为获奖师生现场颁奖。

闭幕式第二项,全国外国法制史研究会会长何勤华教授以《开埠通商后最卓越的宁波籍法学家龚祥瑞》为题,做了本届研究会的总结发言。他向大家介绍了龚祥瑞先生的学术生涯及其为我国宪法学和法治事业发展作出的卓越贡献,以及为宁波大学的筹建所做的贡献。何勤华教授也向大家介绍了龚祥瑞教授的自传《盲人奥利翁》的出版过程。希望研究会能够继承龚祥瑞先生的精神,为推进中国法治事业做出更大贡献。

闭幕式第三项,由全国外国法制史研究会副会长、宁波大学董茂云教授作为第36届年会承办单位代表致辞,向所有参会代表表示感谢,并祝贺本次年会获得圆满成功。董老师回顾了自己参加研究会的岁月以及自己的学术生涯,表示此次承办第36届年会达成了自己为研究会做点贡献的心愿。

闭幕式最后,由广州大学法学院何莉萍老师作为第三十七届年会承办单位代表致辞,祝贺本次年会圆满结束。她谨代表广州大学法学院刘云生院长表态,广州大学有信心承办好下一届的全国外国法制史年会,欢迎各位法史同仁莅临参会。

在全场热烈的掌声中,全国外国法制史研究会第36届年会圆满结束。